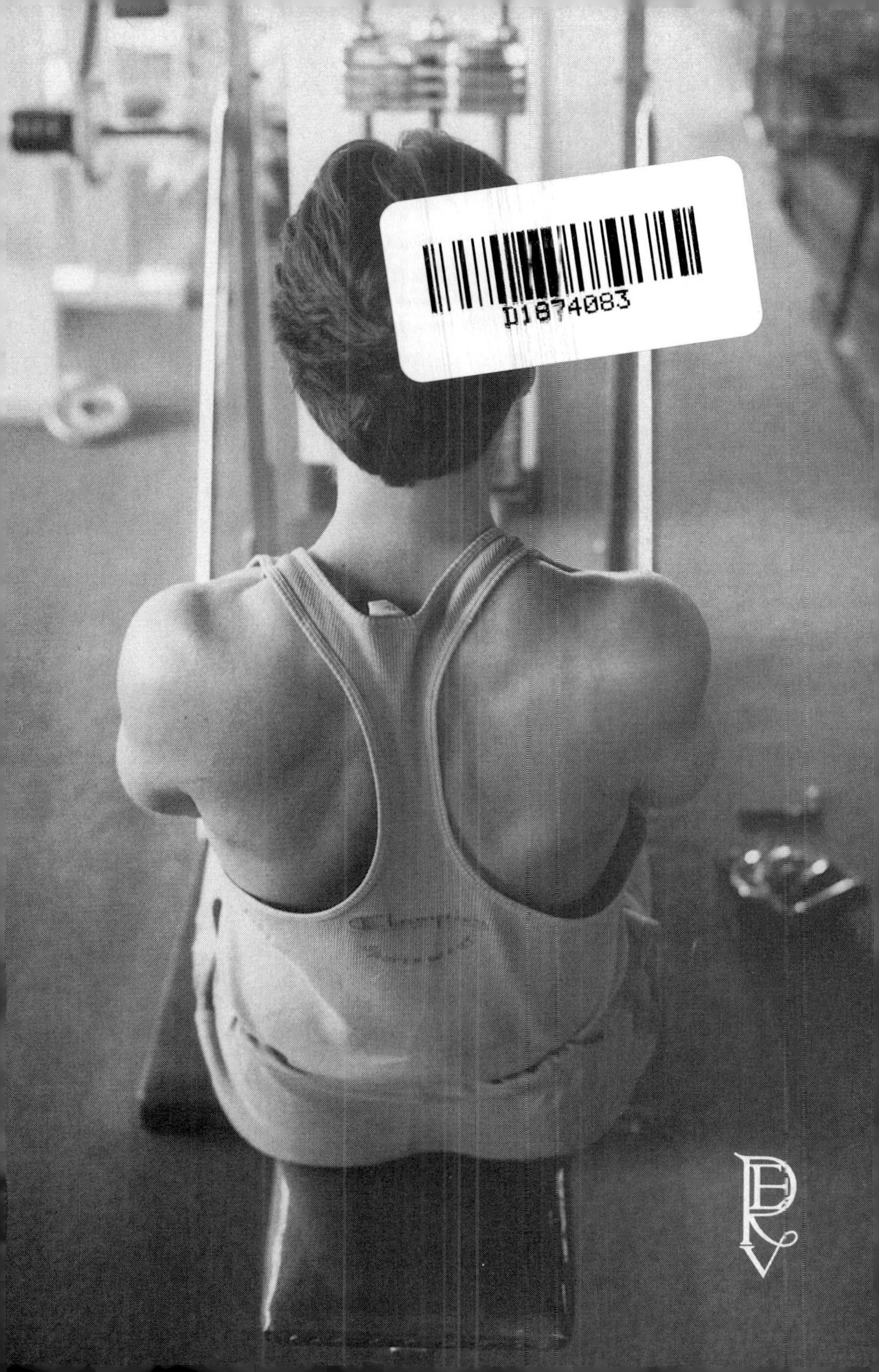

D1874083

rororo sport
Herausgegeben von Bernd Gottwald

Übungsprogramme mit Fitnessgeräten

JOHANNES MENDE

KÖRPERTRAINING

Mit Fotos von Horst Lichte
und Helmut Huschka

Rowohlt

SPORT
rororo

Der Verfasser bedankt sich bei folgenden Studio-Inhabern,
die die Fotoaufnahmen zu diesem Band ermöglichten:
Frank Zwiebelberg (Fitness-Studio Zwiebelberg, Nürnberg)
Toni Rensing (Sport Studio Vital, Martinsried)
Bernd Pietralczyk (Trainings-Center Saitama, Hamburg)
Hermann Distler, Helmut Klein (Top Fit Sportcenter, München)

Originalausgabe

Veröffentlicht im Rowohlt Taschenbuch Verlag GmbH,
Reinbek bei Hamburg, Mai 1988
Copyright © 1988 by Rowohlt Taschenbuch Verlag GmbH,
Reinbek bei Hamburg
Layout Angelika Weinert
Umschlaggestaltung Jürgen Kaffer/Peter Wippermann
(Foto: Karl-Bernd Karwasz)
Satz Times (Linotron 202)
Gesamtherstellung Clausen & Bosse, Leck
Printed in Germany
1580-ISBN 3 499 18612 8

11.–13. Tausend November 1991

Inhalt

Einführung

Eines der bedeutendsten Risiken in unserer heutigen, von der High-Tech-Industrie bestimmten Zeit ist der Bewegungsmangel. Seit einigen Jahren gewinnt allerdings ein Umdenkprozeß der Hinwendung zu körperlichen Aktivitäten immer mehr Raum in allen Bevölkerungsschichten. Die vor etwa 20 Jahren aus zaghaften Anfängen entstandene *Jogging-Bewegung* hat einen steilen Aufschwung erfahren, was sich in der zunehmenden Zahl von Lauftreffs und Volksläufen dokumentiert. Aus ähnlich bescheidenen Ursprüngen hat sich, wenn auch mit einer mehrjährigen zeitlichen Verzögerung, eine neue Welle gebildet, die im Sport nicht nur die Verbesserung der organischen Leistungsfähigkeit, sondern auch eine Befriedigung der ästhetischen Bedürfnisse verwirklichen will. Das Resultat dieser Entwicklung sind etwa 4600 Fitness-Studios (allein in Deutschland), die sich über mangelnden Zulauf, seit einigen Jahren zunehmend auch von Frauen, nicht beklagen können: Muskeltraining ist salonfähig geworden.

In zunehmendem Maße wird der gesundheitliche Wert eines vernünftig betriebenen Muskeltrainings auch von den Medizinern anerkannt, die bis dato größtenteils «Jedem über Dreißig» mit ernsten Worten vom ach so schädlichen Krafttraining abgeraten haben. Regelmäßig joggen, ein wenig Gymnastik und morgens 10 Kniebeugen am offenen Fenster – das war's dann.

Damit hat sich's eben nicht: Der gesundheitliche Wert eines stabilen Herz-Kreislauf-Systems ist unumstritten; er wird jedoch realistisch relativiert, wenn sich beim Anheben des wassergefüllten Putzeimers die Bandscheiben selbständig machen. Um es technisch zu sagen: Ein starker Motor gehört in eine stabile Karosserie !

Das Mißtrauen gegenüber dem Muskeltraining ist nur bei zu extrem und zu

einseitig betriebener ‹Kraftbolzerei› gerechtfertigt. Zugegeben: Hier ist häufig der Motor zu schwach für die Karosserie. Die Fairness verlangt aber, daß man sich erst über alle möglichen Spielarten einer Methode informiert, um erst dann ein einigermaßen objektives Urteil abzugeben. Wer anhand eines in der Zeitung abgebildeten überzüchteten Bodybuilders das Muskeltraining pauschal verurteilt, gibt zu erkennen, daß er wenig weiß über die breite Palette der sinnvollen und gesundheitsfördernden Anwendungsmöglichkeiten dieser Art von sportlicher Betätigung.
Der Bodybuilder und die Stenotypistin trainieren im selben Studio, an denselben Geräten – mit völlig unterschiedlichen Zielen. Während er den «52iger Oberarm» anstrebt, möchte sie etwas an den Hüften verlieren.
Diese beiden Gegensätze zeigen die unterschiedlichen Möglichkeiten auf:
Fettreduktion,
Gewichtsabnahme,
Körper- und Gewebestraffung,
Herz-Kreislauf-Training,
Kraftzuwachs und
Muskelzuwachs
werden erzielt durch *Variation* von *Belastungsintensität* (Höhe der zusätzlichen Gewichtsbelastung) und *Belastungsdauer* (zeitlicher Umfang der Belastung).
Die verschiedenen Geräte in den Fitness-Studios ermöglichen die unterschiedlichsten Übungen für alle Körperpartien und Muskelgruppen und erfüllen somit die Bedingungen für ein sinnvolles *Ganzkörpertraining*, wobei zusätzlich evtl. vorhandene ‹Problemzonen› etwas intensiver angegangen werden können.
Aus der Vielfalt des angebotenen Übungskatalogs und aus der unkomplizierten und – bei korrektem Training – gefahrlosen Gestaltung der Bewegungsabläufe an den Geräten resultiert die große Bedeutung des Gerätetrainings für *Prävention* (Vorbeugung) und *Rehabilitation* (Wiederherstellung nach Verletzungen).

In diesem Buch werden die für diese Bereiche wichtigen allgemeinen und speziellen *Trainingsprinzipien* erläutert, um das Interesse für die Zusammenhänge zu wecken. Anschließend folgen ein umfangreicher, mit vielen Fotos ausgestatteter *Übungskatalog*, und eine Zusammenstellung von beispielhaften *Trainingsplänen* für unterschiedliche Zielsetzungen. Ein breiter Raum wird ferner der zweckmäßigen *Ernährung* und den verschiedenen *Rehabilitationsmaßnahmen* gewidmet, welche mit der aktiven sportlichen Betätigung Hand in Hand gehen und eine funktionelle Einheit bilden sollen.

Allgemeine Trainingsgrundlagen

Kondition

Unter dem Begriff Kondition (lat. conditio = Bedingung, Zustand) verstehen wir allgemein den von physischen und psychischen Faktoren gekennzeichneten Zustand der körperlichen Leistungsfähigkeit.
Die Kondition ist also eine Voraussetzung für das Zustandebringen von Leistungen im Alltags- und Berufsleben und besonders im Sport.
Eine gute *allgemeine Kondition* beinhaltet verschiedene motorische Fähigkeiten, die, auf möglichst hohem Niveau in einem optimalen Verhältnis zueinander stehend, durch entsprechendes allgemeines *Grundlagentraining* entwickelt wurden.

Tab. 1: Motorische Elemente der Kondition

Kondition

Kraft	**Schnelligkeit**	**Ausdauer**	**Gelenkigkeit**
– Maximalkraft – Schnellkraft – Kraftausdauer	– Reaktionsschnelligkeit – maximale azyklische Schnelligkeit – maximale zyklische Schnelligkeit	– aerobe Ausdauer – anaerobe Ausdauer	– dynamische Gelenkigkeit – statische Gelenkigkeit

Im Leistungssport dient die durch das Grundlagentraining erworbene allgemeine Kondition als Basis für eine Spezialisierung in der jeweils angestrebten Disziplin. Das Grundlagentraining wird abgelöst durch das *Aufbau- und Leistungstraining*, in welchem die *spezielle Kondition* als Bedingung für das Erreichen von Höchstleistungen entwickelt wird.
Mit zunehmender Qualifikation des Leistungssportlers gewinnt die spezielle Kondition immer mehr an Bedeutung, während die motorischen Elemente der allgemeinen Kondition in den Hintergrund treten. Dies darf selbstverständlich nicht auf Kosten der grundlegenden körperlichen Fähigkeiten gehen, da dies einen Leistungsrückgang zur Folge hätte. Das heißt, daß auch im Hochleistungstraining gewisse Trainingsformen zur Erhaltung der motorischen Elemente der allgemeinen Kondition je nach Periodisierung mehr oder weniger enthalten sein müssen. In der Vorbereitungsperiode wird der Leistungssportler diesem Gesichtspunkt mehr Beachtung schenken als in der Wettkampfperiode, die in erster Linie der Erhaltung der sportlichen Form und deren Umsetzung in Leistung dient.
Im *Fitness- und Breitensport* behält die *allgemeine Kondition* ihre dominierende Rolle, da hier an erster Stelle die gesundheitlichen Aspekte eines möglichst vielseitig trainierten Körpers stehen: Ein stabiles *Herz-Kreislauf-System*, eine kräftige, harmonisch entwickelte *Muskulatur* und eine gut ausgebildete *Gelenkbeweglichkeit* sollten von jedem (jeder) Fitnesssportler(in) angestrebt bzw. bis ins hohe Alter erhalten werden. In unserer durch Bewegungsarmut gekennzeichneten Zeit steigen die Herz-Kreislauf-Erkrankungen und -Todesfälle drastisch an; Wirbelsäulen- und Gelenkschäden sind aufgrund der degenerierten Muskulatur an der Tagesordnung.

Dieser Entwicklung kann man durch allgemeines Konditionstraining wirkungsvoll Einhalt gebieten:
- Das aerobe Ausdauertraining stärkt Herz und Kreislauf!
- Durch sinnvolles Krafttraining wird ein stützendes Muskelkorsett aufgebaut, welches einen Großteil der alltäglichen Belastungen von der Wirbelsäule und den Gelenken kompensatorisch fernhält!
- Durch geeignete Zweckgymnastik wird die Elastizität gesteigert, die Gelenkregionen werden besser durchblutet, der Gelenkknorpel erhält ein größeres Angebot an Nähr- und Aufbaustoffen und kann diese während der gymnastischen Beanspruchung auch wesentlich besser resorbieren!

Aufgrund dieser Faktoren ist das allgemeine Konditionstraining nicht nur im Fitnessbereich, sondern auch im Schulsport, auf den Gebieten Prävention (Vorbeugung) und Rehabilitation (Wiederherstellung) und im Alterssport mit großem Nutzen für die gesunde Entwicklung bzw. Gesunderhaltung des menschlichen Körpers, durchzuführen.

Entwicklung der konditionellen Grundeigenschaften

Die in Tab. 1, Seite 11, aufgeführten konditionellen Grundeigenschaften oder motorischen Elemente werden durch das allgemeine Grundlagentraining entwickelt. Der maximal erreichbare Grad dieser körperlichen Eigenschaften ist individuell sehr unterschiedlich und hängt ab von der muskulären und organischen, genetisch bedingten Veranlagung; vom koordinativen Nerv-Muskel-Zusammenspiel; von den psychischen Fähigkeiten und vom Alter des Sportlers oder der Sportlerin. Bei dem heutigen hohen Leistungsstandard im Spitzensport kann man davon ausgehen, daß nur genetisch hoch veranlagte ‹Genies› die Chance haben, dieses hohe Niveau zu erreichen.
Im Training wird der Körper bestimmten *äußeren Belastungen* (z. B. Kniebeuge mit der 50-kg-Hantel) ausgesetzt, wodurch *Trainingsreize* (hier: Anspannung und Kontraktion der Streckmuskulatur) provoziert werden. Unter dem Einfluß dieser Trainingsreize vollziehen sich eine «Umstellung physischer und psychischer Funktionssysteme auf ein höheres Leistungsniveau und eine Einstellung auf spezifische äußere Bedingungen» (Harre). Dieses Prinzip der *biologischen Anpassung* besagt, daß Trainingsbelastungen funktionelle, biochemische und morphologische (das Körpergewebe betreffende) Veränderungen im Organismus hervorrufen und zur Ausformung der Willenseigenschaften beitragen, die den Athleten befähigen, dem Willen zugängliche Leistungsreserven immer tiefer auszuschöpfen. Eine Anpassung findet allerdings nur statt, wenn die Trainingsreize eine bestimmte individuell bedingte *Mindestintensität* und einen bestimmten *Mindestumfang* erreichen. Der Optimalwert dieser beiden Belastungsgrößen ist individuell verschieden und abhängig von der momentanen Leistungs- und Belastungsfähigkeit (vom Trainingszustand) des Sportlers. Je mehr sich die Belastungsgrößen Reizintensität und -umfang dem Optimalwert annähern, um so schneller verläuft der Anpassungsprozeß; je weiter sie sich vom Optimalwert entfernen, um so geringer wird die Trainingswirkung. Hierbei ist zu beachten, daß sowohl zu geringe als auch zu große Belastungen diesem Prinzip unterliegen. Wenn die Belastung so groß ist, daß sie das individuelle Leistungsvermögen übersteigt, tritt eine Leistungsstagnation, im Extremfall sogar ein Leistungsrückgang durch Übertraining auf.
Durch den Verbrauch von energieliefernden Substanzen (energiereiche Phosphate und Glykogen) während der Trainingsbelastung wird eine Ermüdung ausgelöst, die die Funktionsfähigkeit des Organismus zeitweilig verringert. Diese Ermüdung aktiviert die biologische Anpassung, welche

sich größtenteils in der darauffolgenden *Erholungsphase* vollzieht. Hierbei werden die geleerten Energiespeicher nicht nur wieder aufgefüllt, sondern es erfolgt eine Wiederherstellung über das energetische Ausgangsniveau hinaus. Diese *Superkompensation* (auch Überkompensation oder Mehrausgleich genannt) hat zur Folge, daß die Energiedepots nach erfolgreicher Anpassung ein höheres Niveau aufweisen als vor der letzten Trainingseinheit. Voraussetzung dafür ist allerdings ein kontinuierliches Training, wobei darauf geachtet werden muß, daß die Superkompensation nicht durch zu früh angesetzte neue Belastungen gestört wird. Jede Trainingsplanung muß also das Erreichen des Mehrausgleichs zum Ziel haben, weil nur dadurch eine Leistungssteigerung ermöglicht wird. Wenn keine Superkompensation mehr möglich ist, kann auch die Leistung nicht mehr gesteigert werden; der Sportler hat sein individuelles Maximum erreicht.
Aus diesen Ausführungen geht hervor, daß Belastung und Erholung als eine Einheit zu betrachten sind. Da die Überkompensation in der Erholungsphase stattfindet, muß auf jede Belastung eine ausreichende Erholungspause folgen!

Abb. 1: Belastung und Erholung – Superkompensation (nach Jakowlew)

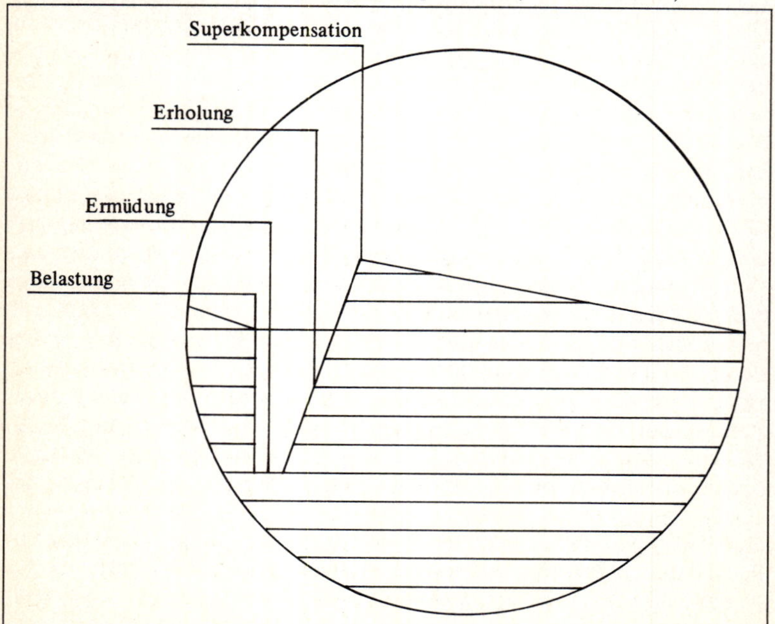

Abb. 2: Belastung und Erholung im Trainingsprozeß nach dem Prinzip der Superkompensation (nach JONATH / HAAG / KREMPEL)
a = Ausschöpfung der Energiedepots durch die Belastung
b = Wiederherstellung in der Erholungspause (Kompensation)
c = Phase der erhöhten Bereitschaft zur Wiederherstellung (Superkompensation)
Die drei Arten der Pausengestaltung:
(1) *Richtig festgesetzte Erholungspause:* Der jeweils auf die Pause folgende Trainingsreiz findet exakt in der Phase der Superkompensation statt; die Trainingswirkung ist positiv (ansteigender Pfeil).
(2) *Zu lange Erholungspause:* Der Trainingsreiz wird zu spät gesetzt; er erfolgt nicht in der Phase der Superkompensation. Die Trainingswirkung bleibt aus (waagerechter Pfeil).
(3) *Zu kurze Erholungspause:* Der Trainingsreiz wird zu früh, vor Einsetzen der Superkompensation, gesetzt. Die Trainingswirkung ist negativ (abfallender Pfeil).

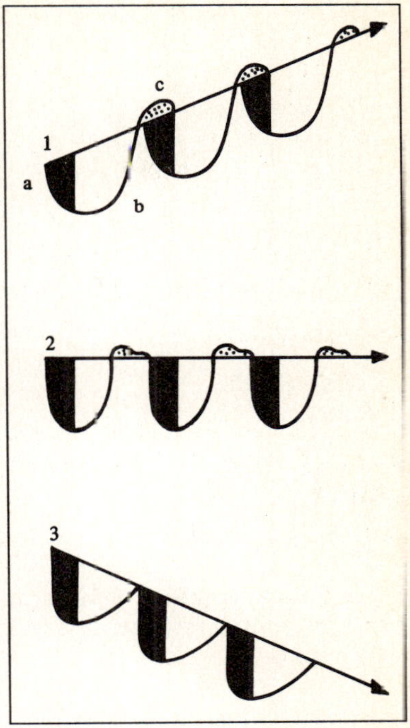

Die Superkompensation schlägt allerdings nur bei Anfängern oder bei Anwendung veränderter Trainingsformen relativ schnell in ein höheres Leistungsniveau um. Bei Leistungssportlern kann der Umsetzungsprozeß Wochen und Monate dauern, da er oft erst nach einer Summierung kaum nachweisbarer Trainingseffekte erfolgt.
Eine Rückbildung der trainingsbedingten Anpassungen findet statt, wenn die Belastung übermäßig reduziert wird oder wenn sie überhaupt ausbleibt. Kurzfristig provozierte, ungefestigte Anpassungen werden von dieser Rückbildung wesentlich stärker betroffen als gefestigte, in einem längeren Zeitraum erworbene konditionelle Eigenschaften. Was man sich schnell antrainiert, geht bei Inaktivität auch schnell wieder verloren.
Die *Anpassung des Organismus* orientiert sich immer an der *Trainingsbelastung*: Ausdauerfähigkeiten werden vor allem durch großen Belastungsumfang bei geringer bis mittlerer Reizintensität entwickelt, während Belastungen mit geringem Umfang, jedoch mit submaximaler bis maximaler Reizintensität hauptsächlich Kraft- und Schnelligkeitsfähigkeiten fördern.

Belastungsgrößen

Um das gesteckte Trainingsziel möglichst ohne Umwege zu erreichen, müssen optimale Bedingungen für die Anpassung des Organismus an die Trainingsbelastung geschaffen werden. Mit anderen Worten: Mit welchem Gewicht oder mit welcher Geschwindigkeit, wie lange, wie oft und mit welchen Pausen soll der Sportler oder die Sportlerin heben oder laufen, um das Leistungsvermögen zu verbessern?
Die Trainingseinheit(en) muß (müssen) also hinsichtlich dieser Fragestellung geplant werden, wobei die folgenden Belastungsgrößen als Kriterien dienen:
- Reizintensität,
- Reizdauer,
- Reizdichte,
- Reizhäufigkeit,
- Reizumfang,
- Trainingshäufigkeit.

Diese Belastungsgrößen müssen, in Abhängigkeit von der Trainingsmethode, in einem sinnvollen Zusammenhang stehen, um den Trainingserfolg sicherzustellen!

Die **Reizintensität** der Übungen ist in vielen Sportarten quantifizierbar und wird ausgedrückt als Höhe oder Weite (m), als Geschwindigkeit (m/Sek.) oder als Größe des Widerstands (kg, Watt). Die Intensität wird in Prozenten des maximalen Leistungsvermögens angegeben, wobei die Bestleistung mit 100 % angesetzt wird und als Bezugspunkt dient (Tab. 2).

Tab. 2: Intensitätsskalen für das Kraft- und Ausdauertraining (nach Carl und Martin 1977)

Kraft (% der Maximalkraft)	Intensität	Ausdauer (% der Bestleistung)	Pulsfrequenz pro Minute
30– 50 %	gering	30– 50 %	130–140
50– 70 %	leicht	50– 60 %	140–150
70– 80 %	mittel	60– 75 %	150–165
80– 90 %	submaximal	75– 90 %	165–180
90–100 %	maximal	90–100 %	180

Die biologischen Anpassungen kommen nur zustande, wenn eine *kritische Reizschwelle* überschritten wird:

- Unterschwellige, zu geringe Reize, mit einer Belastung unter 20% der momentanen Leistungsfähigkeit (auch: hoher Trainingsumfang, zu geringe Intensität) haben keine Anpassung zur Folge.
- Zu hohe Reize bei hoher Intensität, hohem Umfang und kurzen Pausen provozieren den leistungsmindernden Übertrainingszustand, da der Körper überfordert wird und sich dieser Überforderung nicht anpassen kann.
- Spezifisch richtig dosierte Reize, die bei optimaler Abstimmung von Intensität, Umfang und Erholung gesetzt werden, haben die bestmögliche Anpassung des Organismus zur Folge.

Der Wirkungsbereich der Reizintensität ist nach HETTINGER nicht konstant, sondern vom Leistungsniveau abhängig. Während Anfänger bereits im geringen Intensitätsbereich Fortschritte machen, führt das Training im leichten Intensitätsbereich bei Hochleistungssportlern nicht mehr zum Erfolg.

Wenn das Training mit geringer Intensität nur knapp über der kritischen Reizschwelle durchgeführt wird, erfolgt ein zwar langsamer, aber gründlicher Trainingsgewinn, der sich bei Unterbrechungen des Trainings (z. B. durch Krankheit) nur relativ langsam zurückbildet und daher als gefestigt bezeichnet wird. Hohe Reizintensitäten führen zu schnellerem, jedoch dementsprechend ungefestigtem Leistungszuwachs.

Der Charakter des Ausdauertrainings erfordert geringe bis mittlere Intensitätsgrade (wichtig für Fitness- und Gesundheitssportler!), während beim Kraft- und Schnelligkeitstraining im allgemeinen hohe Intensitäten nötig sind.

Die **Reizdauer** kennzeichnet die Zeit, in der ein Trainingsinhalt als Trainingsreiz auf den Organismus einwirkt. Dieser Trainingsinhalt kann sein:

- Ein einzelner Reiz mit sehr kurzer Einwirkungszeit (z. B. ein Sprung) oder mit längerer Einwirkungszeit (z. B. 6 Sek. beim isometrischen Krafttraining).
- Eine Reizserie mit längerer Einwirkungszeit (z. B. 10 Strecksprünge oder 7 Hebungen mit der Scheibenhantel).
- Die Dauer einer Belastungsphase mit unterschiedlich langer Einwirkungszeit (z. B. 60-m-Sprint oder 20-km-Lauf).

Die in Tab. 3, Seite 18, aufgeführten Zeiten bzw. Kriterien für die Reizdauer bei verschiedenen Trainingsarten bzw. Trainingszielen wurden aufgrund wissenschaftlicher und experimenteller Untersuchungen festgelegt und lassen ein Optimum an Erfolg erwarten.

Die Reizdauer ist abhängig vom Trainingsziel und vom Trainingsinhalt.

Trainingsart / Trainingsziel	Reizdauer / -kriterium Minimum / Maximum
Koordinationstraining	Max.: Abbruch vor Koordinationsverschlechterung
Sprintschnelligkeit	Max.: 6–8 Sek. / 60–70 m
Muskelkrafttraining statisch	Min.: ¼ der maximalen Haltezeit
Intervalltraining	Max.: 1–1,5 Min. pro Trainingsreiz bei 50–70 % des max. Leistungsvermögens
Kraftausdauertraining	Min.: Überschreitung der Ermüdungsgrenze
Ausdauertraining	Min.: 10–15 Min. (Anfänger), 30 Min. (Fortgeschrittene)

Tab. 3: Reizdauer / Reizdauerkriterien für verschiedene Trainingsarten / Trainingsziele (nach HETTINGER / REINDELL / ROSKAMM / KEUL / WOLKOW)

Insbesondere ist die Wechselwirkung von Reizintensität und Reizdauer zu beachten: Hohe Intensität bedingt eine Verringerung der Reizdauer und umgekehrt, um optimale Bedingungen für die Anpassung des Organismus an die Belastung zu gewährleisten.

Unter der **Reizdichte** versteht man das zeitliche Verhältnis von Belastung und Erholung in einer Trainingseinheit. Sie steht in einer engen Wechselbeziehung zu den Komponenten Reizintensität und Reizdauer und sichert bei optimaler Abstimmung mit diesen beiden Belastungsgrößen die Wirksamkeit der Trainingsbelastung.
Prinzipiell gilt: Hohe Reizintensität und lange Reizdauer bedingen lange Pausen; geringe Intensität und Belastungszeit erfordern nur kurze Pausen. Eine Reizdichte von 1 : 0,5 (typisch für Intervalltraining) sagt aus, daß Belastung und Erholung in diesem zeitlichen Verhältnis zueinander stehen (z. B. 1 Min. Belastung – 30 Sek. Erholung; oder 2 Min. Belastung – 1 Min. Erholung). Die verschiedenen Trainingsziele und -methoden bedingen unterschiedlich lange Pausen, in denen die typischen Anpassungsvorgänge bei gleichzeitig stattfindender teilweiser oder vollständiger Erholung voll-

zogen werden. In diesem Zusammenhang unterscheidet man zwischen *vollständiger* und *lohnender (unvollständiger) Pause*. Die vollständige Pause ist so lang, daß sie eine (nahezu) vollständige Regeneration des Organismus ermöglicht. Die nächste Wiederholung oder Serie kann also mit der gleichen Reizintensität durchgeführt werden, ohne daß es zu einer Ermüdungsaufstockung kommt. Unter der lohnenden (unvollständigen) Pause verstehen die Physiologen etwa das erste Drittel der Zeit, die für die vollständige Erholung nötig ist. Trainingseinheiten mit dieser Pausengestaltung (Intervalltraining) provozieren eine beabsichtigte Ermüdungsaufstokkung, da sich der Organismus nur teilweise regenerieren kann und die Energiereserven immer stärker ausgeschöpft werden. Es kommt zu einer biologischen Anpassung auf höherem Niveau, und der Organismus wird befähigt, auch in ermüdetem Zustand Anstrengungen zu vollbringen.

Das aerobe Ausdauertraining nach der Methode der Dauerleistung wird ohne Pause absolviert, da die hierbei angestrebten Anpassungen zur Erhöhung der Langzeitausdauer nur bei geringer Intensität und großem Umfang (Reizdauer) optimal realisiert werden können.

Die Pulsfrequenz erhöht sich bei mittlerer bis submaximaler Belastung auf etwa 180 Schläge/Min. Nach dem Prinzip der lohnenden Pause sollte beim Intervalltraining der neue Reiz gesetzt werden, wenn die Pulsfrequenz auf etwa 140–120 zurückgegangen ist. Dieser Wert signalisiert das Ende der lohnenden ⅓-Pause und wird, je nach Trainingszustand, nach etwa 45 bis 90 Sek. erreicht.

Abb. 3: Schematische Darstellung der «lohnenden Pause» (nach SCHMOLINSKY)

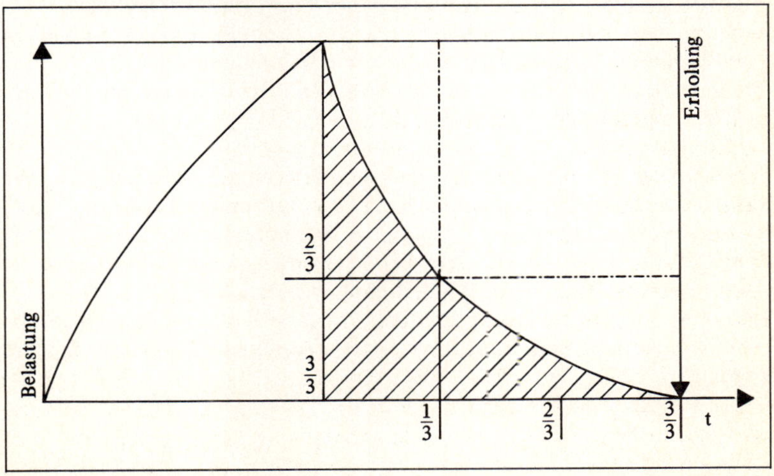

Die **Reizhäufigkeit** ist, in Abhängigkeit von den drei vorher beschriebenen Belastungsgrößen, für den Trainingserfolg entscheidend, da die Anzahl der Trainingsreize in einem Satz oder in einer Trainingseinheit typische Anpassungen zu Folge hat. Zehn Strecksprünge mit der Bleiweste zielen auf die Sprungkraft, während 100 Sprünge ohne zusätzliche Belastung die Sprungkraftausdauer fördern. Trainingsziel und -methode bestimmen also die Reizhäufigkeit, die in der Anzahl der Einzelreize pro Satz und in der Anzahl der Sätze ihren Ausdruck findet: *Geringe Reizhäufigkeit begünstigt die Schnelligkeits- oder Kraftkomponente; große Reizhäufigkeit betont die Ausdauerkomponente.*
Ein typisches Beispiel für Maximalkrafttraining (entsprechende Intensität vorausgesetzt) ist eine Übungsausführung (z. B. Bankdrücken) mit fünf Serien zu je sieben Wiederholungen, wobei die Gesamtwiederholungszahl 35 die Reizhäufigkeit darstellt. Die gleiche Übung kann aber auch zur Entwicklung der Kraftausdauer dienen, wenn sie (mit entsprechend reduzierter Intensität) etwa fünf Sätze zu je 40 Wiederholungen beinhaltet, was einer Reizhäufigkeit von 200 entspricht. Kontinuierliche Belastungen, wie z. B. der Dauerlauf, der die aerobe Ausdauer entwickelt, werden durch die Reizhäufigkeit «1» charakterisiert. Sie sind als *ein* Reiz zu betrachten, der aufgrund der mitunter extrem langen Reizdauer Wiederholungen in einer Trainingseinheit verbietet.

Bei der Festsetzung der Reizhäufigkeit sind folgende Wechselwirkungen zu beachten:
- Steigende Reizintensität bedingt abnehmende Reizhäufigkeit;
- Einzelreize mit langer Dauer ermöglichen nur wenige Wiederholungen.
- Kurze Pausen (hohe Reizdichte) führen zu schneller Ermüdung und erfordern deshalb ebenfalls reduzierte Wiederholungszahlen.

Die Zunahme einer oder mehrerer dieser drei Belastungsgrößen bedingt eine Verringerung der Reizhäufigkeit.

Die Abhängigkeit der Reizhäufigkeit pro Satz von der Reizintensität geht aus Abb. 4 hervor: Im Grenzbereich der (fast) maximalen Belastung (Bestleistung = 100 %) kann eine Übung (z. B. Bankdrücken mit der Scheibenhantel) nur 1–3mal pro Satz durchgeführt werden, während bei 30prozentiger Intensität 20 und mehr Wiederholungen möglich sind.
Im hohen Intensitätsbereich dominiert also die Kraftkomponente, während bei niedriger Belastung bevorzugt die Ausdauerfähigkeiten trainiert werden.

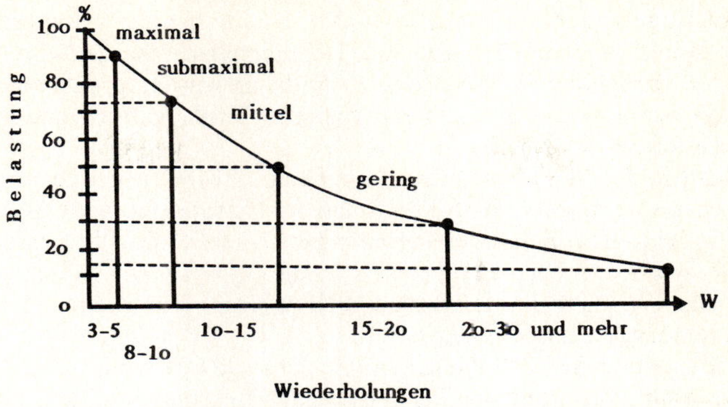

Abb. 4: Anzahl der Wiederholungen pro Übungssatz in Abhängigkeit von der Reizintensität (nach SCHOLICH 1974)

Der **Reizumfang** resultiert aus der Dauer und der Wiederholungszahl aller Reize in einer Trainingseinheit. Bei der Anwendung von Dauermethoden bezieht er sich auf die zurückgelegte Strecke und wird in Kilometer oder Meter ausgedrückt. Aus der Sicht der Physiologie ist es allerdings sinnvoller, den Reizumfang beim Ausdauertraining mit der Trainingszeit in Minuten oder Stunden gleichzusetzen, da die biologischen Anpassungen bei diesen Methoden in erster Linie zeitbedingt sind; der Gesundheits- oder Fitnesssportler sollte beim aeroben Herz-Kreislauf-Training nicht 5 km laufen, sondern sich 35–40 Min. laufend (fort)bewegen. Beim Intervalltraining bezieht sich der Reizumfang auf die Dauer oder die Strecke der Einzelintervalle und deren Wiederholungszahl und läßt sich dementsprechend in Zeit- oder Längeneinheiten darstellen: Zwei Serien zu je fünf Läufen über 100 m in 13 Sek. ergeben einen Reizumfang von 1000 m bzw. 130 Sek.
Beim Krafttraining ist die Angabe der Gesamtsumme der in einer Trainingseinheit bewegten Gewichte (Tonnage) üblich: Der Reizumfang bezieht sich also auf die Intensität (Gewichtsbelastung in kg) und die Wiederholungszahl: Fünf Serien zu je 7 Wiederholungen mit 120 kg ergeben einen Reizumfang von 4,2 t.
Um die Gesamtbelastung in einer Trainingseinheit beurteilen zu können, reicht die Angabe des Reizumfangs jedoch nicht aus; es fehlen noch Informationen über die Intensität, die ja ein wesentliches Kriterium für die Belastung darstellt. Eine Aufschlüsselung des Reizumfangs in Intensitätsbereiche (z. B. Bankdrücken: 1,3 t mit maximaler Intensität + 4,2 t submaximal) schafft hier Abhilfe und gewährleistet durch diese Zuordnung die beabsichtigten biologischen Anpassungen des Organismus an die Belastung.

Bei geringer Intensität muß der Reizumfang einer Trainingseinheit wesentlich größer sein als bei höherer Intensität, um die richtige Auslastung des Sportlers und damit die Wirksamkeit des Trainings zu sichern. Diese Auslastung ist erreicht, wenn spürbare Ermüdungssymptome auftreten und wenn die Ermüdung auch nach Beendigung des Trainings noch eine gewisse Zeit spürbar ist.
Da in der Regel die Leistungsfähigkeit bis zum Beginn der nächsten Belastung wiederhergestellt sein sollte, ist bei der Planung des Umfanges jeder Trainingseinheit auch die *Trainingshäufigkeit* (Anzahl der Trainingseinheiten pro Woche) zu berücksichtigen. Hieraus ergibt sich die Abhängigkeit des Reizumfanges vom individuellen Erholungstempo und von der zur Verfügung stehenden Erholungszeit.
Eine Steigerung der Trainingsintensität kann zu *Übertrainingszuständen* führen, wenn versäumt wurde, den Organismus vorher durch entsprechende Zunahme des Trainingsumfangs auf diese erhöhte Intensität vorzubereiten. Da die Gefahr des Übertrainings bei zu großem Trainingsumfang bedeutend geringer ist als bei zu hoher Intensität, ist, besonders im Anfängerstadium, bei beabsichtigter Belastungsveränderung der Erhöhung des Trainingsumfangs der Vorzug zu geben. Umfangstraining ist gleichzeitig Grundlagentraining und entwickelt somit eine breite Basis, welche eine wesentliche Voraussetzung für die Erhöhung der Belastbarkeit darstellt!

Die **Trainingshäufigkeit** gibt in der Regel die Anzahl der wöchentlichen Trainingseinheiten an. Bei reizwirksamer Belastung in den einzelnen Trainingseinheiten erhöhen sich die Leistungs- und Belastungsfähigkeit um so schneller, je häufiger trainiert wird. Da die Erholungsprozesse mit fortschreitendem Trainingszustand immer schneller ablaufen, muß die Trainingshäufigkeit allmählich zunehmen, um einer Leistungsstagnation vorzubeugen. Folgende Werte können als Richtschnur für die wöchentliche Trainingshäufigkeit gelten:

Anfänger:	2– 4
Fortgeschrittene:	3– 8
Leistungssportler:	6–10
Hochleistungssportler:	8–22

Während also bei Anfängern auf jede Trainingseinheit ein Ruhetag folgen soll, um die Erholung des Organismus zu gewährleisten, müssen Leistungssportler täglich mindestens einmal, oft jedoch zweimal und mehr trainieren, um das erreichte hohe Leistungsniveau stabilisieren und anheben zu können.
Trainingshäufigkeiten dieser Größenordnung können nur erfolgreich realisiert werden, wenn der Sportler durch umfangreiches Grundlagentraining in der Anfänger- und Fortgeschrittenenstufe auf diese extremen Trainingsbelastungen vorbereitet wurde.

Die Zusammenhänge zwischen Trainingshäufigkeit, Reizumfang, Reizintensität und Wirksamkeit des Trainings werden aus folgenden Wechselwirkungen deutlich:

- Gleiche Trainingsumfänge können durch Verteilung auf mehrere Trainingseinheiten mit höherer Intensität durchgeführt werden.
- Durch höhere Intensität kann ein größerer Leistungszuwachs trotz verringerter Trainingsdauer erreicht werden.
- Wenn bei gleicher Intensität ein bestimmter Trainingsumfang auf möglichst viele Trainingseinheiten verteilt wird, ergibt sich durch die verbesserten Bedingungen für die biologische Anpassung eine erhöhte Wirksamkeit des Trainings. (Es ist besser, viermal pro Woche 20 Min. zu trainieren, als einmal 80 Min.). Dies gilt sowohl für das Training zur Verbesserung des Leistungsvermögens, als auch für das Formerhaltungstraining.

Trainingsmethoden

Dauermethode

Das Training nach dieser Methode, die hauptsächlich der Verbesserung der *aeroben Ausdauer* dient, ist dadurch gekennzeichnet, daß es ohne jede Unterbrechung mit gleichbleibender oder variierter Intensität durchgeführt wird.

Beispiel Lauftraining
Reizintensität: Ausdauertrainierte Leistungssportler: 70–95 % der Bestleistung = Pulsfrequenz 155–180.
Fitness- und Gesundheitssportler: 30–60 % der Bestleistung = 130–150 Pulsfrequenz. Bei einer Bestleistung von 20 Min. über 5 km sollte diese Strecke beim Training nach der Dauermethode also in einer Zeit von 28–34 Min. zurückgelegt werden. Die Faustregel für Fitnesssportler (Belastungspulsfrequenz = 180 minus Lebensalter) entspricht diesem empfohlenen Intensitätsbereich!
Reizdauer: Fitnesssportler: 20–60 Min., Leistungssportler: 30 Min. bis mehrere Stunden; je nach Trainingszustand und Sportart. Anfänger legen Gehpausen ein oder beenden das Training, sobald sie sich der Obergrenze des empfohlenen Intensitätsbereiches nähern. Dies kann u. U. schon nach einigen Minuten der Fall sein!

Reizdichte: Maximal, da das Training keinerlei Unterbrechung erfährt.
Reizhäufigkeit: 1: die kontinuierliche Belastung besteht aus einem Reiz mit (extrem) langer Dauer.
Reizumfang: Entsprechend der langen Reizdauer ergibt sich ein hoher Reizumfang, der bei fortgeschrittenen Breitensportlern etwa 3 bis 10 km, bei Leistungssportlern etwa 5–50 km beträgt.

Beispiel Kraftübungen
Die Übungsfolge wird zweckmäßigerweise so zusammengestellt, daß die Hauptmuskelgruppen des Rumpfes sowie die oberen und unteren Extremitäten abwechselnd beansprucht werden.
Reizintensität: Fitnesssport 25–50 %, Leistungssport 25–75 % der Bestleistung. Hierbei hat sich in der Praxis die Dosierung MW/2 (die Hälfte der maximalen Wiederholungszahl des aufgelegten Gewichtes) als zweckmäßig erwiesen, was einer Wiederholungszahl von 5 (bei 75 %) bis 20 (bei 25 %) pro Übung entspricht. Für Fitnesssportler ist auch hier die Formel Belastungspuls = 180 minus Lebensalter maßgebend.
Reizdauer: 10–60 Min. Anfänger beginnen mit wenigen Minuten und verlängern die Belastungszeit entsprechend ihrer steigenden Leistungsfähigkeit.
Reizdichte: Maximal, da die verschiedenen Übungen ohne Pause aneinandergereiht werden.
Reizhäufigkeit: Sehr hoch. Wenn beispielsweise eine Übungsfolge mit acht Übungen zu je 10 Wiederholungen fünfmal hintereinander absolviert wird, ergibt sich eine Reizhäufigkeit von 400.
Reizumfang: Sehr hoch. Bezogen auf die Reizhäufigkeit von 400 ergibt sich z. B. schon bei einer durchschnittlichen Zusatzbelastung von nur 15 kg ein Reizumfang von 6000 kg.

Bei der Anwendung der Dauerleistungsmethode im Training werden physiologische Prozesse im Organismus ausgelöst, die die Herz-Kreislauf-Regulation, die Kapillarisierung (Zunahme der feinen Haargefäße, durch die das Blut den Sauerstoff und die Nährstoffe zur Muskelfaser transportiert), die Sauerstoffaufnahmefähigkeit des Blutes und den Muskelstoffwechsel verbessern und an die Ausdauerbeanspruchung anpassen. Um das Ziel, die Verbesserung der *allgemeinen aeroben Ausdauer* (Grundlagenausdauer), zu erreichen, muß die Dauerleistung so durchgeführt werden, daß der Organismus die Dauerarbeit fast durchweg im *Sauerstoff- und Stoffwechselgleichgewicht*, also unter aeroben Bedingungen, ausführen kann. Dies bedeutet, daß kein wesentliches Sauerstoffdefizit entsteht, da der Organismus die notwendige Energie für die langandauernde Muskelarbeit durch den Sauerstoff aus der Atemluft nahezu vollständig mobilisieren kann. Diese aeroben Bedin-

gungen sind um so mehr gewährleistet, je näher die Intensität der Dauerleistung an der unteren Grenze des empfohlenen Bereiches liegt. Der obere Intensitätsbereich beinhaltet mehr oder weniger starke anaerobe Komponenten, da der Organismus die Dauerbelastung mit dieser Intensität nur unter Eingehen eines *Sauerstoffdefizites* bewältigen kann.
Da im Bereich des Fitness- und Gesundheitssports die Verbesserung der aeroben Grundlagenausdauer aus gesundheitlichen Gründen eine dominierende Rolle spielt, sollte die Dauerleistung hier im unteren Intensitätsbereich durchgeführt werden, was auch in der obigen Belastungspulsformel zum Ausdruck kommt.
Bei der Methode der Dauerleistung nimmt die Ermüdung ständig zu, wodurch sich die Gesamtbelastung auf den Organismus ständig vergrößert. Leistungssportler beenden das Training erst bei fast völliger Ermüdung (vgl. Abb. 5, S. 33). Im Fitnessbereich ist, auch bei geringer Intensität, eine Obergrenze der Trainingsdauer von 45–60 Min. völlig ausreichend.
Die vom Zentralnervensystem gesteuerten zunehmenden Ermüdungserscheinungen stellen eine Schutzreaktion des Organismus dar, welche bei Trainingsläufen grundsätzlich nicht durch Willenseinsatz unterdrückt werden darf. Besonders der Anfänger muß auf sein subjektives Befinden achten, um eine optimale Reizwirkung der Dauerleistung auf den Organismus zu gewährleisten.
Bei der *kontinuierlichen Methode der Dauerleistung* wird über längere Zeit mit gleichbleibender Geschwindigkeit gelaufen bzw. werden die Kraftübungen mit gleichbleibender Belastungsintensität durchgeführt. Die Pulsfrequenz wird während des Trainings also konstant beibehalten.
Bei der *Wechselmethode der Dauerleistung* wird die Laufgeschwindigkeit planmäßig oder nach individuellen Bedürfnissen – auch geländeabhängig – variiert. Bei Erhöhung der Intensität geht der Organismus kurzzeitig eine Sauerstoffschuld ein (anaerobe Phase), die er im folgenden Abschnitt, der wieder mit verringerter Intensität zurückgelegt wird, wieder kompensieren muß. Beispiel: 40 Min. Lauf; es werden jeweils 1000 m in 7 Min. (Pulsfrequenz 140) und 500 m in 2,5 Min. (Pulsfrequenz 180) im Wechsel gelaufen. Bei den Kraftübungen erfolgt die Variation durch Veränderung der Zusatzbelastungen in bezug auf die Intensität. Zwei Übungen werden beispielsweise mit 25 % und die folgende Übung mit 50 % Intensität der Zusatzbelastung durchgeführt, wobei ebenfalls aerobe und anaerobe Phasen aufeinander folgen.
Mit steigender Ausdauerleistungsfähigkeit des Körpers muß die *Gesamtbelastung* der Dauerleistung dieser angepaßt werden, um weitere Fortschritte erzielen zu können. Dies kann geschehen durch

1. Steigerung des Reizumfangs: Bei gleicher Geschwindigkeit wird die Laufstrecke verlängert bzw. die Wiederholungszahl oder die Anzahl der Durchgänge wird bei den Kraftübungen erhöht.

2. Steigerung der Reizintensität: Die Strecke wird schneller durchlaufen bzw. die Zusatzbelastung wird erhöht.
3. Steigerung von Reizintensität und Reizumfang: Die verlängerte Laufstrecke wird in kürzerer Zeit zurückgelegt bzw. die Zusatzbelastung wird erhöht bei gleichzeitiger Zunahme der Wiederholungszahl und/oder der Anzahl der Durchgänge.

Die Methode der Dauerleistung verbessert in erster Linie die Herz-Kreislauf-Regulation und den Muskelstoffwechsel, was eine Zunahme der allgemeinen und der speziellen (lokalen Muskel-)Ausdauer zur Folge hat. Die Durchführung von Kraftübungen verbessert in geringem Umfang die Kraft als Komplexeigenschaft Kraftausdauer, wobei der Muskel nicht an Querschnitt zunimmt, sondern evtl. sogar etwas dünner wird. Daher sollte diese Methode im Fitness- und Gesundheitssport zur *Körperstraffung und Gewichtsreduktion* bevorzugt angewandt werden.

Extensive Intervallmethode

Charakteristisch für diese Methode, die in erster Linie auf die Verbesserung der *aeroben Ausdauer* zugeschnitten ist, ist die Unterbrechung der mit mittlerer Intensität durchgeführten Trainingstätigkeit durch unvollständige *lohnende Pausen*.

Beispiel Lauftraining

Reizintensität: Breitensport: 40–70% der Bestleistung. Bei einer Bestzeit von 70 Sek. über 400 m sind also Wiederholungsläufe über diese Strecke in 91–112 Sek. zweckmäßig. Die Pulsfrequenz sollte im Fitnessbereich 160 Schläge pro Min. nicht überschreiten.
Im Leistungssport beträgt die Intensität etwa 60–80% der Bestleistung, was einer Belastungspulsfrequenz von 150–170 entspricht.
Reizdauer: 15 Sek. bis 2,5 Min. auf 100- bis 500-m-Strecken. Bei Intervalläufen über längere Strecken wird auch die Reizdauer dementsprechend verlängert.
Reizdichte: 1:3 bis 1:8 bei 100-m-Läufen (15 Sek. Belastung : 45 bis 120 Sek. Pause); 2:1 bis 1:2 bei 500-m-Läufen. Die «lohnende» Pause beträgt bei Fortgeschrittenen etwa 45–90 Sek., bei Anfängern etwa 60–120 Sek. Eine Pulsfrequenz von 110–120 bei Anfängern bzw. 125–130 bei Fortgeschrittenen signalisiert das Ende der Pause. Die Pausen werden mit Traben bzw. Gehen ausgefüllt.
Reizhäufigkeit: Breitensport: 5–20, Leistungssport: 5–50; je nach Streckenlänge und Trainingszustand. Kurze Strecken werden häufiger, längere Strecken weniger häufig wiederholt.

Reizumfang: Aufgrund der vielen Wiederholungen ergibt sich ein großer Reizumfang. 20 Läufe über 200 m in je 33 Sek. ergeben beispielsweise einen Reizumfang von 11 Min. oder 4000 m (Pausen nicht mitgerechnet).

(Die Belastungsnormative für das Beispiel Kraftübungen sind auf Seite 35 zu finden.)

Der große Reizumfang, der sich aus den vielen Wiederholungen ergibt, die relativ geringe (mittlere) Intensität und die kurzen Unterbrechungen durch die lohnende ⅓-Pause (siehe S. 18f: Reizdichte) bewirken hauptsächlich eine Entwicklung der *allgemeinen aeroben Ausdauer* und der speziellen (*lokalen* Muskel-)Ausdauer durch Verbesserung der Herz-Kreislauf-Regulation, der Kapillarisierung, der Sauerstoffaufnahmefähigkeit und des Muskelstoffwechsels. Beim Training mit der empfohlenen Intensität geht der Organismus bei der extensiven Intervallarbeit jedoch auch ein geringes *Sauerstoffdefizit* (anaerobe Belastung) ein, was eine Übersäuerung zur Folge hat, die in der kurzen Pause nicht restlos kompensiert werden kann. Die sauren Stoffwechselzwischenprodukte nehmen also immer mehr zu, und es kommt zu einer *Aufstockung der Ermüdung*, die nach entsprechend vielen Wiederholungen zur völligen Ermüdung führt und das Ende der Trainingseinheit bedeutet. Um organische Schäden zu vermeiden, ist es wichtig, die vom Nervensystem ausgehende Ermüdung als Schutzreaktion des Organismus gegen Überbelastung anzusehen und sie nicht durch Willenseinsatz zu unterdrücken.

Das Laufprogramm setzt sich aus Läufen von 100 bis 500 m zusammen, wobei auch kurze Sprints von 30 bis 50 m eingelegt werden können. Es kann sowohl *durchgängig* als auch nach dem *Serienprinzip* trainiert werden: Statt 12 Läufen über 300 m und jeweils 90 Sek. Pause können beispielsweise auch vier Serien zu je 3 Läufen mit 60 Sek. Pause und längerer Serienpause durchgeführt werden (siehe Abb. 5, S. 33). Ferner ist es möglich, die Wiederholungen oder Serien mit variierter Intensität (innerhalb des empfohlenen Bereiches) zu absolvieren, wodurch die anaerobe Komponente abwechselnd etwas stärker betont (oberer Intensitätsbereich) bzw. etwas abgeschwächt (unterer Intensitätsbereich) wird.

Beispiel Kraftübungen
Die Kraftübungen können nach der Organisationsform des *Kreistrainings* oder des *Stationstrainings* durchgeführt werden. Beim *Kreistraining* werden etwa 4 bis 10 verschiedene Übungen in einem oder in mehreren Durchgängen (Kreisen) mit der entsprechenden Wiederholungszahl nacheinander absolviert. Pro Übung ist dabei in der Regel nur ein Satz mit 10–30

Wiederholungen vorgesehen, wobei jede Übung auf eine andere Muskelgruppe zielt, so daß im Endeffekt der ganze Körper trainiert wird. Beim extensiven Intervalltraining folgt nach jedem Satz eine lohnende Pause von 30–90 Sek. und nach jedem Durchgang eine (evtl. verlängerte) Serienpause. Die Anzahl der Durchgänge richtet sich nach dem Leistungsvermögen und kann bei Anfängern 2–3, bei Fortgeschrittenen 5 und mehr betragen.
Beim *Stationstraining* wird jede Kraftübung mit der entsprechenden Wiederholungs- und Satzzahl stationär durchgeführt; erst wenn alle Sätze beendet sind, erfolgt die nächste Übung. Die lohnende Pause erfolgt nach jedem Satz, während der Übergang zur nächsten Übung für eine längere Pause genutzt werden kann. Anfänger sollten für jede der vier Hauptmuskelgruppen (Beine, Bauch/Hüften, Rücken, Arme/Schultern) je eine Übung einplanen, während Fortgeschrittene die Anzahl der Übungen auf 6–8 erhöhen können. Bei beiden Organisationsformen sind die Pausen nicht passiv, sondern aktiv – durch Lockerungsübungen u. ä. – zu gestalten.
Mit der Zunahme der Ausdauerleistungsfähigkeit sollte die Belastung allmählich erhöht werden durch:

1. Erhöhung des Reizumfangs: Es werden mehr Wiederholungen und/oder Sätze durchgeführt.
2. Erhöhung der Reizdichte: Die lohnende Pause wird verkürzt.
3. Erhöhung der Reizintensität: Die Strecke wird schneller gelaufen bzw. das Zusatzgewicht bei den Kraftübungen wird erhöht.
4. Gleichzeitige Erhöhung zweier oder aller dieser Belastungsgrößen.

Die extensive Intervallmethode dient beim Lauftraining in erster Linie der Verbesserung der aeroben Grundlagenausdauer, während die anaeroben Kapazitäten nur in geringem Umfang angesprochen werden.
Bei den Kraftübungen zielt sie mehr auf die Kraftausdauer, wodurch der anaerobe Bereich stärker betont wird. Die morphologischen Veränderungen in der Muskulatur bestehen nicht aus einer Querschnittszunahme, sondern aus einer Verdichtung des Kapillarsystems infolge der muskulären (Kraft-)Ausdauerbeanspruchung.
Im Fitness- und Breitensport, wo *Gewichtsreduktion, Fettabbau* und *Gewebestraffung* als Hauptziele anzusehen sind, hat deshalb bei den Kraftübungen die Methode der extensiven Intervallarbeit – neben der Methode der Dauerleistung – einen weiteren Anwendungsbereich gefunden.

Intensive Intervallmethode

Diese Methode dient in erster Linie der Verbesserung der *anaeroben Ausdauer* sowie der *Kraft-* und *Kraftausdauerfähigkeiten*. Sie wird beim Lauftraining mit submaximaler, bei den Kraftübungen mit geringer bis mittlerer Intensität durchgeführt. Typisch sind die relativ langen Pausen zwischen den Läufen oder Sätzen, die jedoch noch dem Prinzip der lohnenden Pause entsprechen.

Beispiel Lauftraining

Die folgenden Belastungsgrößen sind nur für den Leistungssport zutreffend. Das Lauftraining des Breitensportlers sollte hauptsächlich nach der Methode der Dauerleistung durchgeführt werden, um die aerobe Grundlagenausdauer zu verbessern.

Reizintensität: 80–90 % der Bestleistung = Pulsfrequenz 170–180. Bei einer Bestzeit von 55 Sek. über 400 m sind also Zeiten von 60,5–66 Sek. bei 400-m-Wiederholungsläufen einzuhalten.

Reizdauer: 12 Sek. bis 2 Min. auf den bevorzugten Strecken von 100 bis 600 m (Kurz- und Mittelzeitintervalle). Beim Langzeitintervalltraining nimmt die Reizdauer der Streckenlänge entsprechend zu.

Reizdichte: 1:6 bis 1:12 bei 100-m-Läufen (15 Sek. Belastung : 90 bis 180 Sek. Pause); 2:3 bis 1,5:5 bei 600-m-Läufen. Bei Anfängern beträgt die Länge der lohnenden Pause 2 bis 5 Min., bei Fortgeschrittenen etwa 1,5 bis 3 Min. Die Pause wird aktiv gestaltet (Traben, Gehen, Lockerungsübungen u. ä.), um zu verhindern, daß der Puls unter 110 bis 120 Schläge pro Min. absinkt.

Reizhäufigkeit: 4–12; je nach Streckenlänge und Trainingszustand.

Reizumfang: Relativ gering: 6 Läufe über 200 m in jeweils 28 Sek. ergeben z. B. einen Reizumfang von etwa 3 Min. bzw. 1200 m. Die Gesamtdauer dieser Trainingseinheit beträgt etwa 18 Min., wovon 15 Min. der aktiven Erholung dienen.

(Die Belastungsgrößen bei den *Kraftübungen* sind in Tab. 4, Seite 35, angegeben).

Die Methode der intensiven Intervallarbeit verbessert hauptsächlich die *spezielle anaerobe Ausdauer* als Schnelligkeits- und Kraftausdauer sowie die Schnelligkeit und die Schnellkraft. Der Organismus geht ein verhältnismäßig hohes Sauerstoffdefizit ein, wodurch die Muskeln gezwungen werden, ihren Stoffwechsel zu einem großen Teil im anaeroben (sauerstoffarmen) Zustand zu bewältigen. Die empfohlene Pausenlänge ermöglicht keine vollständige Erholung; es bleiben nach jeder Belastungsphase Ermüdungsreste in der Muskulatur zurück, die sich entsprechend den Wiederho-

lungszahlen summieren und allmählich zur völligen Ermüdung (Beendigung des Trainings) führen (s. Abb. 5, S. 33).
Die Belastung kann sowohl innerhalb einer Trainingseinheit zum Zweck der Variation als auch nach einer abgeschlossenen Trainingsperiode zur Anpassung an das gestiegene aktuelle Leistungsvermögen verändert bzw. erhöht werden, indem man die Pausenlänge, die Wiederholungszahlen und/oder die Intensität innerhalb der vorgegebenen Grenzen verändert.
Die Läufe oder Kraftübungen können kontinuierlich oder zu Serien zusammengefaßt absolviert werden.

Beispiel Kraftübungen
Die *kontinuierliche Methode* beim Krafttraining kann beispielsweise folgendermaßen aussehen: Es werden 6 Sätze zu je 8 Wiederholungen mit einer Zusatzbelastung von 60 % der Bestleistung durchgeführt. Die Pause zwischen den Sätzen beträgt konstant 3 Min. Die gleiche Übung kann aber auch nach dem *Serienprinzip* mit zunehmender (progressiver) Belastung durchgeführt werden:
1. Serie: 2 Sätze zu je 10 Wiederholungen mit einer Belastung von 50 % und einer Pause von 3 Min. zwischen den Sätzen.
2. Serie: 2 Sätze zu je 8 Wiederholungen mit einer Belastung von 65 % und einer Satzpause von 3 Min.
3. Serie: 2 Sätze zu je 6 Wiederholungen mit einer Belastung von 75 % und einer Satzpause von 3 Min.
Nach jeder Serie folgt eine verlängerte *Serienpause* von 5 Min., in der der Organismus das Sauerstoffdefizit nahezu ausgleichen kann. Die Pausen werden mit Lockerungsübungen ausgefüllt, wodurch die Leistungsbereitschaft des Organismus schneller wiederhergestellt wird.
Diese beiden Vorschläge zeigen die vielfältigen Variationsmöglichkeiten auf, die bei ihrer Anwendung mit dem aktuellen Trainingszustand und dem angestrebten Trainingsziel koordiniert werden müssen.
Das Krafttraining nach der intensiven Intervallmethode wird üblicherweise in der Form des *Stationstrainings* durchgeführt; d. h., jede Übung wird in der geplanten Satz- bzw. Serienzahl stationär durchgeführt. Erst wenn alle Sätze absolviert sind, erfolgt der Übergang zur nächsten Übung.
Die Anzahl der Übungen pro Trainingseinheit ist bei der relativ hohen Belastung des intensiven Intervalltrainings in hohem Maße vom Leistungsniveau abhängig. Sechs und mehr Übungen sollten nur von entsprechend vorbereiteten Sportlern eingeplant werden.

Das Krafttraining nach der intensiven Intervallmethode übt einen *Wachstumsreiz* auf die Muskulatur aus, der mit steigender Intensität zunimmt, und gewährleistet gleichzeitig durch die relativ vielen Wiederholungen und die schnelle Übungsausführung noch eine (geringe) Verbesserung der Kapillarisierung des Muskelgewebes. Da allerdings die anaerobe Komponente deutlich überwiegt, ist diese Methode – vor allem im oberen Intensitätsbereich – im Fitness- und Breitensport nur dann anzuwenden, wenn infolge von Untergewichtigkeit mit intensivem Intervallkrafttraining Muskelzuwachs erzielt werden soll. Zum *Ausgleich* sollte man jedoch ein regelmäßiges Ausdauertraining nach der Methode der Dauerleistung absolvieren, um das Herz-Kreislauf-System nicht zu vernachlässigen.

Wiederholungsmethode

Diese Trainingsmethode, die mit sehr hoher Intensität durchgeführt wird, ist durch ein großes Sauerstoffdefizit gekennzeichnet, wodurch die Muskeln hauptsächlich unter anaeroben Bedingungen arbeiten müssen. Charakteristisch sind ferner die langen Pausen – vor allem beim Lauftraining –, die eine nahezu vollständige Erholung des Organismus ermöglichen sollen.

Beispiel Lauftraining
Das Lauftraining nach der Wiederholungsmethode ist auf den Leistungssport begrenzt, weshalb die Belastungsgrößen nur für Leistungssportler gelten können.
Reizintensität: 90–100% der Bestleistung = Pulsfrequenz 180 und mehr. Bei einer Bestzeit von 50 Sek. über 400 m müssen in den Wiederholungsläufen also Zeiten von 50–55 Sek. durchgestanden werden.
Reizdauer: 2 Sek. bis 10 Min. und mehr auf Strecken von 20–3000 m (je nach Leistungsklasse).
Reizdichte: Sehr gering aufgrund der maximalen Intensität. 50-m-Sprints mit 4 Min. Pause ergeben eine Reizdichte von 1:40. Bei 3000-m-Läufen beträgt die Reizdichte etwa 1:2 bis 1:5. Die Pausenlänge variiert von 3 Min. (bei Kurzsprints) bis 45 Min. (bei Läufen über 1200–3000 m). Das Prinzip der lohnenden Pause wird nicht mehr eingehalten. Die Pausen werden mit Traben, Gehen sowie mit Atem- und Lockerungsübungen ausgefüllt.
Reizhäufigkeit: Sehr gering; 2–8; je nach Streckenlänge und Trainingszustand.
Reizumfang: Sehr gering: 3 Läufe über 400 m in je 55 Sek. ergeben einen Reizumfang von 165 Sek. oder 1200 m. Bei einer Gesamtdauer der Trainingseinheit von etwa 53 Min. entfallen 50 Min. auf die Erholungspausen!

(Belastungsnormative des Krafttrainings: Siehe Tab. 4, Seite 35)

Bei richtiger Anwendung der Wiederholungsarbeit werden folgende physischen Grundeigenschaften qualitativ verändert: Schnelligkeit, Maximalkraft, Schnellkraft als Kombination von Schnelligkeit und Kraft sowie Schnelligkeitsausdauer als *anaerobe Ausdauerkapazität* (Stehvermögen). Die hohe Intensität der Läufe bzw. der Kraftübungen führt trotz der langen Pausen allmählich zu einer Aufstockung der Ermüdung, was umfangreiche Anpassungen des Organismus an die Belastung zur Folge hat (s. Abb. 5, rechts).
Von zu häufigem Training im Bereich der Grenzbelastung von 100 % ist abzuraten, da die maximalen Reize auch das Nervensystem maximal erregen und u. U. eine Hemmung hervorrufen können. Die Mehrzahl der Läufe sollte deshalb etwa mit 90prozentiger Intensität und die Mehrzahl der Kraftübungen mit submaximaler Belastung durchgeführt werden.
Auch bei der Wiederholungsmethode sind Variationen innerhalb einer Trainingseinheit möglich, indem man die Intensität, die Pausenlänge und die Wiederholungszahlen im vorgegebenen Bereich verändert. Ferner ist es üblich, in einer Trainingseinheit unterschiedlich lange Strecken zu laufen (z. B. 200/400/300/500 m), wodurch die Trainingsbelastung etwas abwechslungsreicher gestaltet wird. Bei der Variation der Pausenlänge ist zu beachten, daß die Pause auf jeden Fall lang genug ist, um die (fast) vollständige Erholung zu gewährleisten.

Beispiel Kraftübungen

Beim Krafttraining wird das Prinzip der Variation häufig durch das *Pyramidentraining* realisiert, das bei Anwendung der Wiederholungsmethode folgendermaßen aussehen kann:
1. Satz: 8 Wiederholungen mit 75 % – 3 Min. Pause;
2. Satz: 6 Wiederholungen mit 85 % – 4 Min. Pause;
3. Satz: 3 Wiederholungen mit 90 % – 5 Min. Pause;
4. Satz: 2 Wiederholungen mit 95 % – 5 Min. Pause;
5. Satz: 1 Wiederholung mit 100 % – 5 Min. Pause;
6. Satz: 3 Wiederholungen mit 90 % – 4 Min. Pause;
7. Satz: 7 Wiederholungen mit 80 %.
Bis zum fünften Satz weist die Pyramide eine steigende (progressive), ab dem fünften Satz eine fallende (regressive) Intensität auf. Um den Körper nicht durch eine große Reizsumme zu überfordern, kann es nötig sein, das Training dieser Übung nach dem 4. oder 5. Satz zu beenden; insbesondere wenn anschließend noch andere Übungen nach der gleichen Methode folgen sollen. Wegen der hohen Belastung sollten allerdings in einer Trainingseinheit nicht mehr als vier Übungen durchgeführt werden. Die Pausen werden mit Lockerungsübungen ausgefüllt, um die Leistungsbereitschaft des Körpers zum Beginn des nächsten Satzes zu erhöhen.
Das Krafttraining nach der Methode der Wiederholungsarbeit führt, vor

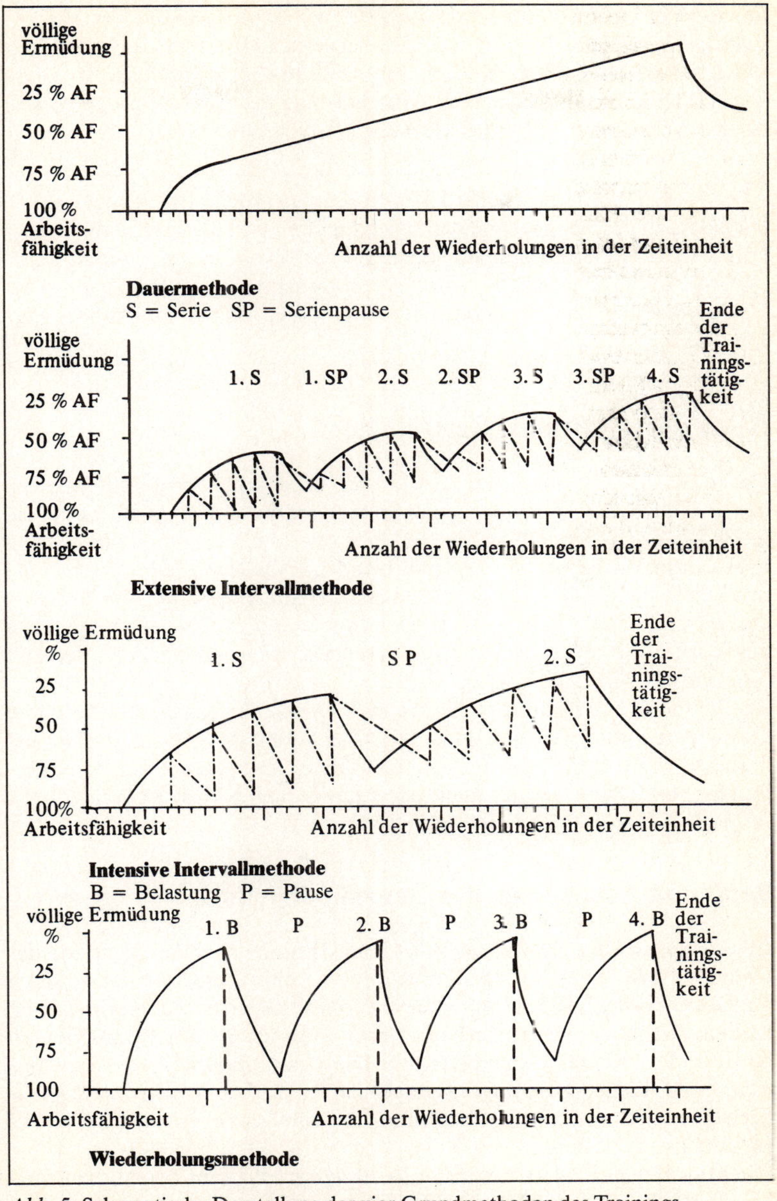

Abb. 5: Schematische Darstellung der vier Grundmethoden des Trainings

allem im Intensitätsbereich von 70–85%, zu einer *Zunahme des Muskelquerschnitts* (Hypertrophie), da bei dieser Belastung ein relativ hoher Reiz mit einer relativ großen Wiederholungszahl (6–12) kombiniert ist. Diese Kombination bewirkt eine tiefe Ausschöpfung der Energiereserven, welche die Voraussetzung für das Muskelwachstum darstellt.

> Die bei der Wiederholungsarbeit auftretenden großen Belastungen sollten dem *Leistungssport* und dem *Bodybuilding* vorbehalten bleiben. Sie werden vom Organismus nur dann gut vertragen, wenn er durch entsprechend umfangreiches *Grundlagentraining* nach den Prinzipien der Dauerleistung und der extensiven Intervallarbeit darauf vorbereitet wurde.

Belastungsgrößen bei Kraftübungen

Die in den vorangegangenen Abschnitten besprochenen Trainingsmethoden sind auch beim Training an den Fitnessgeräten anzuwenden, wobei die individuelle Zielvorstellung die Methode oder die Methodenkombination bzw. -variation bestimmt. In der folgenden Tabelle 4, Seite 35, sind die unterschiedlichen Belastungsgrößen und Trainingsziele im Krafttraining den verschiedenen Trainingsmethoden zugeordnet, wobei nach LETZELTER bei jeder Methode zwischen zwei Varianten unterschiedlicher Intensität differenziert wird.
Die Methode der *Dauerleistung*, die zum Zweck der Körperstraffung und Gewichtsreduktion an den Fitnessgeräten problemlos durchführbar ist, verbessert in erster Linie die Muskelausdauer und erzeugt nur bei unterdurchschnittlichem Leistungsniveau einen geringen Kraftzuwachs (siehe S. 23–26).

Kraft und Ausdauer in der Gegenüberstellung

Ein nennenswerter Kraftzuwachs ist beim Training nach der Methode der Dauerleistung ebensowenig zu erwarten wie eine Zunahme der aeroben Ausdauer bei der Wiederholungsarbeit. In dem gleichen Maße, wie sich die beiden Methoden widersprechen, weisen auch die beiden Komponenten Kraft und Ausdauer Gegensätze auf. Die *Unvereinbarkeit von Krafttrainings- und Ausdauertrainingsmechanismen* ist in Abb. 6, Seite 36, schematisch dargestellt und muß beim Training der konditionellen Fähigkeiten berücksichtigt werden.
Die Zuordnung der verschiedenen *Leistungsniveaus* zum Trainingszustand kann etwa folgendermaßen aussehen:

Methode	Reiz-intensität	Wieder-holungen	Pause	Sätze	Bewegungs-tempo	Trainingsziel
Wiederholungs-methode (I)	85–100 %	1–5	2–5 Min.	3–5 5–8	zügig explosiv	Maximalkraft und Explosiv-kraft
Wiederholungs-methode (II)	70–85 %	6–12	2–4 Min.	3–5	zügig langsam	Maximalkraft Muskel-zuwachs
Intensive Intervall-methode (III)	50–75 %	6–10	3–5 Min.	4–6	explosiv	Explosivkraft/ Schnellkraft
Intensive Intervall-methode (IV)	30–75 %	6–15	1,5–4 Min.	4–6	zügig langsam sehr langsam	Kraft Kraftausdauer Muskel-zuwachs
Extensive Intervall-methode (V)	40–60 %	15–30	30–90 Sek.	3–5	zügig	allgemeine Kraftausdauer/ Belastbarkeit
Extensive Intervall-methode (VI)	20–40 %	über 30	30–60 Sek.	4–6	zügig	Ausdauerkraft/ Belastbarkeit

Tab. 4: Belastungsnormative im Krafttraining bei verschiedenen Trainingsmethoden (modifiziert nach HARRE und LETZELTER)

Niveau 0: Die Muskulatur und das Herz-Kreislauf-System befinden sich an der unteren Grenze der Leistungsfähigkeit. Bis zum Niveau 1 überlagern sich Kraft und Ausdauer bei allen Trainingsmethoden: Die Wiederholungsmethode wirkt sich noch positiv auf die Ausdauer aus, die Dauerleistungsmethode entwickelt noch in geringem Umfang die Kraftfähigkeiten (Übertragungseffekt).

Niveau 1: Bei diesem *durchschnittlichen* Leistungsniveau überlagern sich Kraft und Ausdauer nur noch bei den beiden Intervallmethoden. Nur mit diesen beiden Methoden können noch beide Eigenschaften gleichzeitig verbessert werden.

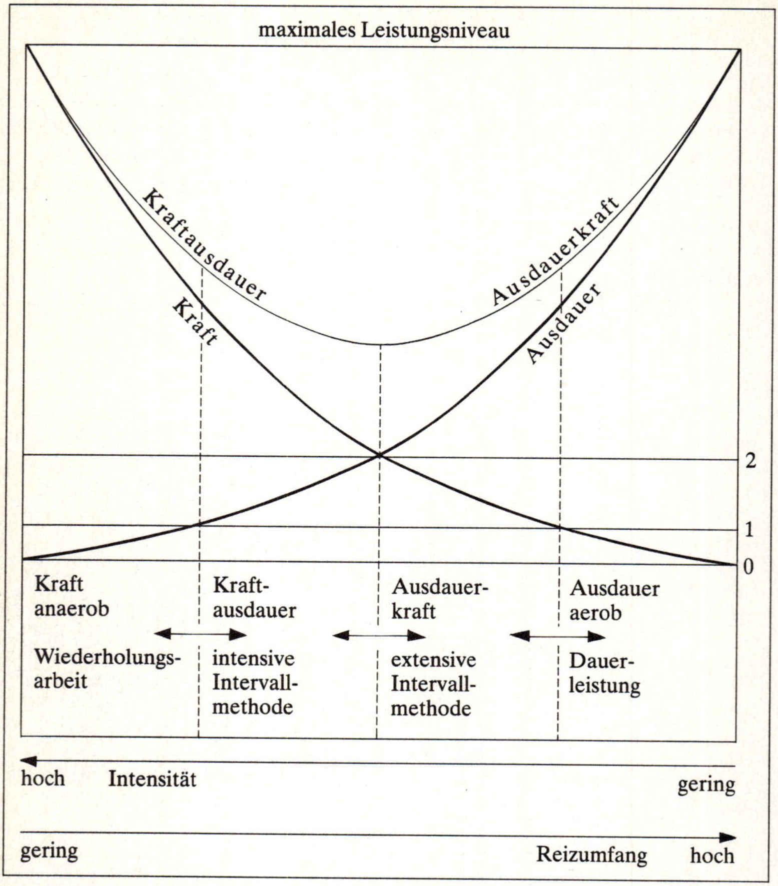

Abb. 6: Schematische Darstellung der Entwicklung und Überlagerung der physischen Grundeigenschaften Kraft und Ausdauer in Abhängigkeit von den verschiedenen Trainingsmethoden

Niveau 2: Ab diesem *überdurchschnittlichen* Leistungsniveau müssen Kraft und Ausdauer speziell entwickelt werden, da keine Überlagerung mehr vorliegt. Das Ausdauertraining entwickelt allerdings gleichzeitig die überwiegend aerobe Ausdauerkraft, das Krafttraining fördert gleichzeitig die überwiegend anaerobe Kraftausdauer, wobei Ausdauerkraft und Kraftausdauer als Summe der beiden Komponenten (Kraft und Ausdauer) aufzu-

fassen sind. Diese *indirekte* Übertragung wird allerdings bei weiterer Steigerung des Leistungsvermögens zunehmend eingeschränkt.
Da die Schnelligkeit als weitere konditionelle Grundeigenschaft in erster Linie von der Kraft abhängig ist, kann der Begriff *Kraft* in Abb. 6 durch den Begriff *Schnelligkeit* ersetzt werden, ohne daß die Systematik verfälscht wird:
Schnelligkeit: absolute Schnelligkeit auf extrem kurzer Strecke; z. B. 10 m; anaerober Charakter.
Schnelligkeitsausdauer: Stehvermögen auf Kurz- und Mittelstrecken; hauptsächlich anaerob.
Ausdauerschnelligkeit: relative Schnelligkeit auf Mittel- und Langstrecken; hauptsächlich aerob.

Spezielle Grundlagen des Fitness- und Gerätetrainings

Ein vernünftig betriebenes Fitnesstraining zielt darauf ab, alle vier konditionellen Grundfähigkeiten in einem der Gesundheit zuträglichen Maß zu vervollkommnen:

- An erster Stelle steht die Verbesserung und Ökonomisierung der *Herz-Kreislauf-Funktion* durch aerobes Ausdauertraining. Laufen, Radfahren und Schwimmen sowie Gerätetraining nach der Methode der Dauerleistung haben die entsprechenden biologischen Anpassungen zur Folge.
- Durch sinnvolle *Kraftübungen* nach dem Prinzip der Dauerleistung und nach der extensiven Intervallmethode wird der Körper gestrafft und erhält ein ästhetisches Aussehen, ohne an Muskelquerschnitt zuzunehmen. Zusätzlich wirkt die gestraffte Muskulatur als stabilisierendes Stützkorsett für die Wirbelsäule und die Gelenke. Die intensive Intervallmethode ist nur dann anzuwenden, wenn Muskelzuwachs erzeugt werden soll.
- Zur Steigerung der *Gelenkbeweglichkeit* ist es nötig, den Bewegungsausschlag bei den verschiedenen Kraftübungen an den Geräten so groß wie möglich zu gestalten, ohne allerdings in Bereiche der Hypermobilität (Überbeweglichkeit) vorzudringen. Bei Beachtung dieses Prinzips wird die Muskulatur nicht nur gekräftigt, sondern auch gedehnt und somit die Gelenkigkeit erhöht. Die verstärkte Durchblutung der Gelenkregionen bei den Kraftübungen beinhaltet außerdem eine vermehrte Zufuhr von Nähr- und Aufbaustoffen für den Gelenkknorpel, der sich dadurch qualitativ verbessert. Gymnastische Übungen während der obligatorischen Aufwärmphase vor jeder Trainingseinheit haben den gleichen Effekt.
- Mit der Zunahme der Kraft- und Ausdauerfähigkeiten und der gesteigerten Beweglichkeit verbessert sich auch die *Schnelligkeit*; so daß sich ein spezielles Schnelligkeitstraining im Fitnessbereich erübrigt.

Biologische Grundlagen der Kraft

Zum sicheren Verständnis der beschriebenen Übungen und Übungsprogramme sind diesen die entsprechenden biologischen und biomechanischen Grundlagen vorangestellt.

Jede Bewegung, die der Mensch durchführt, kommt nur zustande durch das Zusammenwirken der drei Einzelbestandteile des Bewegungsapparates:

- Das *Knochengerüst* mit den Gelenken, in denen die Bewegung stattfindet, gehört zum passiven Bewegungsapparat.
- Die *Skelettmuskulatur* stellt den aktiven Bewegungsapparat dar; sie ist der ‹Motor› des passiven Bewegungsapparats. Die motorische Kraft, die durch die Kontraktion (Verkürzung) des Muskels entsteht, wird über die Sehnen des kontrahierten Muskels auf das Knochengerüst übertragen.
- Die Impulse für die Bewegung kommen aus dem *Nervensystem.*
  Man unterscheidet in Abhängigkeit von der Funktion und der Zusammensetzung des Muskelgewebes zwischen drei Arten der Muskulatur:
  - glatte Muskulatur der Hohlorgane und Gefäße,
  - quergestreifte Herzmuskulatur,
  - quergestreifte Skelettmuskulatur.

Das Krafttraining dient der Funktionsverbesserung der quergestreiften Skelettmuskulatur, die als einzige dem Willen unterworfen ist. Die glatte Muskulatur der Blutgefäße und die quergestreifte Herzmuskulatur werden allerdings bei jeder körperlichen Aktivität unbewußt mittrainiert und somit ebenfalls in ihrer Funktion erhalten oder verbessert.

Jeder Skelettmuskel setzt sich aus vielen tausend *Muskelfasern* (Muskelzellen) zusammen, die sich in Muskelfaserbündeln vereinigen, welche schließlich in ihrer Gesamtheit den Muskel darstellen. Bei der quergestreiften Muskulatur unterscheidet man zwischen drei Fasertypen:

- Die *hellen* (weißen) Muskelfasern reagieren schnell und kontrahieren kräftig und schnell; sie ermüden allerdings auch schneller.
- Die *dunklen* (roten) Muskelfasern reagieren und kontrahieren langsam und mit geringerer Erregungsleitfähigkeit; andererseits ermüden sie weniger schnell.
- Die Fasern der *Zwischenform* (Intermediärtyp) liegen in ihren Eigenschaften zwischen den beiden Reinformen.

Die menschliche Muskulatur weist immer alle drei Fasertypen auf, die Verteilung ist allerdings individuell unterschiedlich. Es herrscht die Meinung vor, daß die Anzahl der hellen und dunklen Fasern vererbt ist und daß die

Fasern durch Training in ihrem Charakter nicht umzuwandeln, sondern «nur» qualitativ zu verbessern sind. Dies würde die Theorie vom «geborenen Sprinter» bestätigen, der hauptsächlich aufgrund seiner genetisch bedingten überdurchschnittlichen Anzahl heller Muskelfasern die schnellen Zeiten auf den Kurzstrecken erzielt.

Nach heutigen Erkenntnissen kann man sagen:

- Das Krafttraining wirkt sich hauptsächlich auf die schnell zuckenden hellen Muskelfasern aus.
- Die ausdauernden, langsam zuckenden, dunklen Muskelfasern werden vorwiegend durch Ausdauertraining qualitativ verbessert.
- Der Intermediärtyp läßt sich nach beiden Richtungen verbessern.

Im Zellinneren der Muskelfaser befindet sich eine Grundsubstanz – das *Sarkoplasma* –, die aus Eiweiß-, Fett- und Kohlenhydratverbindungen besteht. Hier findet auch die *anaerobe Energiegewinnung*, also die Energiegewinnung ohne Sauerstoffzufuhr, statt.

Die Muskelfaser (Muskelzelle) unterscheidet sich u. a. dadurch von anderen Körperzellen, daß sie sich zusammenziehen (kontrahieren) kann. Hierfür sind die kontraktilen Eiweißmoleküle *Aktin* und *Myosin* verantwortlich. Die Energie für die Kontraktion stammt letztlich von den Energieträgern der Nahrung.

Bei jeder Bewegung wird chemisch gebundene Energie in der Muskulatur in Bewegungsenergie umgesetzt und von den Muskeln durch Verkürzung in Bewegung übertragen. Bewegungen werden nicht durch einzelne Muskeln erzeugt, sondern sie sind das Resultat des Zusammenspiels mehrerer Muskeln in sog. *Muskelschlingen* oder *Muskelketten*. Je nach der Funktion der verschiedenen Muskeln unterscheidet man zwischen Beugern (Flexoren), Streckern (Extensoren), Abspreizern (Abduktoren), Heranziehern (Adduktoren) und Drehern (Rotatoren). Die Muskeln, die durch aktive Verkürzung die Bewegung bewirken, werden als *Agonisten* (Wirker) bezeichnet; die Muskeln, die durch passive Dehnung der Bewegung entgegenwirken, werden *Antagonisten* (Gegenwirker) genannt. Die *Synergisten* (Zusammenwirker) sind diejenigen Muskeln, die durch gemeinsame aktive Kontraktion bei der Bewegung zusammenarbeiten. Dieses koordinative Zusammenspiel von Agonisten bzw. Synergisten auf der einen und Antagonisten auf der anderen Seite findet bei jeder Bewegung statt und ist Grundbedingung für eine feinabgestimmte, koordinativ hochwertige Bewegungsausführung.

Die Armbeugung wird z. B. durch die Kontraktion des zweiköpfigen Armmuskels (m. biceps brachii) und des Armbeugers (m. brachialis) bewirkt. Diese beiden Muskeln sind in diesem Falle die Agonisten bzw. Synergisten. Der dreiköpfige Armmuskel (m. triceps brachii) wird als Antagonist gedehnt, wodurch er die Beugung abbremst. Bei der entgegengesetzten Armstreckung wird die Funktion dieser Muskeln umgekehrt (vgl. Abb. 7, S. 42).

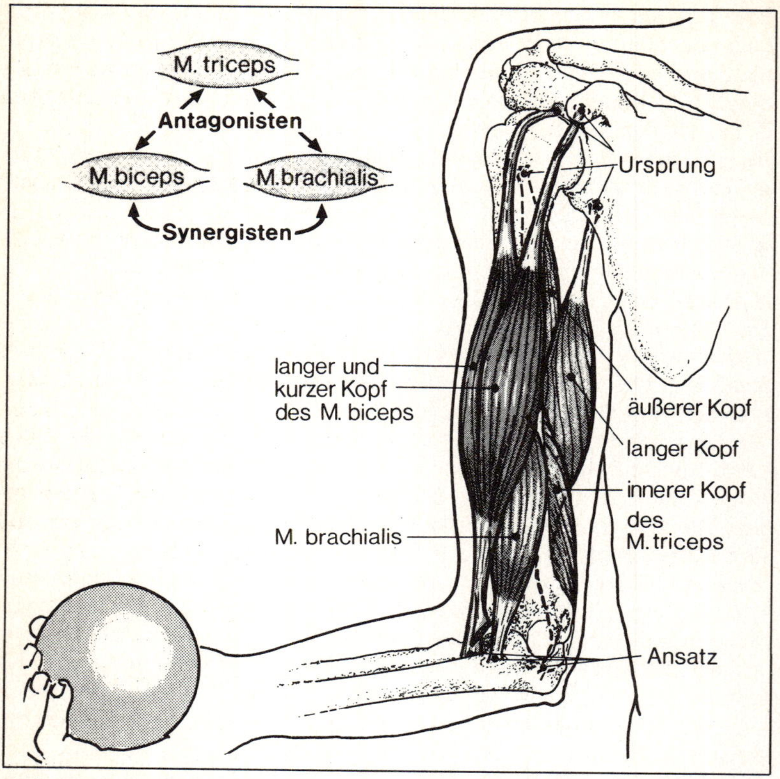

Abb. 7: Agonisten bzw. Synergisten und Antagonisten bei der Armbeugung (Markworth 1983)

Die Funktion des Muskels wird durch die Lage seines *Ansatzes* (körperferne Verbindung des Muskels mit dem knöchernen Skelett) und seines *Ursprungs* (körpernahe Verbindung des Muskels mit dem Skelett) bestimmt. Ein *eingelenkiger* Muskel zieht nur über ein Gelenk und kann demzufolge nur in diesem einen Gelenk eine Bewegung erzeugen (Beispiel: Der Armbeuger (m. brachialis) zieht nur vorn über das Ellbogengelenk; seine Hauptfunktion ist somit die Armbeugung). Ein *mehrgelenkiger* Muskel zieht über mehrere Gelenke und kann folglich in all diesen Gelenken eine Bewegung erzeugen. Beispiel: Der zweiköpfige Armmuskel (m. biceps brachii) zieht an der Vorderseite des Armes sowohl über das Ellbogen- als auch über das Schultergelenk; seine Hauptfunktion im Ellbogen-

gelenk ist die Armbeugung, während er im Schultergelenk das Nach-Vorn-Strecken des Oberarmes unterstützt. Die *spindelförmigen* Muskeln sind durch einen dicken Muskelbauch gekennzeichnet, der an jedem Ende in eine Sehne übergeht) (z. B. Armbeuger ‹m. brachialis›). *Mehrköpfige* Muskeln (zwei-, drei- oder vierköpfig) gehen in die entsprechende Anzahl von Sehnen über und haben einen dementsprechend erweiterten Funktionsbereich. Beispiel: Die beiden Köpfe des zweiköpfigen Armmuskels ‹m. biceps brachii› entspringen an zwei verschiedenen Stellen des Schulterblattes; der kurze Kopf zieht den seitlich abgespreizten Oberarm an den Körper (Adduktion), während der lange Kopf den Oberarm seitlich abspreizen kann (Abduktion); bei gleichzeitiger Kontraktion beider Köpfe wird der Oberarm nach vorn gestreckt.
Bei den verschieden geformten *platten* Muskeln sind Ansatz und/oder Ursprung meist nicht auf einem Punkt, sondern entlang einer mehr oder weniger langen Linie lokalisiert, weshalb diese Muskeln, dem Faserverlauf entsprechend, in verschiedene Teile mit jeweils unterschiedlicher Funktion unterteilt werden. Beispiel: Der Kapuzenmuskel (m. trapezius) kann mit seinem oberen Teil (absteigender Faserverlauf) die Schulter heben, mit seinem mittleren Teil (Faserverlauf quer) die Schulter nach hinten ziehen und mit seinem unteren Teil (aufsteigender Faserverlauf) die Schulter nach unten ziehen.

Energiegewinnung bei der Muskelarbeit

Damit der Muskel kontrahieren kann, muß Energie auf die kontraktilen Eiweißmoleküle Aktin und Myosin übertragen werden. Die Rolle des Energieüberträgers übernimmt das energiereiche Phosphat ATP *(Adenosintriphosphat)*, welches bei der Muskelarbeit unter Freisetzung von Energie zerfällt, wobei ein Teil dieser Energie für die Muskelkontraktion aufgewandt wird. Da das ATP die einzige Energiequelle für die Spannungsentwicklung im Muskel darstellt und da der ATP-Vorrat in der Muskulatur nur für drei bis vier maximale Kontrak-

Abb. 8: Kapuzenmuskel (m. trapezius) linksseitig

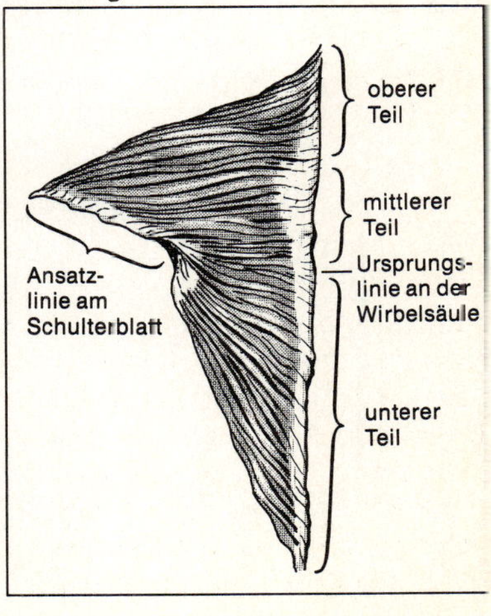

tionen ausreicht, was einer Dauer von 1–2 Sek. entspricht, muß der ATP-Speicher ständig wieder aufgefüllt werden.
Das zweite energiereiche Phosphat ist das KP *(Kreatinphosphat),* das beim Zerfall als direkter Energielieferant für den raschen ATP-Wiederaufbau dient. Dieser Vorrat reicht allerdings auch nur für etwa 20 weitere Kontraktionen. Die Kontraktionsenergie, die aus den ATP- und KP-Speichern gewonnen wird, ist also nur für eine Dauer von etwa 10 Sek. ausreichend. Bei länger andauernder Bewegung müssen beide Phosphatspeicher durch Zerlegung von energiereichen Nährstoffverbindungen (Zucker aus den Kohlenhydraten und Fettsäuren aus den Fetten) wieder aufgefüllt werden. Diese Wiederherstellung kann *anaerob* (ohne Sauerstoffzufuhr, anoxydativ) und *aerob* (mit Sauerstoffzufuhr, oxydativ) ablaufen.
Für die *anaerobe Energiegewinnung* wird nur Zucker (Glukose) herangezogen, der unter Freisetzung von Energie in Milchsäure (Laktat) umgewandelt wird. Dieser Vorgang, der Glykolyse genannt wird, erfolgt sehr schnell, da hierbei u. a. die Sauerstoffzufuhr durch das arterielle Blut nicht abgewartet werden muß. Allerdings wird die intensive Arbeitsleistung zeitlich begrenzt, da die Milchsäure die Muskelzelle übersäuert, weshalb diese ihre Tätigkeit nach einer gewissen Zeit reduzieren und schließlich ganz einstellen muß. Der Abbau der Milchsäure erfolgt nur langsam, wobei diese hauptsächlich über den Blutkreislauf im ganzen Körper verteilt wird. Das Kraft- und Schnelligkeitstraining findet unter anaeroben Bedingungen statt; das Kraft- und Schnelligkeitsausdauertraining weist einen – intensitätsabhängig – überwiegend anaeroben Charakter auf.
Für die *aerobe Energiegewinnung* werden Fettsäuren und Zucker (Glukose) herangezogen, die bei ausreichender Sauerstoffzufuhr unter Freiset-

Abb. 9: Energiegewinnung bei Muskelarbeit (nach KEUL u. a. 1969)

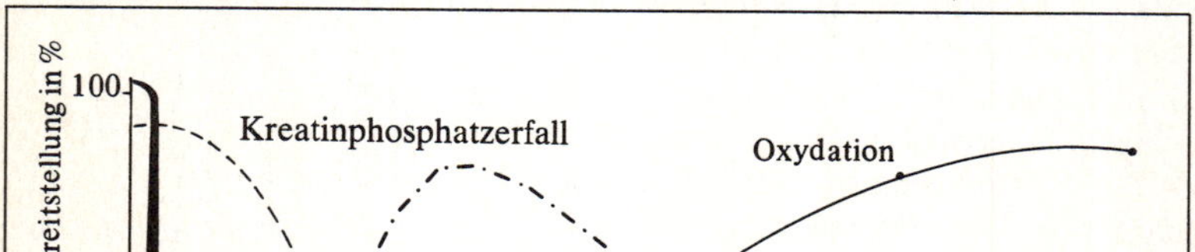

zung von Energie vollständig in die Stoffwechselendprodukte Kohlendioxyd und Wasser zerlegt werden. Diese ‹Stoffwechselschlacken› werden über die Atmungskette abgeführt. Die Energiebereitstellung läuft hier relativ langsam ab; der Muskel kann jedoch ausdauernder arbeiten, da eine Übersäuerung durch Laktatbildung verhindert wird. Bei dieser «biologischen Oxydation» werden 19mal mehr ATP-Moleküle wiederaufgebaut als bei der Glykolyse. Ein *Sauerstoffgleichgewicht* oder «steady-state» liegt vor, wenn sich Energieverbrauch und aerobe Energiegewinnung die Waage halten. Dieser Zustand ist charakteristisch für das aerobe Ausdauertraining.

Spezielle Trainingsmethoden beim Fitnesstraining an Geräten

Da beim Fitnesstraining die Entwicklung der *aeroben Grundlagenausdauer* aus gesundheitlichen Gründen an erster Stelle steht, wobei gleichzeitig die *Kraftfähigkeiten* in angemessenem Umfang verbessert werden sollen, sind beim Training an den Geräten folgende drei Methoden zu bevorzugen:
- Die Methode der Dauerleistung.
- Die Methode der extensiven Intervallarbeit.
- Die Methode der intensiven Intervallarbeit.

Anfänger sollten als Grundlagentraining die **Dauerleistungsmethode** bevorzugen, wodurch eine Verbesserung der Herz-Kreislauf-Funktion, eine Muskel- und Gewebestraffung ohne Muskelzuwachs und eine Zunahme der Gelenkbeweglichkeit erzielt wird.
Hierzu werden 4–10 Übungen ausgewählt, die abwechselnd die Beine, die Arm- und Schultermuskulatur, die Bauch- und Hüftpartie und schließlich die Rückenmuskeln beanspruchen. Die ausgewählten Übungen werden ohne Pause in mehreren Durchgängen mit der entsprechenden Wiederholungszahl und mit zügigem Bewegungstempo nacheinander an den verschiedenen Geräten absolviert *(Kreistraining)*. Diese spezielle Trainingsmethode wird auch als *«Gerätegymnastik»* bezeichnet. Im Fitnessbereich sind Zusatzlasten von 25–50 % der Bestleistung und Wiederholungszahlen von 5–15 pro Übung ausreichend, wobei besonders Anfänger in beiden Fällen die unteren Werte bevorzugen sollten. Die Belastungsdauer variiert, je nach Trainingszustand, zwischen 10 und 45 Min. Um die Übungen ohne Pause hintereinander durchführen zu können, muß der Wechsel zum nächsten Gerät schnell vollzogen werden. Wiederholungszahl und Zusatzbela-

stung sind richtig gewählt, wenn der Belastungspuls den Wert von 180 minus Lebensalter nicht überschreitet. Zur Kontrolle sind regelmäßige Pulsmessungen unmittelbar nach der Belastung vorzunehmen.
Als Kontrolle für den Trainingszustand des Herz-Kreislauf-Systems schlägt MATERIA den *Fitnesswert* vor, der nach der Gerätegymnastik folgendermaßen ermittelt wird:
Unmittelbar nach Beendigung des Trainings wird die Belastungspulsfrequenz pro Min. gemessen (das Ergebnis der 10-Sek.-Messung wird mit 6 multipliziert). Nach einer 3minütigen Erholungspause (ab dem Lebensalter von 40 Jahren nach 5 Min. Pause) wird die Messung wiederholt (Erholungspuls). Die Differenz aus diesen beiden Werten ergibt den Fitnesswert, welcher eine Beurteilung der Erholungsfähigkeit des Herz-Kreislauf-Systems ermöglicht. Ein Fitnesswert von 60 sollte angestrebt werden, wobei zu beachten ist, daß der Belastungspuls während der Trainingsbelastung 160 Schläge pro Min. nicht überschreitet (siehe auch Übung 59, S. 195, «Dauerlauf»).
Die Belastungssteigerung erfolgt in erster Linie über eine Zunahme der Belastungs*dauer.* Eine Steigerung der Intensität durch Erhöhung der Zusatzlasten und/oder eine Zunahme der Wiederholungszahlen sollte erst dann vorgenommen werden, wenn eine 30–45minütige Trainingsdauer mit den Ausgangswerten erreicht ist. Es ist ferner wichtig, in regelmäßigen Abständen die Übungen zu variieren, um eine die Trainingswirksamkeit mindernde einseitige Beanspruchung zu vermeiden. Dies wird dadurch verwirklicht, daß die Anzahl der Übungen von anfänglich 6 auf 8 bis 10 erhöht wird. Anschließend können jeweils nach zwei bis drei Monaten einige Übungen durch andere ersetzt werden. Das Grundprinzip der *ganzkörperlichen Beanspruchung* muß allerdings in jeder Trainingseinheit durch eine entsprechende Übungsauswahl gewährleistet sein.
Fitnesssportler(innen), die besonderen Wert auf Gewichts- und Fettgewebereduktion ohne nennenswerten Kraftzuwachs legen, sollten zweckmäßigerweise nur diese Methode beim Gerätetraining anwenden, da hierbei, besonders im unteren Intensitätsbereich, jeglicher Muskelzuwachs vermieden wird.

Die **extensive Intervallmethode** hat ähnliche Anpassungen des Organismus zur Folge wie die Dauerleistungsmethode. Die Intensität ist trotz der etwas stärker betonten Kraftkomponente noch zu gering, um eine Querschnittszunahme der Muskulatur zu bewirken (siehe S. 28).
Jede Trainingseinheit umfaßt 4–8 Übungen, die abwechselnd die vier Hauptmuskelgruppen Beine, Rücken, Bauch/Hüften und Arme/Schultern beanspruchen. Bei einer zusätzlichen Gewichtsbelastung von 20–60 % der Bestleistung sind pro Übung 3–6 Sätze bzw. Durchgänge (beim Kreistraining) mit je 10–30 Wiederholungen in zügigem Bewegungstempo durchzu-

führen, wobei zwischen den Sätzen Pausen von 30–90 Sek. eingelegt werden. Diese *unvollständigen* Pausen werden mit Lockerungsübungen ausgefüllt. Im Fitnessbereich sollte der Belastungspuls 160 Schläge pro Minute nicht überschreiten, während der Puls in der Pause nicht unter 110 absinken darf. Zur Kontrolle sind gelegentliche Pulsmessungen unmittelbar vor und nach der Belastung durchzuführen. Die Zusatzbelastungen und/oder die Wiederholungszahlen sind zu reduzieren, wenn der Belastungspuls den Wert von 160 übersteigt. Diese Eingrenzung über die Pulsfrequenz verhindert Überbelastungen und schließt in vielen Fällen die höheren Zusatzlasten und Wiederholungszahlen aus. Die Übungen sollten bevorzugt in der Form des *Kreistrainings* – wie bei der Dauerleistungsmethode – durchgeführt werden, um die Beanspruchung der verschiedenen Muskelgruppen möglichst abwechslungsreich zu gestalten.
Die Belastungssteigerung zum Zweck der Anpassung der Trainingsbelastung an die zunehmende Leistungsfähigkeit des Organismus erfolgt hauptsächlich über eine Zunahme des Trainings*umfangs:* Zuerst wird die Anzahl der Übungen erhöht; anschließend erfolgt eine Zunahme der Satz- und Wiederholungszahlen. Wenn diese Daten die (individuelle) Obergrenze erreicht haben, können die Pausen verkürzt und die Gewichtsbelastungen erhöht werden. Um eine möglichst *vielseitige Körperentwicklung* zu gewährleisten, ist es zweckmäßig, die Übungen in regelmäßigen Abständen von einigen Monaten auszutauschen bzw. Variationen der angewandten Übungen durchzuführen.

Die **intensive Intervallmethode** betont die (anaerobe) Kraft- und Kraftausdauerkomponente; sie sollte deshalb beim Fitnesstraining nur dann angewendet werden, wenn ein *Muskelzuwachs* (Hypertrophie) angestrebt wird (siehe S. 29–31).
Für eine Trainingseinheit werden 4–6 Übungen, die abwechselnd alle vier Hauptmuskelgruppen beanspruchen, eingeplant. Die zusätzliche Gewichtsbelastung liegt im Bereich von 30–70 % der Bestleistung, wobei pro Übung 3–6 Sätze mit je 6–15 Wiederholungen durchgeführt werden. Die Bewegungen werden, den Trainingszielen Kraftausdauer und Muskelzuwachs entsprechend, zügig bis langsam bzw. sehr langsam ausgeführt. Die Pausen von 1,5–4 Min. (intensitätsabhängig) zwischen den Sätzen werden mit Lockerungs- und Entspannungsübungen ausgefüllt. Jede Kraftübung wird mit den vorgesehenen Satz- und Wiederholungszahlen stationär trainiert; wenn der letzte Satz beendet ist, erfolgt die nächste Übung *(Stationstraining)*.
Zum Zweck der Belastungssteigerung wird zuerst der Trainings*umfang* durch zusätzliche Übungen und durch Erhöhung der *Satz-* und *Wiederholungszahlen* gesteigert; eine Erhöhung der Gewichtsbelastung und eine Pausenverkürzung erfolgen erst, wenn der Trainingsumfang das individuelle Optimum erreicht hat. All diese Belastungsgrößen sollen sich aller-

dings in jeder Trainingsphase in den oben angegebenen Bereichen bewegen. Bei dieser Trainingsmethode ist es besonders wichtig, die Übungen in regelmäßigen Abständen auszutauschen sowie Variationen der angewandten Übungen durchzuführen, um eine einseitige und unharmonische Muskelentwicklung zu vermeiden. Fortgeschrittene sollten die Übungen mit unterschiedlicher Gewichtsbelastung trainieren, um die Intensität der Trainingsreize zu variieren.

Beispiel: Anstatt 5 Sätze mit einer Belastung von 50 % und mit je 10 Wiederholungen durchzuführen, kann das Training folgendermaßen variiert werden:
1. Satz: 12 Wiederholungen mit 40 % – 2 Min. Pause;
2. Satz: 10 Wiederholungen mit 50 % – 3 Min. Pause;
3. Satz: 8 Wiederholungen mit 60 % – 4 Min. Pause;
4. Satz: 10 Wiederholungen mit 50 % – 3 Min. Pause;
5. Satz: 12 Wiederholungen mit 40 % – 3 bis 5 Min. Pause. Anschließend erfolgt die nächste Übung.
Dieses Beispiel des *Pyramidentrainings* ist bis zum dritten Satz durch zunehmenden (progressiven) und ab dem dritten Satz durch abnehmenden (regressiven) Widerstand gekennzeichnet; wobei jeweils im unteren Intensitätsbereich die Kraftausdauer, im oberen Intensitätsbereich die Kraftkomponente etwas stärker betont wird.

Da sich die intensive Intervallarbeit nur in geringem Umfang auf die Herz-Kreislauf-Funktion auswirkt, ist pro Woche (mindestens) eine *kompensatorische* Trainingseinheit nach dem Dauerleistungsprinzip zu absolvieren (Gerätegymnastik, Waldlauf u. ä.), um die aeroben Ausdauerkapazitäten und die Muskeldurchblutung parallel zum Kraft- und Muskelzuwachs zu verbessern.

Je nach Zielsetzung können die drei Trainingsmethoden Dauerleistung, extensive und intensive Intervallarbeit in der Trainingsplanung unterschiedlich berücksichtigt werden. Im folgenden sind hier Beispiele aufgeführt, denen ein dreimaliges wöchentliches Training (üblicherweise Montag – Mittwoch – Freitag) von etwa einer Stunde Dauer zugrunde gelegt ist:

Trainingsziel: Herz-Kreislauf-Training; Körperstraffung ohne Kraft- und Muskelzuwachs
Mo: Waldlauf, Radfahren oder Schwimmen; 30–45 Min. Dauerleistung;
Mi: Gerätegymnastik; 30–45 Min. Dauerleistung;
Fr: Gerätegymnastik; 30–45 Min. Dauerleistung.

Trainingsziel: Herz-Kreislauf-Training; Körperstraffung ohne Muskelzuwachs; geringe Kraftzunahme
Mo: Waldlauf, Radfahren oder Schwimmen; 30–45 Min. Dauerleistung;
Mi: Gerätegymnastik oder extensives Gerätetraining; 30–45 Min. Dauerleistung oder Intervallmethode;
Fr: Extensives Gerätetraining; 30–45 Min. Intervallmethode.

Trainingsziel: Herz-Kreislauf-Training; Körperstraffung mit Kraft- und Muskelzuwachs
Mo: Waldlauf, Radfahren oder Schwimmen; 30–45 Min. Dauerleistung;
Mi: Gerätegymnastik oder extensives Gerätetraining; 30–45 Min. Dauerleistung oder Intervallmethode;
Fr: Intensives Gerätetraining; 45–90 Min. Intervallmethode.

Trainingsziel: Muskel- und Kraftzuwachs; Körperstraffung; Herz-Kreislauf-Training
Mo: Waldlauf, Radfahren, Schwimmen oder Gerätegymnastik; 30–45 Min. Dauerleistung;
Mi: Intensives Gerätetraining; 45–90 Min. Intervallmethode;
Fr: Intensives Gerätetraining; 45–90 Min. Intervallmethode.

Trainingshäufigkeit und Trainingsdauer sind auf den konditionellen Zustand von fortgeschrittenen Fitnesssportlern und -sportlerinnen zugeschnitten. Anfänger können mit zwei Trainingseinheiten pro Woche (z. B. Dienstag und Freitag) beginnen und sollten die Dauer jeder Trainingseinheit ihrem Leistungsvermögen entsprechend reduzieren.
Das dreimalige Training pro Woche hat sich im Fitnessbereich bewährt, da hierbei auf jede Trainingseinheit ein Ruhetag folgt, an dem die *biologischen Anpassungen* des Körpers an die Belastung nach dem Gesetz der *Superkompensation* erfolgen. Wenn mehr als dreimal pro Woche trainiert wird, ist es – vor allem bei den beiden Intervallmethoden – zweckmäßig, an zwei aufeinanderfolgenden Tagen jeweils zwei verschiedene Hauptmuskelgruppen zu trainieren (z. B. Mo: Arme/Schultern und Rücken; Di: Bauch/Hüften und Beine), um für die beanspruchten Körperpartien eine Erholungsphase zu gewährleisten.

Die «Problemzonen»

«Mein Körper ist eigentlich ganz o.k. – bis auf die Oberschenkel! Ich brauche eine kleine Übung für diese «Problemzone», um diese Disharmonie gezielt zu beseitigen!»
Dieser Weg ist falsch! Fettansatz an den üblichen Problemzonen Gesäß, Bauch und Oberschenkel ist eine Folge von *allgemeiner* körperlicher Unterbeanspruchung, welcher eben, individuell und geschlechtsspezifisch bedingt, an dieser oder jener Körperpartie zutage tritt. Die «kleine» Übung bleibt auch in ihrer Wirkung klein, da sie nur eine auf diese Körperpartie begrenzte (lokale) Beanspruchung mit minimalem Energieverbrauch zur Folge hat. Wie ist also vorzugehen?
Die Trainingsziele sind: Muskel- und Gewebestraffung sowie Gewichts- und Fettreduktion ohne Muskel- und Kraftzuwachs. Um diese biologischen Anpassungen zu erzeugen, kommt in erster Linie die *Dauerleistungsmethode* in der Form der *Gerätegymnastik* in Frage. Bei dieser Dauerbelastung werden Zucker (Glukose) und Fettsäuren zur Energiegewinnung herangezogen, wobei der Anteil der Fettsäuren mit zunehmender Belastungsdauer ansteigt. Der größte Teil der Fettsäuren wird aus dem Fettgewebe freigesetzt.

Für die Praxis ergibt sich hieraus folgendes: *Erst ab etwa 30 Min. Dauerleistung werden die Fettdepots des Körpers merklich angegriffen!* Da jedoch auch das Training nach der Dauerleistungsmethode noch geringe anaerobe Anteile (Ausdauerkraft) enthält, würden lokale, auf die spezielle Problemzone begrenzte Übungen eine lokale Übersäuerung provozieren, welche einen vorzeitigen Abbruch des Trainings zur Folge hätte. Die für die Fettreduktion nötige Trainingsdauer von 30–45 Min. ist also mit «lokalem Training» nicht zu erreichen!

Als Ausweg bleibt somit nur das *Ganzkörpertraining,* welches alle Muskelgruppen des Körpers durch Aneinanderreihen von verschiedenen Übungen abwechselnd beansprucht. Die Übersäuerung wird dabei zeitlich weit hinausgezögert, so daß Fortgeschrittene problemlos eine für die Fettreduktion wirksame Trainingsdauer von 30–60 Min. erreichen können. Die Auswahl der Übungen bei der Gerätegymnastik muß also dem Prinzip der *abwechselnden muskulären Beanspruchung* entsprechen, wobei u. U. bestimmte Körperpartien etwas betont werden können, indem für diese Problemzonen eine zusätzliche Übung ins Programm aufgenommen wird.
Ein weiterer Gesichtspunkt, der das Ganzkörpertraining gegenüber dem lokalen Training favorisiert, ist die harmonische und ästhetische Entwicklung des Körpers, die nur mit ersterem zu erreichen ist.

Der Grundsatz der ganzkörperlichen Entwicklung gilt selbstverständlich auch bei den beiden Intervallmethoden. Einseitiger, unproportionierter Muskelzuwachs ist zu vermeiden, indem die Übungen so ausgewählt werden, daß sie, notfalls mit unterschiedlicher Gewichtung, alle Muskelgruppen des Körpers ansprechen.

Spezielle Trainingsmethoden für den Muskelzuwachs

Grundbedingung für einen ausgeprägten Muskelzuwachs (Hypertrophie) ist eine tiefe anaerobe Ausschöpfung der Energiereserven, worauf der Muskel, nach dem Gesetz der Superkompensation, u. a. mit einer deutlich sichtbaren Querschnittszunahme reagiert. Die Kraftübungen müssen zu diesem Zweck mit einer möglichst hohen Intensität möglichst oft wiederholt werden, damit der Muskel maximal erschöpft wird. Da sich diese beiden Forderungen jedoch prinzipiell widersprechen (eine Kraftübung mit 100 % Belastung entspricht der Bestleistung und kann nur ein- bis zweimal hintereinander absolviert werden), muß ein Kompromiß gefunden werden, der eine optimale Belastung mit einer optimalen Wiederholungszahl verbindet.
Die *intensive Intervallmethode* mit einer Bandbreite der Intensität von 30–70 % und mit Wiederholungszahlen zwischen 6 und 15 erzeugt einen mehr oder weniger großen, intensitätsabhängigen Muskelzuwachs, der noch ohne größere körperliche Anstrengungen zustande kommt und der für den gewünschten Muskelzuwachs im Fitnessbereich völlig ausreicht.
Eine weitere Zunahme der *Muskelmasse,* die vor allem beim *Bodybuilding* angestrebt wird, erfordert ein spezielles Muskeltraining nach dem Prinzip der *Wiederholungsmethode,* das in bezug auf Belastung und Wiederholungszahl auf dieses Ziel abgestimmt ist (siehe S. 31–34).
Zahlreiche Untersuchungen (z. B. BÜHRLE / WERNER 1973) haben ergeben, daß ein Training mit Gewichten, die 10–12mal hintereinander bewältigt werden können, besonders günstige Voraussetzungen für den Muskelzuwachs bietet. Hierbei muß allerdings gewährleistet sein, daß der Muskel bei den letzten Wiederholungen eines jeden Satzes durch möglichst maximale Auslastung den Zustand der Erschöpfung erreicht. In der Praxis entspricht dies einer Zusatzbelastung von 70–80 % der Bestleistung. Es ist allerdings zweckmäßig, diese prozentualen Angaben nur als Richtwerte zu betrachten und die Gewichtsbelastung unabhängig von der Bestleistung zu steigern, wenn mehr als 12 Wiederholungen möglich sind. Um die Anspan-

nung der Muskulatur möglichst lange aufrechtzuerhalten, sollen die Kraftübungen nur in zügigem bis langsamem Bewegungstempo durchgeführt werden. Die Länge der Pausen zwischen den Sätzen sollte an der empfohlenen Untergrenze von zwei Minuten liegen, wodurch die gewollte *Aufstokkung der Ermüdung* und damit eine tiefe Ausschöpfung der Energiespeicher gewährleistet wird.

Bei der empfohlenen Anzahl von 3–6 Sätzen werden also 30–72 Gesamtwiederholungen pro Übung absolviert, was zu den für das *Massetraining* charakteristischen hohen Reizumfängen führt. So ergibt sich z. B. bei einer Zusatzbelastung von 70 kg ein Reizumfang von 2–5 Tonnen für die Einzelübung! Umfänge von 20 Tonnen für eine Trainingseinheit sind bei dieser Trainingsform nicht selten und können bei obiger Belastung schon durch vier verschiedene Übungen erreicht werden. Die Anzahl der Übungen pro Trainingseinheit hat sich an den hohen Umfängen und am Leistungsvermögen des Sportlers zu orientieren. Mehr als sechs Übungen sollte man sich nur zumuten, wenn man sich die entsprechenden Grundlagen durch ein langfristiges, kontinuierliches *Aufbautraining* angeeignet hat.

Um auch bei täglichem Training der erschöpften Muskulatur die nötige Erholungspause für die Superkompensation zu gewähren, ist es zweckmäßig, in aufeinanderfolgenden Trainingseinheiten verschiedene Muskelgruppen zu trainieren (splitting), wodurch die jeweiligen Körperpartien im Zwei-Tage-Rhythmus beansprucht werden.

Der Slogan «no pains – no gains» (kein Schmerz – kein Zuwachs) charakterisiert sehr zutreffend das Muskelmassetraining bis zur Erschöpfung, das im Bodybuilding durch folgende spezielle Varianten ergänzt wurde (LETZELTER/LETZELTER 1986):

- *Erzwungene Wiederholungen* werden mit einer Zusatzbelastung ausgeführt, die maximal 5–6 Wiederholungen ermöglicht. Anschließend werden noch 2–3 Wiederholungen erzwungen, wobei ein Partner nur so viel Unterstützung leistet, daß das Gewicht mit maximaler Anstrengung bewältigt werden kann.
- *Negative Wiederholungen* sind nachgebende (exzentrische) Wiederholungen, die im Anschluß an die überwindenden (konzentrischen) Wiederholungen durchgeführt werden. Das um 10–20 % erhöhte Gewicht wird mit Partnerunterstützung in die Ausgangslage gehoben und vom Trainierenden nachgebend langsam abgesenkt, wobei die Muskulatur unter maximaler Spannungsentwicklung gedehnt wird. Im allgemeinen werden 5–6 konzentrische Wiederholungen absolviert, anschließend erfolgen mit erhöhtem Gewicht 2–3 exzentrische Wiederholungen.
- *Mogelnde Wiederholungen* sind Übungsausführungen, die infolge der Erschöpfung nicht mehr korrekt ausgeführt werden können (Abfälschen). Sie werden, nach den korrekten Wiederholungen, durch

zusätzlichen Muskeleinsatz ermöglicht und führen somit zu größeren Wiederholungszahlen. Das (unkorrekte) Anheben des Beckens beim Bankdrücken ist ein typisches Beispiel für solch eine abgefälschte Übungsausführung, da das Gewicht bei dieser Hohlkreuzstellung leichter nach oben gedrückt werden kann.

- *Wiederholungen nach Vorermüdung* beziehen sich auf mindestens zwei Muskelgruppen, von denen eine die Hauptarbeit leistet. Die Hauptmuskelgruppe wird zuerst isoliert beansprucht (vorermüdet), unmittelbar anschließend erfolgt die Hauptübung, die beide Muskelgruppen belastet. So wird z. B. die Brustmuskulatur durch Flugbewegungen in Rükkenlage vorbelastet, während das darauffolgende Bankdrücken die Brust- und Armstreckmuskeln gleichzeitig beansprucht.
- *Wiederholungen im nichtmaximalen Belastungsbereich* beruhen auf der biomechanischen Gesetzmäßigkeit, daß maximale Muskelspannungen bei jeder Übung nur in bestimmten Winkelstellungen der ausführenden Körperteile erzeugt werden. Die ersten 5–6 Ausführungen werden mit maximalem Bewegungsausschlag durchgeführt (sie beinhalten also den Bereich der maximalen Muskelspannung), während bei den letzten 2–4 Wiederholungen, bedingt durch die eingetretene Ermüdung, der maximale Belastungsbereich durch entsprechende Reduzierung des Bewegungsausschlages ausgespart wird. So werden z. B. die Armbeugeübungen (Armcurls) anfangs mit dem größtmöglichen Bewegungsausschlag (von der vollen Streckung bis zur vollen Beugung) durchgeführt, während die letzten Wiederholungen nur im Anfangs- oder Endbereich stattfinden (volle Streckung bis leichte Beugung bzw. starke Beugung bis maximale Beugung), wodurch die maximal belastende rechtwinklige Position von Ober- und Unterarm vermieden wird.
- *Supersätze* sind zwei ohne oder nur mit ganz kurzer Pause aufeinander folgende Sätze, wobei z. B. der erste Satz die jeweiligen Agonisten (Wirker) und der zweite Satz die entsprechenden Antagonisten (Gegenwirker) erschöpft (Beispiel: 1. Satz: Armbeugung, 2. Satz: Armstreckung). Eine weitere Möglichkeit ist die Belastung desselben Muskels mit einer anderen Übung (Beispiel: 1. Satz: Kniebeugen an der Hackenschmidt-Maschine mit 80%; 2. Satz: Beinstrecken im Liegen an der schrägen Beinpresse mit 70%). Diese Methode entspricht dem Prinzip, daß eine variierte Belastung einen größeren Trainingseffekt zur Folge hat.

Pro Muskel bzw. Muskelgruppe werden beim Bodybuildingtraining 2–3 Übungen mit je 3–5 Sätzen empfohlen. Schon beim Training von nur zwei Muskelgruppen resultieren hieraus 12–30 Sätze und somit bis zu 360 Wiederholungen pro Trainingseinheit.
Um den großen Zeitaufwand, der mit diesen hohen Reizumfängen verbunden ist, zu reduzieren, propagiert MATERIA folgendes Trainingssystem für

das Kraft- und Muskelmassetraining: Mit einer Belastung von 70–80 % des Maximalgewichts werden nur zwei Sätze pro Übung mit jeweils maximaler Wiederholungszahl durchgeführt. In beiden Sätzen müssen die Energiespeicher völlig geleert werden, um den Muskel vollständig zu erschöpfen. Hierzu werden anfangs so viele Wiederholungen wie möglich mit vollständigem Bewegungsausschlag durchgeführt. Wenn dies infolge der Erschöpfung nicht mehr möglich ist, wird der Bewegungsausschlag immer mehr reduziert, bis das Gewicht schließlich nur noch um einige Zentimeter bewegt werden kann. Der Satz ist erst beendet, wenn auch diese letzten ‹Muskelzuckungen› nicht mehr durchgeführt werden können. Die Pause zwischen den Sätzen wird sehr kurz gehalten (etwa 1 Min.); der Muskel soll sich in dieser Zeit nur so weit erholen, daß im zweiten Satz zusätzlich zu den ‹Muskelzuckungen› noch einige korrekte Wiederholungen ausgeführt werden können. Diese Methode entspricht der Erkenntnis, daß nicht die Anzahl der Trainingsreize, sondern hauptsächlich die möglichst tiefe Ausschöpfung der Energiereserven (ATP, KP und Glykogen) die nötigen biologischen Anpassungen für einen Muskelzuwachs herbeiführen.
Da all diese Varianten des Bodybuildingtrainings den Organismus sehr stark belasten, muß der Trainingsumfang auf das individuelle Leistungsvermögen abgestimmt werden, um gesundheitsschädliche *Überforderungen durch Übertraining* zu vermeiden. Die starke Ermüdung, die jede Trainingseinheit erzeugt, muß am Morgen nach dem Training abgeklungen sein. Der Sportler muß sich frisch und erholt fühlen und sollte imstande sein, das gleiche Trainingspensum nach 24, spätestens jedoch nach 48 Stunden zu wiederholen. Das Training darf also die körperliche oder geistige Arbeitsfähigkeit nicht beeinträchtigen.
Psychische Symptome wie negative Veränderungen der Stimmungslage, nachlassende Konzentrationsfähigkeit und zunehmende Reizbarkeit sind häufig die ersten Anzeichen von Überforderung und bedingen zumindest eine Verringerung des Trainingsumfanges. Anhaltende Einschlafstörungen, Nachtschweiß, Appetitlosigkeit u. ä. weisen auf ein fortgeschrittenes Stadium von Übertraining hin und erfordern eine *sofortige* Reduktion der Belastung in bezug auf Umfang und Intensität, um krankhafte Erscheinungen (z. B. Herzrhythmusstörungen) zu vermeiden. Lockere Waldläufe sowie Gerätegymnastik mit geringer Intensität sollten zum Zweck der aktiven Erholung das Muskeltraining ersetzen, bis diese Symptome abgeklungen sind. Massagen, Bäder, vitaminreiche Kost u. ä. dienen ebenfalls der physischen und psychischen Regeneration. Es ist selbstverständlich, daß der Trainingsplan, zweckmäßigerweise in Zusammenarbeit mit einem verantwortungsbewußten Betreuer, vor der Wiederaufnahme des Trainings kritisch überprüft werden muß! Um den gleichen Fehler nicht zu wiederholen, müssen die Belastungsgrößen Umfang und Intensität neu festgesetzt und mit dem körperlichen Leistungsvermögen in Einklang gebracht werden.

Vor einer kritiklosen Übernahme von Trainingsplänen aktueller und ehemaliger Weltklassebodybuilder, welche laufend in der ‹Fachpresse› veröffentlicht werden, kann nicht eindringlich genug gewarnt werden. Diese Athleten haben sich (hoffentlich) die konditionellen aeroben und anaeroben Grundlagen für diese enormen Belastungen durch ein jahrelanges (Aufbau-)Training angeeignet. Was ein Arnold Schwarzenegger oder ein Lee Haney (gerade) noch verträgt, kann bei dem mangelhaft vorbereiteten ‹Hobbyathleten› zu ernsthaften gesundheitlichen Beeinträchtigungen wie Muskel-, Gelenk- und Herz-Kreislauf-Schäden führen. In vielen Fällen sind diese Trainingsvorschläge zudem mit einem Zeitaufwand verbunden, bedingt durch das isolierte Training der einzelnen Muskeln mit vielen speziellen Übungen, den der Durchschnittssportler meist nicht erübrigen kann.
Es sei an dieser Stelle noch einmal deutlich darauf hingewiesen, daß ausschließlich die überdurchschnittliche genetische Veranlagung der in den einschlägigen Zeitschriften abgebildeten Athleten, in Verbindung mit einem jahrelangen, entbehrungsreichen Training, die Entwicklung dieser ‹Muskelberge› ermöglicht! Die spekulative Grauzone des Dopings bleibt hierbei noch unberücksichtigt. Es ist also in höchstem Maße unsinnig, sich an diesen äußerst seltenen ‹genetischen Genies› zu orientieren. Der normal veranlagte ‹Muskelfan› sollte vielmehr nach einer harmonisch proportionierten Muskulatur trachten, die er nach dem Motto «Klasse statt Masse» parallel zum aeroben Herz-Kreislauf-Training mit einem seinem individuellen Leistungsvermögen angepaßten Muskeltraining entwickelt und dauerhaft beibehält.

Aufwärmen und Entmüden

Die Bedeutung des sinnvollen Aufwärmens zum Beginn *jeder* Trainingseinheit kann nicht hoch genug eingeschätzt werden. Muskel- und Gelenkverletzungen, die in manchen Fällen zu irreparablen Sportschäden führen können, sind – mit Ausnahme von Gewalteinwirkungen – meistens auf fehlende oder ungenügende Vorbereitung des Bewegungsapparates auf die Belastungen des jeweiligen Trainingsinhaltes zurückzuführen.
Dieser Gesichtspunkt wird leider beim Fitnesstraining häufig zu wenig beachtet, wobei folgende Faktoren als Ursache angesehen werden können:

- Das Fitnesstraining im Studio ist an keinen festen Zeitplan mit dementsprechend straffer Organisation gebunden. Während z. B. im Schul- und Vereinssport die Trainingseinheiten zu bestimmten Zeiten unter der Leitung von Sportlehrern und Übungsleitern organisiert durchgeführt werden, sind die Trainingszeiten im Fitness-Studio, das ganztägig geöffnet ist, nicht in ein System zu pressen. Es herrscht ein durchgängiger Trainingsbetrieb vor, der es dem Betreuerpersonal unmöglich macht, jeden einzelnen und jede Gruppe ständig zu überwachen. Da in erster Linie die Anfänger angeleitet werden müssen, wird von den Fortgeschrittenen ein weitgehend selbständiges Training gefordert. Diese Eigenverantwortlichkeit ist prinzipiell als positiv anzusehen; sie birgt jedoch die Gefahr in sich, daß bestimmte Trainingsprinzipien nicht oder nur halbherzig befolgt werden.

- Der Zeit- und Termindruck des beruflichen Alltags wird nicht selten auch im Studio nicht abgelegt. Man will ‹schnell zur Sache kommen› und betrachtet das Aufwärmen als lästiges Übel, das man schon mal ausfallen lassen kann.
- Es fehlt das Wissen über den präventiven Wert des sinnvollen Aufwärmens zur Vorbereitung des Organismus auf die mehr oder weniger intensiven Belastungen des Hauptteils der Trainingseinheit.

Das Aufwärmen verstärkt die Muskeldurchblutung, verbessert die Sauerstoffversorgung und den Stoffwechsel und erhöht die Körpertemperatur. Die Leistungsfähigkeit und die Elastizität der Muskulatur werden erhöht, die Reibung an den Gelenkflächen wird durch verstärkte Produktion von Gelenkschmiere verringert. All diese Faktoren führen nicht nur zu einer Verringerung der akuten Verletzungsgefahr des Muskel-Gelenk-Systems, sondern sie sind auch wesentlicher Bestandteil der Vorbeugung degenerativer und entzündlicher Erkrankungen (z. B. Gelenkabnutzung, Sehnen- und Gelenkentzündung) des Bewegungsapparates.
Die Aufwärmarbeit beinhaltet Laufen mit geringer Intensität sowie gymnastische Lockerungs- und Dehnübungen für den ganzen Körper, wofür insgesamt eine Mindestdauer von 15 Min. zu veranschlagen ist. Im Fitness-Studio kann das Laufen auf dem Laufband durch Radfahren auf dem Standfahrrad ersetzt werden. Geräteübungen zur Steigerung der Kraft und zur Entwicklung der Muskulatur (Intervall- und Wiederholungsmethoden) erfordern wegen der erhöhten Intensität eine *spezielle* Aufwärmarbeit in Form einer 12–15minütigen Gerätegymnastik mit geringer Zusatzbelastung, um Muskulatur, Sehnen und Gelenke auf die intensive Beanspruchung optimal einzustellen (siehe Dauerleistung, S. 45 f). Diese Dauerbelastung vor dem eigentlichen Muskeltraining dient zusätzlich als kompensatorisches Herz-Kreislauf-Training und sollte deshalb ein fester Bestandteil einer jeden Trainingseinheit sein.
Es ist ferner dringend anzuraten, die relativ langen Pausen bei der intensiven Intervallmethode und besonders bei der Wiederholungsarbeit für die spezielle Aufwärmung entsprechend der folgenden Übung zu benutzen,

um die hierbei angesprochenen Körperpartien auf die mehr oder weniger isolierte intensive Beanspruchung optimal vorzubereiten. Dies kann geschehen durch lokale Zweckgymnastik, durch Imitationsbewegungen der folgenden Übung und durch vorbereitende identische Übungsausführungen mit geringer Belastung. So sind z. B. vor dem Bankdrücken beugende und streckende sowie kreisende Bewegungen in den Hand-, Ellbogen- und Schultergelenken, gefolgt von Druckbewegungen mit geringem Gewicht (10–30 kg), zweckmäßig.
Erfahrungsgemäß wird dieses Prinzip im Krafttraining leider oft ignoriert, woraus nicht selten die o. ang. Gelenkerkrankungen als Spätschäden resultieren.
In diesem Zusammenhang ist noch zu erwähnen, daß die häufig angewandten hautreizenden «Wärmemittel» die aktive Aufwärmung keinesfalls ersetzen können. Diese Cremes und Lotionen sind vielmehr skeptisch zu betrachten: Die starke Hautreizung sowie das Wärme- und Hitzegefühl sind aufgrund der geringen Eindringtiefe dieser «Wundermittel» praktisch auf die Oberfläche der eingeriebenen Körperpartien begrenzt. Dies hat zur Folge, daß durch die Erweiterung der oberflächlichen Blutgefäße den tieferliegenden Muskel- und Gelenkregionen – also dort, wo die Arbeit gefordert wird und wo die Beanspruchung und Gefährdung am größten ist – Blut entzogen wird. Die Durchblutung in den tiefen Schichten wird verringert. Man erreicht also das Gegenteil der gewünschten Wirkung!

Ebenso wichtig wie die Aufwärmung vor dem Hauptteil der Trainingseinheit ist das «Cool-down», die Abkühlung, zum Zweck der Muskelentspannung und Entmüdung nach der Trainingsbelastung: Die während der Belastung in der Muskulatur angehäuften Stoffwechselendprodukte (Ermüdungsstoffe) werden während dieser Phase der abklingenden Belastung schneller abgebaut und somit zumindest teilweise beseitigt, wodurch die Erholungsfähigkeit des Organismus wesentlich verbessert wird. Zu diesem Zweck kommen auch hier Belastungen mit geringer Intensität (Traben, Radfahren u. ä.), und gymnastische Lockerungsübungen zur Anwendung. Wenn im Hauptteil Gerätetraining mit höherer Intensität durchgeführt wurde, ist es, wie beim Aufwärmen, zweckmäßig, eine 15minütige Gerätegymnastik mit geringer Intensität durchzuführen, um den Abtransport der Ermüdungsstoffe aus allen beanspruchten Körperpartien zu beschleunigen. Abschließend wird in diesem Zusammenhang noch auf die Hangübungen 57 und 58 verwiesen, die zum Zweck der ganzkörperlichen Entspannung den Abschluß einer jeden Trainingseinheit bilden sollten.
(Ausführlich zu Aufwärmen und Cool-down siehe Knebel 1985).

Gleichmäßiges Training von Agonisten und Antagonisten

Der Vorteil des Ganzkörpertrainings, das eine den funktionellen und ästhetischen Gesichtspunkten entsprechende harmonische Entwicklung der gesamten Körpermuskulatur ermöglicht, kommt letztlich erst dann vollständig zur Geltung, wenn sowohl die Agonisten (Wirker) als auch die Antagonisten (Gegenwirker) der jeweiligen Körperpartien gleichberechtigt trainiert und entwickelt werden. Einfacher ausgedrückt: Es muß darauf geachtet werden, die Beuge- und Streckmuskulatur sowie die Adduktoren (Anzieher) und Abduktoren (Abspreizer) der Arme, der Beine und des Rumpfes durch die Auswahl und die Variation der Übungen in gleichem Maße zu belasten, um ein muskuläres und funktionelles Ungleichgewicht zu vermeiden.

Die folgende Gegenüberstellung soll die Zuordnung der verschiedenen Übungen verdeutlichen und somit eine effektive, beide Seiten gleichberechtigt berücksichtigende Übungsauswahl erleichtern:

Armbeugen	Armstrecken
Armheben	Armsenken
Armanziehen	Armabspreizen
Beinbeugen	Beinstrecken
Beinheben	Beinsenken
Beinanziehen	Beinabspreizen
Hüftbeugen	Hüftstrecken
Rumpfbeugen	Rumpfstrecken
Brusttraining	Rückentraining (obere Partie)
Bauchtraining	Rückentraining (Rückenstrecker)

Die optimale Ergänzung der Übungen bei richtiger Übungsauswahl nach den obigen Prinzipien wird durch die folgenden beiden Beispiele verdeutlicht:

Beispiel 1:

Arme anziehen im Langsitz (Übung 16) entwickelt: Rücken und Nacken, Schulter hinten, Armbeuger.	Bankdrücken waagerecht (Übung 20) entwickelt: Brust, Schulter vorne, Armstrecker.

Beispiel 2:

Hüftbeugen negativ in Rückenlage (Übung 33) entwickelt: Hüftbeuger, Bauch.

Hüftstrecken in Bauchlage (Übung 44) entwickelt: Hüftstrecker, Rückenstrecker

Diese Gegenüberstellungen zeigen, daß durch eine sinnvolle Auswahl von Komplexübungen, die mehrere Muskelgruppen gleichzeitig beanspruchen, ein harmonisches Ganzkörpertraining auch mit wenigen Übungen erfolgversprechend durchführbar ist.

Während beim Kraft- und Muskelzuwachstraining bei geringer Trainingshäufigkeit (2–3mal pro Woche) und bei wenigen (4–6) Übungen in jeder Trainingseinheit sämtliche Übungen absolviert werden können, ist es bei zunehmender Trainingshäufigkeit und größerer Übungszahl zweckmäßig, an aufeinander folgenden Tagen verschiedene Körperpartien zu trainieren (z. B. Mo: Bauch – Oberkörper – Arme; Di: Rücken – Unterkörper – Beine), um Überbeanspruchungen des Bewegunsapparates vorzubeugen.

Muskelkater – notwendiges Übel?

Wer kennt sie nicht, die typischen Symptome des Muskelkaters: Jede Bewegung schmerzt, die Muskeln sind hart und kraftlos und zudem äußerst druckempfindlich. Für diesen quälenden Zustand, der nach ungewohnten oder besonders starken muskulären Beanspruchungen mit einer Verzögerung von etwa einem Tag auftritt und der mitunter eine ganze Woche andauert, wurde in der Vergangenheit und wird auch heute noch häufig die verstärkte Produktion von Milchsäure, die von der Muskulatur erst verzögert abgebaut werden kann, verantwortlich gemacht.
Versuche des skandinavischen Sportphysiologen ASMUSSEN ließen diese Theorie allerdings schon 1956 ins Wanken geraten: Versuchspersonen, die bis zur Erschöpfung mit einem Bein auf einen Stuhl hinauf- und mit dem anderen herabstiegen, ermüdeten zuerst im Aufstiegsbein und hatten am nächsten Tag einen Muskelkater im Abstiegsbein. Die resultierende Vermutung aus diesem Versuch, daß nicht die mit verstärkter Milchsäureproduktion verbundene Ermüdung, sondern die ungewohnte nachgebende (exzentrische) Bewegung des Abstiegsbeines den Muskelkater hervorrief,

wurde durch elektronenmikroskopische Untersuchungen von Muskelgewebeproben nach stärkeren (exzentrischen) Bremsbewegungen mit darauffolgendem Muskelkater bestätigt: Es wurden Zerreißungen der schichtförmig angeordneten kontraktilen Aktinfilamente im Bereich der sogenannten Z-Scheiben festgestellt, die allerdings nur bis zu 30 % aller Aktinfilamente betrafen; vollständige Muskelfaserrisse waren nicht festzustellen. Innerhalb von sechs Tagen heilten diese Mikroverletzungen allerdings fast vollständig ab.

Die eintägige Verzögerung des Auftretens des Muskelkaters nach der Belastung ist dadurch zu erklären, daß die Schmerznervenendigungen außerhalb der Muskelfasern im Bindegewebe liegen. Erst wenn die beschädigten Strukturen der Zelle abgebaut sind, werden die schmerzempfindlichen Nerven durch die Spaltprodukte gereizt.

Abb. 10: Mikroverletzungen innerhalb der Muskelfaser als Muskelkaterursache (nach BÖNING, D. 1986): Längsschnitt durch eine zylinderförmige Muskelfibrille (Bestandteil der Muskelfaser), innerhalb derer die kontraktilen Eiweiße Aktin und Myosin in schichtförmigen Filamenten angeordnet sind. Die Aktinfilamente sind in den Z-Scheiben verankert, die bei Überlastung reißen können (unten rechts).

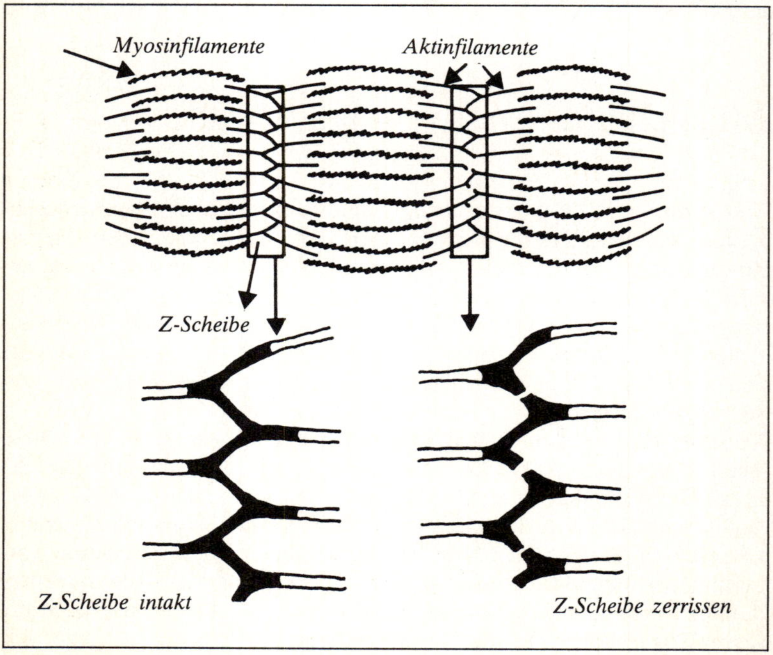

Als Ursachen für diese Mikroverletzungen und den daraus resultierenden Muskelkater kommen in Frage:
- besonders starke muskuläre Anstrengungen;
- schnelle (exzentrische) Bremsbewegungen mit dementsprechend hohen Spannungsspitzen;
- schlechte Bewegungskoordination durch ungewohnte Belastungen, mangelhafte Aufwärmung und durch Ermüdung.

Der Muskelkater ist keineswegs ein Indiz für wirksames, effektives Training, wie es gelegentlich angenommen wird; aufgrund seines Verletzungscharakters sollte er vielmehr durch Berücksichtigung der folgenden *präventiven Maßnahmen* vermieden werden:
- Geringe Belastungen am Beginn der sportlichen Aktivität; langsame Belastungssteigerung.
- Ausreichende und zweckmäßige Aufwärmung – besonders vor intensiven Beanspruchungen.
- Ungewohnte Belastungen (z. B. neue Übungen) müssen anfangs mit geringem Gewicht ‹erlernt› werden.
- In ermüdetem Zustand sind hohe Belastungen und ungewohnte Bewegungsformen zu vermeiden.
- Nachgebende (exzentrische) Bewegungen dürfen nicht plötzlich, sondern müssen kontinuierlich abgebremst werden.

Der Heilungsprozeß eines bestehenden Muskelkaters kann kaum beeinflußt werden. Passive Dehnungen, leichte bremsende Bewegungen (z. B. Radfahren bei Oberschenkelbeschwerden) und Wärmeeinwirkungen (Bäder) haben allerdings eine lindernde Wirkung. Da Massagen bei frischen Verletzungen nicht angewandt werden dürfen, sollen sie auch beim Muskelkater zunächst unterbleiben. Während der ersten Tage des Heilungsprozesses ist die verursachende Bewegung zu meiden, um die jetzt besonders empfindlichen Muskelfasern nicht erneut zu gefährden.

Vorbeugen von Verletzungen

Muskel- und Bänderzerrungen bzw. -risse sowie Bandscheibendeformationen sind typische Verletzungen, die auf ein fehlerhaftes Krafttraining zurückzuführen sind. Um beim Krafttraining selbst körperliche Schäden und Verletzungen zu vermeiden, sind folgende *präventive Hinweise* zu beachten (nach Harre 1973; vgl. auch Hinrichs 1986):

Muskelverletzungen sind oft darauf zurückzuführen, daß Muskeln einer Muskelschlinge nicht in entsprechendem Verhältnis zueinander gekräftigt sind und daß (durch mangelhafte Aufwärmung) schlecht durchblutete oder (durch zu kurze Erholung) stark ermüdete Muskeln hohe Kraftleistungen vollbringen müssen.
Konsequenzen:

- Durch sinnvolles Krafttraining sind alle Muskeln und Muskelgruppen des Bewegungsapparates zu kräftigen, wobei jede neue Kraftübung anfangs vorsichtig zu dosieren ist!
- Das Aufwärmen und Warmhalten vor und während des Trainings ist besonders zu beachten!
- Nur ermüdungsfreie Muskeln dürfen gedehnt werden!
- Schmerzen in der Muskulatur während des Trainings bedingen den Abbruch der verursachenden Übung, da sie auf einen beginnenden Muskelfaserriß hindeuten können!

Sehnen-, Bänder- und Meniskusverletzungen sind häufig auf einseitiges Training und auf unvorbereitete hohe Belastungen der relativ schwachen Hand-, Ellbogen-, Knie und Fußgelenke zurückzuführen. Verletzungen im Bereich der Knie- und Fußgelenke sind besonders häufig, da die Beinstreckmuskulatur meist einseitig durch Kniebeugen gekräftigt wird.
Konsequenzen:

- Da zu häufig durchgeführte Tiefkniebeugen zu Meniskus- und Bänderverletzungen führen können, muß das Training der Beinstreckmuskulatur durch zusätzliche Durchführung der halben Kniebeuge (siehe Übung 39) und durch Übung 41 (Beinstrecken im Sitz) variiert werden.
- Die Kniebeugen sollen möglichst in der beim Stehen normalen Fußstellung ausgeführt werden, um die Bewegungsfreiheit der Kniegelenke nicht einzuschränken.
- Vor allem beim Training mit hohen Gewichten müssen die Fußgelenke durch einwandfreies festes Schuhwerk (z. B. Gewichtheberschuhe) geschützt werden.
- Schmerzen im Handgelenk und im Unterarm deuten auf Überbeanspruchung hin und erfordern eine Entlastung des Handgelenks durch Veränderung der Griffhaltung oder durch Anwendung anderer Übungen.
- Übungen, die das Ellbogengelenk belasten, müssen möglichst variationsreich durchgeführt werden, damit man schmerzfrei und damit gefahrlos trainieren kann. So sind z. B. die Flugbewegungen in Rückenlage (Übung 6) bei hoher Belastung mit angebeugten Ellbogengelenken zu trainieren.

Wirbelsäulen- und Bandscheibenschäden sind auf Überbelastung der Wirbelsäule und auf fehlerhafte Übungsausführung zurückzuführen.
Konsequenzen:
- Zu häufige Wirbelsäulenbelastungen in einer Trainingseinheit sind zu vermeiden. Die Wirbelsäule ist durch Übungen im Hang, im Stütz und im Liegen sowie durch angelehnten Rumpf im Sitzen zu entlasten.
- Die Wirbelsäule ist durch systematische Kräftigung der sie umgebenden Muskulatur zu kräftigen. Umfang und Zusatzbelastung dürfen nur allmählich gesteigert werden.
- Die Wirbelsäule ist bei allen sie belastenden Übungen gerade zu halten, da sie in dieser Position ihre größte Stabilität aufweist.

Weitere Hinweise:
- Atempressungen sind möglichst zu vermeiden, indem der Atem beim Üben so wenig wie möglich angehalten wird (siehe auch S. 88).
- Kraftübungen mit schwerem Gewicht bedingen eine korrekte Bewegungsausführung, die zuerst mit geringer Belastung erlernt und eingeschliffen werden muß.
- Da die Muskulatur in relativ kurzer Zeit auf steigende Belastungen mit Wachstum reagiert, die Bänder, Sehnen und Knorpelstrukturen sich jedoch viel langsamer anpassen, muß die Intensitätssteigerung langsam und dosiert erfolgen, um ein Ungleichgewicht dieser beiden leistungslimitierenden Faktoren zu vermeiden. Ferner ist es zweckmäßig, nach einer Phase der Kraftsteigerung die Intensität zu reduzieren, um den Rückstand der Belastungsfähigkeit von Bändern, Sehnen und Gelenkknorpeln gegenüber der gestiegenen Muskelkraft aufzuholen.

Präventionstraining

Das Training für Prävention (Vorbeugung) dient der Vorbeugung von Verletzungen und körperlichen Schäden durch Anwendung von Trainingsmethoden und Trainingsinhalten, die auf die individuellen, konstitutionell (anlagebedingt) und konditionell bedingten körperlichen Eigenheiten abgestimmt werden. Jedes sportliche Training sollte gleichzeitig Präventionstraining sein, um die jeweiligen disziplinspezifischen Verletzungsgefahren zu verringern und um Sportschäden als Spätfolgen der sportlichen Aktivitäten zu vermeiden. Die Erfahrung zeigt jedoch, daß diesem Gesichtspunkt häufig zu wenig Aufmerksamkeit geschenkt wird: Es wird zu disziplinspezifisch leistungsorientiert trainiert und es wird zu wenig differenziert.

Das disziplinspezifische Training ist im Leistungssport unumgänglich; es muß jedoch darauf geachtet werden, daß auch die konditionellen Eigenschaften, die nicht unmittelbar an der speziellen sportlichen Leistung beteiligt sind, in ausreichendem Maße entwickelt werden, um ein zu starkes Ungleichgewicht der konditionellen Grundeigenschaften zu verhindern, welches häufig die Ursache von typischen Verletzungen und Sportschäden ist (Kraftsportler vernachlässigen oft sträflich die aerobe Ausdauer, während z. B. bei Langstreckenläufern die Gefahr eines zu großen muskulären Defizites besteht).
Eine Differenzierung ist im sportlichen Training ebenso nötig, um individuelle leistungsmindernde und verletzungsprovozierende Schwachstellen auszugleichen und dem allgemeinen Niveau anzupassen. Schon allein aus konstitutionellen Gründen kann man nicht ‹alle Sportler über einen Kamm scheren›: Was bei einem positive biologische Anpassungen zur Folge hat, kann den anderen schon überfordern. Die Erfahrung und das Körpergefühl des Trainers bzw. des Sportlers spielen hierbei eine große Rolle.
Das in diesem Buch dargestellte *Körpertraining* ist, bei Abstimmung der Trainingsinhalte und -belastungen auf die individuellen Voraussetzungen, gleichzeitig Training für Leistungssteigerung und Prävention: Das verbesserte aerobe Dauerleistungsvermögen beugt Herz-Kreislauf-Erkrankungen (weltweit Todesursache Nr. 1) vor; durch Kraft- und Muskelzuwachs werden Wirbelsäule und Gelenke stabilisiert, wodurch Beschwerden des passiven Bewegungsapparates in vielen Fällen verhindert bzw. völlig zum Verschwinden gebracht und in nahezu allen Fällen zumindest gebessert werden können. Die Skepsis, die aus diesen Zusammenhängen gegenüber den medizinischen medikamentösen und operativen Behandlungsmethoden zum Vorschein kommt, ist beabsichtigt und berechtigt, wobei diese Skepsis aus zahlreichen Erfahrungen des Autors sowohl am eigenen Leib als auch als Unbeteiligter stammt und ständig genährt wird. Diese kritische Betrachtung spricht jedoch nicht gegen, sondern für regelmäßige sportärztliche und orthopädische Untersuchungen, um die daraus gewonnenen Erkenntnisse bei der Planung und Durchführung des sportlichen und präventiven Trainings entsprechend berücksichtigen zu können.

Rehabilitationstraining

Das Gebiet der körperlichen Rehabilitation (Wiederherstellung) ist zu komplex, um es an dieser Stelle erschöpfend abhandeln zu können. Deshalb soll hier nur ein zusammenfassender Überblick dargestellt werden.
Das Training zur körperlichen Wiederherstellung nach überstandener Verletzung oder Erkrankung soll so früh wie möglich einsetzen, um den Verlust der konditionellen Grundeigenschaften Kraft, Ausdauer und Beweglichkeit zu minimieren und um das ursprüngliche Leistungsniveau schnellstmöglich wieder zu erreichen. Wer selbst einmal im Gipsverband lag, weiß, wie schnell die stillgelegten Muskelpartien und Gelenke an Substanz bzw. Beweglichkeit verlieren. Die organischen Ausdauerfähigkeiten sind in dieser Beziehung etwas stabiler.
In vielen Fällen kann man schon frühzeitig, noch im Gipsverband, durch isometrische Anspannung der Muskulatur dem Muskelschwund (Atrophie) aktiv entgegenwirken. Um eine evtl. Verschlimmerung der Verletzung zu verhindern, muß selbstverständlich vorher das Einverständnis des Arztes eingeholt werden. Als Optimum des Kraftzuwachses beim isometrischen Training empfiehlt DE MARÉES täglich 3–5 Muskelanspannungen mit 60–70% der Maximalkraft und einer Dauer von 6–10 Sek. Unter den obigen erschwerten Bedingungen kann die Intensität nur gefühlsmäßig dosiert werden, wobei man die Schmerzgrenze nicht überschreiten darf.
Wenn keine Bettlägerigkeit erforderlich ist, sollte man die sportlichen Aktivitäten unter Aussparung der verletzten Körperpartien soweit wie möglich beibehalten. Sobald allerdings der Arzt grünes Licht für rehabilitative Maßnahmen gibt (wenn z. B. Operationsnarben verheilt sind und wenn keine Komplikationen zu befürchten sind), sollte ein aktives Training der atrophierten Muskeln und der ‹eingerosteten› Gelenke einsetzen, welches von der entsprechenden physikalischen Therapie (Massagen, Bäder u. ä.) flankiert werden sollte. Geräteübungen sind in diesem Stadium besonders zu empfehlen, da hierbei die betroffenen Muskeln und Gelenke durch isolierte Übungen gezielt trainiert werden können. Die vorsichtige Dosierung in bezug auf Umfang und Intensität und die Auswahl der geeignetsten Übungen sollte unter fachlicher Anleitung vorgenommen werden, um Rückschläge zu vermeiden. Die Übungen werden anfangs meist nicht über den vollständigen Bewegungsausschlag durchgeführt werden können, da dieser durch den Verlust der Gelenkbeweglichkeit und u. U. durch Schmerzen in bestimmten Winkelpositionen eingeschränkt ist. Im schmerzfreien Bereich kann jedoch trainiert werden, wobei die anfänglich geringen Wiederholungszahlen und Zusatzbelastungen in möglichst kurzer Zeit – allerdings ohne die Schmerzgrenze zu überschreiten – auf trainingswirksame Werte gesteigert werden sollen. Die *extensive Intervallmethode* ist in dieser

Phase völlig ausreichend, da sie auf eine extrem geschwächte Muskulatur trifft und somit auch schon bei niedriger Intensität eine breite Reizwirkung für Kraft- und Muskelzuwachs entfaltet. Eine Steigerung der Zusatzbelastung kann vorgenommen werden, wenn etwa 20 Wiederholungen mit dem abgesteckten Gewicht beschwerdefrei möglich sind. Der Bewegungsausschlag wird den Trainingsfortschritten entsprechend ebenfalls allmählich vergrößert, bis sich nach einiger Zeit die ursprüngliche Gelenkbeweglichkeit wieder eingestellt hat.
Von besonderer Wichtigkeit ist beim Rehabilitationstraining neben der allgemeinen Aufwärmung die *spezielle Aufwärmung,* die vor jeder neuen Übung zusätzlich durchgeführt wird, um die geschwächten Körperpartien auf die folgenden Belastungen vorzubereiten. Diesem Zweck dienen lokale (auf die entsprechende Körperpartie bezogene) gymnastische Lockerungsübungen und Imitationsbewegungen der nachfolgenden Übung ohne und mit geringer Belastung.
Das Defizit der aeroben Ausdauerfähigkeiten wird parallel zur speziellen Muskelrehabilitation durch Gerätegymnastik nach der Methode der Dauerleistung kompensiert, wobei die verletzten Muskel- und Gelenkregionen möglichst mit einbezogen werden sollen.
Bei konsequentem, richtig dosiertem Rehabilitationstraining steigt das körperliche Leistungsvermögen stetig an, so daß die dementsprechend zunehmenden sportlichen Aktivitäten fließend in das gewohnte Trainingsprogramm übergehen.

Muskeltraining im fortgeschrittenen Lebensalter

Im höheren Lebensalter ist ein körperliches Training besonders wichtig: Da der Kraft- und Muskelverlust schneller fortschreitet als die Abnahme der organischen Ausdauerfähigkeiten, sollte zusätzlich zum aeroben Ausdauertraining ein richtig dosiertes Muskeltraining regelmäßig durchgeführt werden, um den Rückgang beider konditioneller Grundfähigkeiten zu verlangsamen. Angesichts der Tatsache, daß viele Wirbelsäulen- und Gelenkbeschwerden im Alter die Folge einer total erschlafften Muskulatur sind, ist anzustreben, das stützende Muskelkorsett bis ins hohe Alter soweit wie möglich zu erhalten. Das Krafttraining an Geräten ist hierfür hervorragend geeignet, da der Übungskatalog eine große Anzahl wirbelsäulenschonender Übungen enthält, die, individuell zusammengestellt, das Risiko von

Verletzungen und Sportschäden minimieren. Bei der Auswahl der Übungen und der Programmgestaltung richtet man sich zweckmäßigerweise nach den Prinzipien des Trainings mit Jugendlichen: Übungen im Hang, Stütz und im Liegen sind zu bevorzugen; Übungen im Sitzen sollten mit möglichst mit an Brust oder Rücken abgestütztem Oberkörper durchgeführt werden, um Biegebeanspruchungen der Wirbelsäule zu vermeiden.
Um Überbeanspruchungen zu vermeiden, ist es beim Training im fortgeschrittenen Lebensalter besonders wichtig, die empfohlenen altersabhängigen Belastungspulswerte konsequent einzuhalten. Die Belastungsnormative der Dauerleistung (Gerätegymnastik) und der extensiven Intervallarbeit sind für das Muskeltraining im höheren Alter im allgemeinen ausreichend. Bestimmte körperliche Schwachstellen können jedoch unter individueller Dosierung der intensiven Intervallmethode zusätzlich gezielt kompensiert werden.
Generell ist zu sagen, daß jedes lebende Gewebe auf Belastungen mit biologischen Anpassungserscheinungen im Sinne einer Verbesserung der Leistungsfähigkeit reagiert. Dies ist auch im hohen Alter bei beiden Geschlechtern der Fall! Zum «alten Eisen» zählt nur, wer nichts dagegen tut! Durch ein richtig dosiertes Ausdauer- und Muskeltraining kann man auch im hohen Alter einen leistungsfähigen und ästhetischen Körper besitzen, der den eines untrainierten 50jährigen weit in den Schatten stellt.

Foto: Rupert Leser

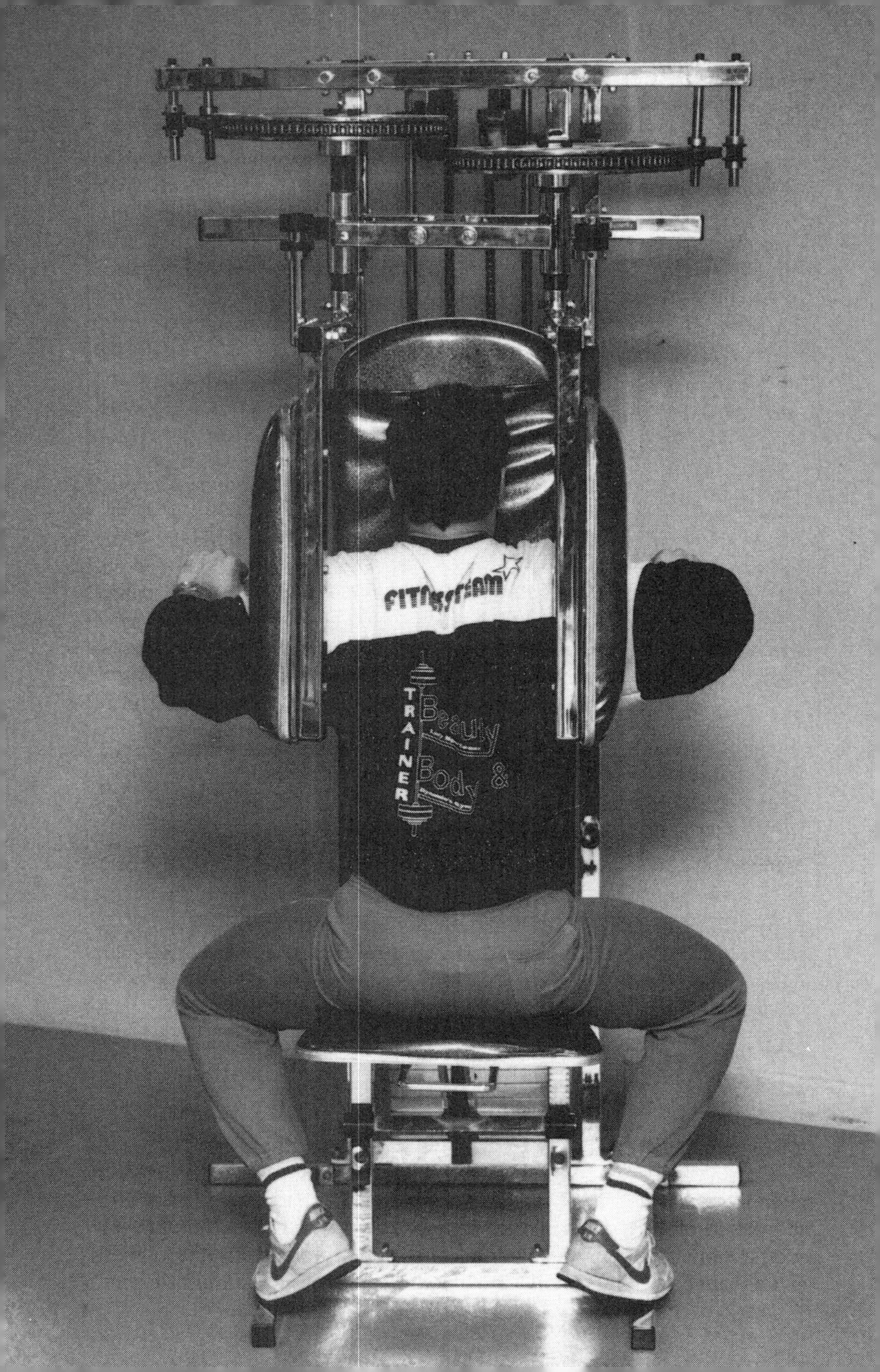
TRAINER
Beauty
&
Body

Trainingsmaschinen und Fitnessgeräte

Auf dem Fitnessgerätesektor besteht ein verwirrendes Durcheinander bezüglich der Benennung der mehr oder weniger verschiedenen Trainingsgeräte. Ein Beispiel soll dies erläutern: Die Begriffe «Armpresse, Bankdrückstation, Brustmaschine horizontal, Brustmaschine liegend, Brustpresse, Pec-Dec» u. ä. dienen in den Werbeprospekten der verschiedenen Firmen häufig als Bezeichnung für ein und dasselbe Gerät: Eine Station, an der Sie in Rückenlage die Arme gegen den Gewichtswiderstand senkrecht nach oben strecken und damit hauptsächlich die Brustmuskulatur und die Armstrecker an der Oberarmrückseite trainieren können.
Da im Kapitel «Übungen» die entsprechenden Trainingsgeräte aufgeführt werden, wird diesem Abschnitt eine einheitliche Benennung und eine kurze Funktionsbeschreibung vorangestellt, um Ihnen die Zuordnung der Übungen zu den Geräten und die Orientierung im Studio zu erleichtern.
Die hier verwendeten Bezeichnungen orientieren sich an der Hauptbewegung, d. h. an dem Bewegungsablauf, der an dem benannten Gerät üblicherweise durchgeführt wird. Das heißt allerdings nicht immer, daß lediglich diese Bewegung als einzige möglich ist. Viele Geräte sind universell einsetzbar, da sie über Verstellmöglichkeiten von Trainingshebel und Gewichtshebel verfügen, die häufig auch vollkommen unterschiedliche Bewegungsabläufe zulassen. In einigen Fällen, in denen der Name der Maschine nicht mit der Hauptbewegung übereinstimmt, handelt es sich um feststehende Begriffe, die sich im Bodybuilding und Fitnesstraining eingebürgert haben.
Die Zusätze «liegend», «sitzend» und «stehend» beziehen sich auf die Körperposition, die Beifügungen «horizontal», «vertikal» und «schräg» auf die Bewegungsrichtung während der Übung.

Der *Trainingshebel* ist der Hebel, der i. allg. mit den Händen oder mit den Füßen aktiv bewegt wird, während der *Gewichtshebel* zur Aufnahme der Hantelscheiben dient bzw. mit den Steckgewichten durch ein Seil verbunden ist und somit die Bewegung auf die Gewichte überträgt. Beide Hebel sind entweder starr oder gelenkig (z. B. durch ein Zahnradgetriebe) miteinander verbunden, wobei die gelenkige Verbindung häufig mit einem Verstellmechanismus der beiden Hebel gepaart ist, der die Vielseitigkeit der Maschine erhöht.
Der Unterschied zwischen Trainingsmaschinen und Fitnessgeräten in diesem Kapitel besteht darin, daß erstere über bewegliche Elemente (z. B. Steckgewichte) verfügen, die im allgemeinen den Widerstand darstellen, während letztere «starr» sind und entweder selbst den Widerstand bilden (z. B. Kurzhanteln) oder als «Stützgeräte» (z. B. Hyperextensionstation) eine entsprechende Körperposition fixieren und somit das Training mit dem eigenen Körpergewicht als Widerstand ermöglichen.

Trainingsmaschinen

Abduktorenmaschine sitzend: Hier werden im Sitzen die anfangs parallelen Oberschenkel auseinandergespreizt (abduziert). Nach dieser Abduktionsbewegung wurde auch dieses spezielle Gerät benannt (Übung 49).

Adduktorenmaschine sitzend: An diesem speziellen Gerät werden im Sitzen die auseinandergespreizten Oberschenkel zusammengeführt (adduziert), wodurch die Oberschenkelinnenseiten (besonders die Muskulatur der Adduktorengruppe) sehr intensiv trainiert werden (Übung 51).

Armhebemaschine liegend: Bei der Bewegung, die an diesem Gerät in Rükkenlage durchgeführt wird, werden die anfangs seitlich am Körper anliegenden Arme senkrecht nach oben gehoben und hinter den Kopf geführt (Übung 8).

Armstreckmaschine sitzend: Diese spezielle Maschine ermöglicht die Armstreckung im Sitzen mit abgestützten Oberarmen, wodurch eine für das Training der Armstreckmuskulatur unwirksame Schwungunterstützung durch Oberkörper und Oberarme vermieden wird (Übung 32).

Beinbeugemaschine liegend: Dieses Gerät dient zur Durchführung von Beinbeugeübungen in Bauchlage, wobei die anfangs waagerechten Unterschenkel durch Kniebeugung den Oberschenkeln angenähert werden (Übung 53).

Beinpresse horizontal: An dieser speziellen Maschine wird die Hüft- und Beinstreckung im Sitzen mit angelehntem Rücken trainiert, indem man mit den Fußsohlen die Druckplatte des Trainingshebels horizontal nach vorne schiebt und dadurch die Steckgewichte anhebt (Übung 41).

Beinpresse schräg: Hier wird ein Schlitten auf zwei geneigten Führungsschienen durch Hüft- und Beinstreckung in Rückenlage mit den Füßen schräg nach oben geschoben. Der Schlitten ist entweder mit Hantelscheiben belastbar oder durch ein Seil mit den Steckgewichten verbunden, die dadurch bei der Streckung nach oben gezogen werden (Übung 42).

Beinstreckmaschine sitzend: Wie der Name schon sagt, ermöglicht diese spezielle Maschine das Training der Beinstreckmuskulatur in sitzender Position mit angelehntem Rücken. Im Unterschied zur Beinpresse findet hier jedoch keine Bewegung in den Hüftgelenken statt (Übung 54).

Beintisch: Durch die Anordnung von zwei um 90° versetzten Trainingshebeln sind hier die Beinbeugung in Bauchlage und die Beinstreckung im Sitzen und in der Rückenlage möglich. Diese Maschine ist also eine Kombination aus Beinbeuge- und Beinstreckmaschine (Übungen 53 und 54).

Bodenzug: Der Bodenzug ist eine spezielle Zugmaschine von unten (siehe «Zugmaschine von unten»), die zusätzlich mit einer Abstützplatte für die gestreckten Beine und mit einer niedrigen Bank ausgerüstet ist. In sitzender Position, wobei die Füße zum Gerät zeigen, werden hier Zugbewegungen der Arme und Rückenkräftigungsübungen durchgeführt (Übung 16).

Brustmaschine liegend: Diese Maschine ermöglicht durch ihre Hebelanordnung ein Training der Brustmuskulatur in Rückenlage. Die rechtwinklig nach außen gestreckten Arme fassen die Hebelgriffe und werden, wie im Vogelflug, auf- und abwärts bewegt. Diese Bewegung ist in Bodybuildingkreisen als «Flugbewegung» bekannt und wirkt besonders auf den großen Brustmuskel. Für das Training der Rückenmuskulatur kann diese Übung auch in Bauchlage durchgeführt werden (Übungen 6 und 10).

Brustpresse liegend: Eine Maschine für die Armstreckung senkrecht nach oben in Rückenlage, wobei hauptsächlich die Brust und die Armstrecker trainiert werden. Diese Hauptbewegung schließt allerdings andere Übungen an diesem Gerät nicht aus: Wenn man z. B. die Bank entfernt und sich frontal vor die Maschine stellt, kann man Zugübungen mit den Armen senkrecht nach oben durchführen (Übung 20).

Brustpresse stehend: Die stehende Brustpresse ist eine spezielle Maschine für die Armstreckung waagerecht nach vorn im Stand mit angelehntem Rücken (Übung 19).

Butterfly-Maschine: An dieser Maschine werden die Flugbewegungen des Schmetterlings (engl.: Butterfly) nachgeahmt. In sitzender Position, mit angelehntem Rücken, drücken die Innenflächen der senkrecht nach oben zeigenden Unterarme die Trainingshebel nach vorne und werden anschließend so weit wie möglich hinter die Schulter zurückgeführt. Bei dieser Bewegung wird die Brustmuskulatur sehr intensiv trainiert. Wenn man sich umgekehrt (Brust liegt an der Rückenlehne) an das Gerät setzt, wird mit der gleichen Bewegung die Rückenmuskulatur trainiert (Übungen 7 und 12).

Diagonalzug: Die Diagonalzug besteht aus zwei in etwa 2 m Abstand montierten mannshohen Zugmaschinen, die beide sowohl Züge von unten als auch von oben ermöglichen. Durch diese Anordnung der Zugseile sind in Verbindung mit den unterschiedlichen Griffen, die an den Seilen befestigt werden können, viele verschiedene Übungen durchführbar.
Mit einiger Phantasie kann man an diesem Gerät den ganzen Körper effektiv trainieren (siehe auch «Zugmaschine von oben und – von unten», Übungen 4 und 11).
Wenn Sie eine Maschine für das Training in den eigenen vier Wänden suchen, dann sei Ihnen dieses Gerät wegen seiner Vielseitigkeit und wegen des relativ geringen Platzbedarfes empfohlen!

Doppelzug: Der Doppelzug besteht aus zwei nebeneinander angeordneten Kombizügen und ermöglicht dadurch ein beidarmiges oder alternierendes Training von Zugbewegungen aller Art (siehe «Kombizug» und Übung 2).

Hackenschmidt-Maschine: Ein Russe namens Hackenschmidt, der die Fachwelt um die Jahrhundertwende durch seine enormen Kraftleistungen beeindruckte, soll angeblich der Erfinder dieser rückenschonenden Kniebeugemaschine sein. Dies ist zwar nicht schriftlich belegt; dennoch hat sich bei Bodybuildern der Begriff für dieses Gerät eingebürgert: Es handelt sich hierbei um eine Kniebeugemaschine, auf welcher ein flacher Schlitten, der über ein Zugseil mit den Steckgewichten verbunden ist, auf zwei schrägen Führungsstangen von unten nach hinten oben gleitet. Bei der Kniebeuge wird der Schlitten, der an den Griffen gefaßt wird und dem geraden Rücken als Auflage dient, durch Strecken und Beugen der Beine nach oben und unten bewegt, wobei die Wirbelsäule nur auf Druck und nicht auf Biegung beansprucht wird (Übung 40).

Hüftbeugemaschine liegend: Die Hüftbeugung wird an dieser Maschine in der Rückenlage durchgeführt, wobei die anfangs waagerechten Oberschenkel dem auf der Bank fixierten Oberkörper angenähert werden. Die Bezeichnung «Bauchtrainingsmaschine», die häufig für Geräte dieser Art verwendet wird, ist nicht korrekt, da diese Bewegung von der Hüftbeuge- und nicht von der Bauchmuskulatur durchgeführt wird. Die Bauchmuskeln können sich deshalb bei dieser Übung nicht verkürzen, sie werden jedoch intensiv isometrisch (ohne aktive Verkürzung) beansprucht, da sie Becken und Wirbelsäule auf der Unterlage fixieren und dadurch die Hohlkreuzbildung verhindern (Übung 35).

Hüftstreckmaschine liegend: Die Hüftstreckung sollte nicht nur mit der Kniebeuge trainiert werden, um evtl. Schädigungen der Wirbelsäule und der Kniegelenke durch Überbelastung zu vermeiden. Diese Maschine ermöglicht eine rücken- und knieschonende Durchführung dieser Übung, da sie diese gefährdeten Körperregionen nicht beansprucht: In der Rückenlage werden die Oberschenkel, die sich anfangs bei gebeugter Hüfte in der Nähe des Oberkörpers befinden, vom Körper bis zur waagerechten Endposition weggestreckt (gestreckte Hüfte). Da der Gewichtswiderstand normalerweise an der Oberschenkelrückseite anliegt, ist es zweckmäßig, die Knie während des gesamten Bewegungsablaufes gebeugt zu halten (Übung 43).

Hüfttrainings-Maschine stehend: Bei dieser universell einsetzbaren Maschine befindet sich der Drehpunkt des Trainingshebels in Hüfthöhe; der Hebel ist ferner winkelverstellbar und ermöglicht deshalb verschiedene Beinbewegungen in einbeinig stehender Position um den Drehpunkt Hüftgelenk: Bei waagerechtem Trainingshebel kann das Spielbein gesenkt und adduziert (seitlich angezogen) werden, während bei senkrecht nach unten zeigender Hebelstellung das Spielbein gehoben und abduziert (seitlich abgespreizt) werden kann (Übung 48).

Klimmzugmaschine: Die Klimmzugmaschine ähnelt der Klimmzugstation (siehe S. 78); sie verfügt jedoch zusätzlich über einen in Bodennähe gelagerten Hebel, der am körperfernen Ende mit Hantelscheiben belastet werden kann, während er am anderen Ende gegen die Fußsohlen der gestreckten Beine drückt und somit die Aufwärtsbewegung des Körpers beim Klimmzug unterstützt. Da Anfänger erfahrungsgemäß meist nicht über die erforderliche Armkraft verfügen, um ihren Körper freihängend nach oben zu ziehen, sollten sie diese wirkungsvolle Oberkörper- und Armübung zuerst unter erleichterten Bedingungen an dieser Maschine trainieren, bis sie die nötige Kraft zur Bewältigung des eigenen Körpergewichts erworben haben (Übung 14).

Kniebeugemaschine mit Zug von unten: Die Kniebeuge wird im allgemeinen mit auf den Schultern liegendem Gewicht trainiert. Beim Training mit höheren Gewichten wird demzufolge die Wirbelsäule stark belastet, was besonders bei unkorrekter Übungsausführung zu Bandscheibenschäden führen kann. Um dies zu vermeiden, werden die Gewichte an dieser Maschine über einen Seilzug von unten bewegt, der mit einem Gürtel am Unterkörper des (der) Trainierenden befestigt wird. Das Gewicht greift somit in Hüfthöhe an, und der obere Teil der Wirbelsäule wird nicht belastet (Übung 39).

Kombizug: Am Kombizug kann man Züge von oben und von unten durchführen. Dies wird ermöglicht durch ein langes Zugseil, welches an einem Ende über die obere und am anderen Ende über die untere Umlenkrolle läuft und welches die Steckgewichte, ebenfalls über eine Umlenkrolle, flaschenzugartig bewegt. Beim Zug von oben bildet das untere und beim Zug von unten das obere Seilende den festen Anschlag für das Hochziehen.

Latissimus-Zug: Dieses Zuggerät ist eine spezielle Zugmaschine von oben, bei der das Zugseil durch einen Ausleger mit Umlenkrolle weiter vom Geräterahmen entfernt ist. Hierdurch hat man beim Training mehr Bewegungsfreiheit und kann z. B. auch Zugübungen senkrecht nach unten zur Brust oder in den Nacken durchführen. Da bei diesen Zugvarianten der breite Rückenmuskel (m. latissimus dorsi) besonders intensiv trainiert wird, hat sich die obige Bezeichnung für diese Maschine eingebürgert. In den meisten Fällen verfügt der Latissimus-Zug zusätzlich über eine Sitzmöglichkeit und eine gepolsterte Klemmvorrichtung für die Oberschenkel, um zu verhindern, daß man beim Training mit höheren Gewichten nach oben gezogen wird (Übung 13).

Laufband: Dieses Gerät ermöglicht ein wirkungsvolles Training des Herz-Kreislauf-Systems durch das Laufen auf einem Endlosband, wobei die Belastung, dem konditionellen Zustand entsprechend, eingestellt werden kann (Übung 59).

Multipresse: Die vielseitige Multipresse besteht aus zwei in etwa 1,50 m Abstand angeordneten senkrechten Führungsrahmen, in denen eine lange, mit den Steckgewichten verbundene Griffstange gleitet. Da im allgemeinen die Höhe der Griffstange verstellbar ist, können an dieser Maschine Zug- und Druckübungen verschiedenster Art ausgeführt werden (siehe Fotos Übung 22).

Pull-over-Maschine liegend: Die Übungen, die an dieser Maschine hauptsächlich durchgeführt werden, sind unter der Bezeichnung «Überzüge» (engl.: to pull over = überziehen) allgemein bekannt: An diesem Gerät werden die Arme in Rückenlage von der Ausgangsposition hinter dem Kopf nach oben und schließlich nach vorne zum Unterkörper durchgezogen. Der Begriff «Armsenken» würde die Bewegung treffender charakterisieren; die Bezeichnung «Pull-over» hat sich jedoch eingebürgert und soll deshalb auch hier beibehalten werden (Übung 1).

Rudermaschine: Die Ruderbewegung beansprucht neben den Beinen auch den Rumpf und die Arme und ist deshalb als Ganzkörpertrainingsform sehr zu empfehlen. Da bei den meisten Geräten dieser Art der Widerstand verstellbar ist, kann man damit sowohl ein Ausdauer- als auch ein Muskeltraining realisieren. Bei geringer Belastung überwiegt die Herz-Kreislauf-Komponente, bei höherer Belastung die Muskelkraftkomponente. Aus diesen Gründen ist die Rudermaschine auch als Heimtrainingsgerät sehr zu empfehlen.

Schultermaschine: An dieser Maschine werden im Sitzen die anfangs am Körper anliegenden Arme seitlich über Kopfhöhe angehoben, wobei besonders die Schultermuskulatur angesprochen wird (Übung 9, S. 108).

Schulterpresse: Diese Maschine ermöglicht die beidarmige Armstreckung senkrecht nach oben in sitzender Position, wodurch die Schulter- und Armstreckmuskulatur sehr intensiv trainiert werden kann (Übung 18).

Scott-Curl: Larry Scott, ein amerikanischer Bodybuilder, hat dieser Maschine, an der die Armbeugung mit abgestützten Oberarmen trainiert wird, den Namen gegeben. Die am schrägen Polster fixierten Oberarme verhindern trainingsunwirksame Schwungunterstützung durch den Oberkörper bei der Armbeugung, so daß die Armbeugemuskulatur praktisch isoliert beansprucht wird. Der Begriff «curl» steht hier in etwas freier Übersetzung für die Beugung (Übung 28).

Standfahrrad: Das Standfahrrad bietet die Möglichkeit, Herz- und Kreislauf effektiv zu trainieren, ohne die Knie überzubelasten, da die Tretbewegung im Unterschied zum Laufen nahezu frei von stoßartigen Belastungen abläuft. Der verstellbare Widerstand und die Möglichkeit des Pulsmessens während des Trainings gestatten eine optimale individuelle Belastung und eine exakte Kontrolle des konditionellen Zustands (Übung 60).

Strecklift: Der Strecklift besteht im Prinzip aus einem Bauchbrett mit Fußhalterung, das mit seinem Fußende auf einer senkrechten Führungsschiene gleitet und, durch einen Elektromotor angetrieben, in jede Schräglage (von waagerecht bis senkrecht) positioniert werden kann. Es ist zweckmäßig, nach jedem Training einige Minuten senkrecht mit dem Kopf nach unten an diesem Gerät zu hängen, um Wirbelsäule und Muskulatur zu dehnen und zu entspannen (Übung 57).

Stützbarrenmaschine: Diese Maschine ermöglicht den gleichen Bewegungsablauf wie der Stützbarren (siehe S. 81). Am unteren Teil ist allerdings ein Hebel angelagert, der an einem Ende unter den Füßen anliegt und am anderen Ende mit Hantelscheiben belastet werden kann. Das hierbei entstehende Drehmoment wird über die Füße auf den Körper übertragen und unterstützt somit die Aufwärtsbewegung des Körpers, so daß auch Anfänger diese effektive Übung trainieren können.

Twister: Der Twister (engl.: to twist = verdrehen) besteht aus einer drehbaren Scheibe am Boden oder in Gesäßhöhe, worauf man entweder steht oder sitzt und den Unterkörper gegen den Oberkörper verdreht. Dabei wird der Oberkörper fixiert, indem man sich mit den Händen am Gerät festhält. An einigen Geräten kann man die Drehscheibe zusätzlich mit Gewichten beschweren, um die Beanspruchung zu erhöhen (Übung 52).

Wadenmaschine sitzend: Dieses Gerät ist die rückenschonende Alternative zur «stehenden Wadenmaschine» (siehe unten), da hier in sitzender Position das Gewicht auf den gebeugten Oberschenkeln über den Knien angreift und somit die Wirbelsäulenbelastung, die beim stehenden Training auftritt, vermieden wird (Übung 55).

Wadenmaschine stehend: An dieser Maschine werden die Gewichte über zwei parallele Trainingshebel, die auf den Schultern anliegen, in stehender Position durch Fußstreckung angehoben. Die Füße stehen hierbei mit den Fußballen auf einer erhöhten Unterlage, wodurch die Beuge- und Streckbewegung in den Sprunggelenken ermöglicht wird. Die kurzen anatomischen Hebel der Waden- und Fußmuskulatur erfordern allerdings eine relativ hohe Gewichtsbelastung, um die trainingswirksamen Spannungsreize zu erzeugen, so daß die Wirbelsäule einer relativ großen Druckbelastung ausgesetzt wird (siehe auch «Wadenmaschine sitzend» und Übung 56).

Zugmaschine von oben: Bei diesem Gerät ist am oberen Rahmenteil eine Umlenkrolle befestigt, über die ein Zugseil läuft, an dem die Steckgewichte hängen. Am freien Ende des Seiles können verschiedene Griffe befestigt werden, wodurch eine große Anzahl unterschiedlicher Zugübungen von oben ermöglicht werden (Übung 29).

Zugmaschine von unten: Hier läuft das Zugseil über eine Umlenkrolle am unteren Rahmenteil des Gerätes, wodurch die verschiedensten Zugübungen von unten trainiert werden können (Übung 17).

Fitnessgeräte

Bauchbrett: Dieses etwa 2 m lange gepolsterte Brett hat am Fußende eine Befestigungsvorrichtung, so daß es an einem Bauchbrettständer, an der Sprossenwand oder am Rahmen eines Gerätes in unterschiedlicher Neigung (von waagerechter bis senkrechter Position) angebracht werden kann. Ebenfalls am Fußende befindet sich ein T-förmiges Rollenpolster oder eine Schlaufe, worin die Füße mit dem Rist eingehakt werden.
Dieses Gerät dient hauptsächlich für Bauchübungen mit gestreckten Beinen in negativ geneigter Rückenlage (der Kopf liegt tiefer als die Füße).

Bauchbrett mit Keil: Im Unterschied zum «geraden» Bauchbrett ist hier vor dem Rollenpolster eine hohe keilförmige Unterlage angebracht, die an den Unterschenkeln und in der Kniekehle anliegt, so daß das Bauchtraining nur mit gebeugten Beinen ermöglicht wird. Diese Position erzwingt bereits am Bewegungsbeginn eine leicht gebeugte Hüftstellung und schont dadurch die Wirbelsäule, die beim Bauchtraining mit gestreckten Beinen sehr stark belastet wird (Übung 33, Foto 2).

Fesselschlaufe: Um an den verschiedenen Zuggeräten auch Übungen für die Beine und die Füße durchführen zu können, bedient man sich dieser breiten Schlaufe, die am Zugseil befestigt und meist über den Unterschenkel gestülpt die Ausführung der Zugübungen mit den Füßen ermöglicht (siehe Foto).

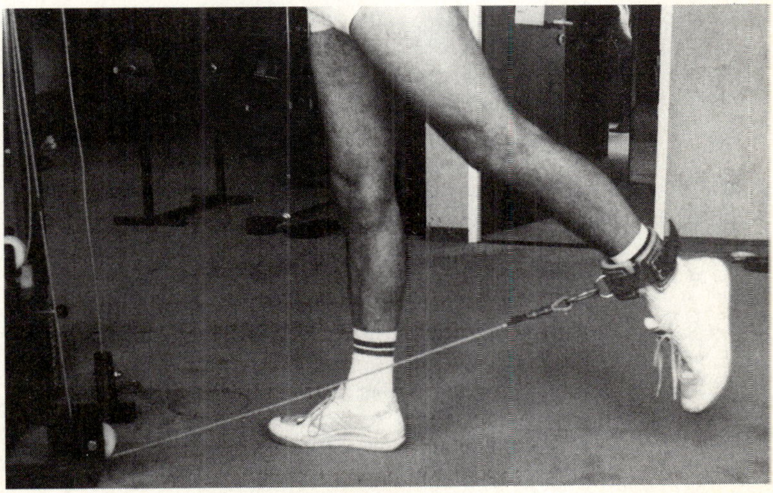

Hantelständer: Dieses Gerät dient als Hantelablage und erhöht die Sicherheit beim Hanteltraining mit höheren Gewichten. Die unbelastete Langhantel wird auf die zwei höhenverstellbaren Gabelholme des Ständers gelegt und mit Hantelscheiben beladen, welche, um Unfälle zu vermeiden, durch Stellringe gesichert werden müssen! Anschließend kann die schwere Hantel im Stand in Brusthöhe (z. B. für Kniebeugen) «bequem» auf die Schultern geladen und aus dem Ständer gehoben werden. Nach Beendigung der Übung wird die Hantel wieder auf dem Ständer abgelegt.

Hüftbeugestation vertikal: Diese Station besteht aus einem stabilen Rahmen, der in etwa 1,50 m Höhe mit zwei schulterbreit auseinanderliegenden, waagerechten Unterarmauflagen und einer vertikalen Rückenlehne versehen ist. Im Stütz mit gebeugten Armen und angelehntem Rücken werden an diesem Gerät durch Hüftbeugung die Beine angehoben und gesenkt, wodurch Bauch- und Hüftmuskulatur gestärkt werden (Übung 34).

Hyperextensionstation: Die Hyperextensionstation ähnelt in ihrem Aufbau dem römischen Stuhl. Aufgrund des speziellen Fußpolsters wird sie allerdings bevorzugt für das Rücken- und Gesäßtraining in Bauchlage verwendet. Der Oberkörper wird in Bauchlage von der senkrecht nach unten hängenden Ausgangsposition so weit wie möglich über die Waagerechte angehoben. In dieser Endposition befindet sich der Körper in einer Hohlkreuzposition, die als «Hyperextension» (Überstreckung) bezeichnet wird (Übung 44).

Jochhantel: Im Unterschied zur Langhantelstange ist die Jochhantelstange in der Mitte so geformt und abgepolstert, daß sie bequem auf den Schultern zu fixieren ist. Sie ermöglicht damit ein Kniebeugetraining, das auch mit hohen Gewichten die Halswirbelsäule nicht belastet. Da man an den modernen Maschinen die Kniebeugebewegung relativ gefahrlos trainieren kann, ist dieses Gerät in den Studios kaum noch vorhanden.

Klimmzugstation: An diesem Gerät ist in Reichhöhe eine breite Griffstange oder ein angewinkelter Klimmzugbügel befestigt, wodurch im Hang verschiedene Dehn- und Schwungübungen sowie Klimmzüge möglich sind (Übung 58, S. 190, Foto rechts).

Kurzhantel: Die Kurzhantel ist, je nach Gewicht, etwa 20–40 cm lang und wird bevorzugt für einarmiges und alternierendes Training verwendet. Im Studiobetrieb haben sich hauptsächlich die unverstellbaren Kompakthanteln durchgesetzt; es gibt allerdings auch Kurzhantelstangen, die man an beiden Enden mit runden Hantelscheiben belasten kann, um so das gewünschte Trainingsgewicht zu erhalten (Foto rechts oben).

Langhantel: Die Langhantelstange hat eine Länge von 1,5–2,2 m und erlaubt daher ein beidarmiges Training auch mit weiter Griffbreite. An beiden Enden können runde Hantelscheiben aufgesteckt werden, um die Gewichtsbelastung individuell zu gestalten (Foto unten). Die Langhantel ermöglicht ein vielseitiges Ganzkörpertraining, da sie sehr individuell einsetzbar ist. Das Training mit diesem Gerät erfordert allerdings, besonders bei höherer Gewichtsbelastung, ein gewisses Maß an Bewegungsgefühl und Koordinationsvermögen, um die relativ hohe Verletzungs- und Unfallgefahr, die naturgemäß beim Training mit freien, nicht durch eine Maschine geführten Gewichten besteht, zu reduzieren!

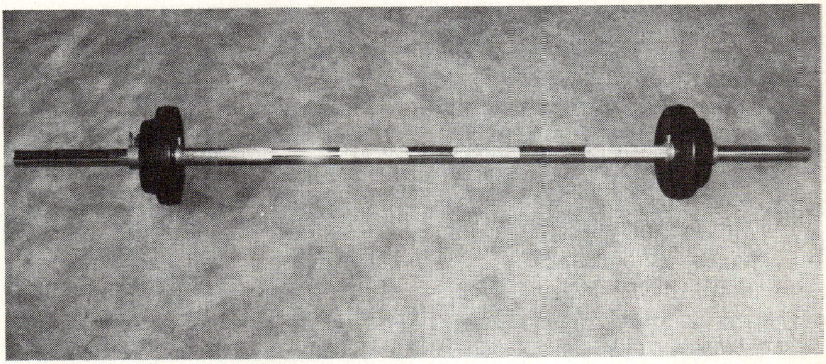

Römischer Stuhl: An diesem Gerät wird bei fixierten Unterschenkeln der Oberkörper von der waagerechten in die sitzende, senkrechte Position aufgerichtet. Da der Rücken hier in der waagerechten Stellung nicht abgestützt wird, sollte der Oberkörper nicht zu weit nach hinten gestreckt werden, um eine starke Hohlkreuzbildung zu vermeiden (Übung 33, Foto S. 147).

Schrägbank negativ: Diese vielseitig verwendbare Bank ist am Fußende höher als am Kopfende (negative Neigung). Rollenpolster für Kniekehle und Fußrist verhindern ein Rutschen des Körpers nach unten.

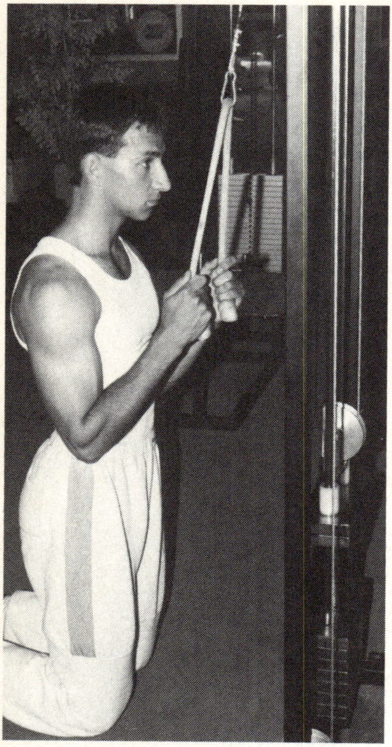

Schrägbank positiv: Diese Bank ist mit einer verstellbaren Rückenlehne versehen, die verschiedene positive Neigungen (der Kopf liegt höher als die Oberschenkel) und damit Variationen der unterschiedlichsten Übungen zuläßt (Übung 21).

Seilgriff: Der Seilgriff kann anstelle des starren Bügelgriffes an den Zugkabeln der verschiedenen Zugmaschinen befestigt werden, wodurch zusätzliche Griffvarianten angewandt werden können (Foto links).

Sprossenwand: Die Sprossenwand ähnelt einer breiten Leiter, die senkrecht an der Wand befestigt ist und die verschiedensten Gymnastik- und Dehnübungen im Hang an den Sprossen ermöglicht. Man kann auch ein Bauchbrett mit Fußschlaufe in den Sprossen einhaken, um schräg oder senkrecht, mit dem Kopf nach unten hängend, die Wirbelsäule zu entlasten (Übung 58).

Steckgewichte: Die flachen, rechteckigen Steckgewichtsplatten (2,5, 5 und 10 kp) liegen als Paket übereinander und werden auf den senkrechten Führungsstangen der verschiedenen Maschinen meist durch ein Zugseil, das mit der obersten Platte (Ankerplatte) verbunden ist, nach oben gezogen. In der mittleren Bohrung der Steckgewichte befindet sich eine Lochstange (Ankerstange), an der das gewünschte Trainingsgewicht mit einem Stift «abgesteckt» wird. Sämtliche Steckgewichte, die über dem Stift liegen, werden bei Übungsausführung bewegt (Foto S. 87 oben).

Stützbarren: Der Stützbarren besteht aus einem stabilen Ständer mit zwei in etwa 1,50 m Höhe angebrachten Holmgriffen, die in Schulterbreite parallel angeordnet sind. Dieses spezielle Gerät dient für Barrenstützübungen, wobei der Körper ohne Bodenkontakt durch Armstreckung und -beugung angehoben und abgesenkt wird (siehe auch «Stützbarrenmaschine» S. 76 und Übung 23).

SZ-Hantel: Diese Hantelstange, die in kurzer und langer Ausführung für das Oberkörper- und Armtraining verwendet wird, ist über die ganze Griffbreite schlangenförmig gekröpft. Die hierbei verschiedenen möglichen Griffarten erzwingen beim Training dementsprechende Rotationen der Arme um ihre Längsachse, wodurch eine gewisse Variation der Trainingsreize auf die Armmuskulatur erzeugt wird.

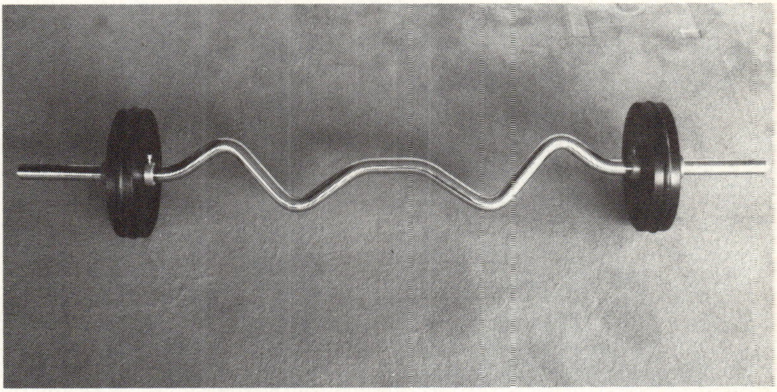

Übungen

Die folgenden Übungsbeschreibungen sind nach Körperpartien aufgegliedert, wobei zwischen *komplexen* und *isolierten* Übungen unterschieden wird.

Die **Komplexübungen** (Synonym: Ganzkörperübungen) beanspruchen mehrere, oft auch größere Muskelgruppen und ermöglichen wegen dieses breiten Wirkungskreises ein erfolgversprechendes *Ganzkörpertraining* schon mit der geringen Anzahl von vier Übungen. Wegen dieser vorteilhaften Eigenschaften bilden sie den Hauptbestandteil des Gerätetrainings.
Die **isolierten Übungen** (Synonym: Teilkörperübungen) sind auf wenige Muskeln beschränkt und sind im Fitnessbereich bei den beiden Intervallmethoden hauptsächlich als *Ergänzungsübungen* zu betrachten, um evtl. vorhandene Schwachstellen kompensatorisch dem allgemeinen Niveau anzupassen. In vielen Fällen kann auf diese speziellen Übungen völlig verzichtet werden.
Eine wichtige Rolle spielen die isolierten Übungen allerdings bei der Gerätegymnastik und beim Bodybuildingtraining:
Bei der *Gerätegymnastik* ist zu beachten, daß die Komplexübungen den Organismus stärker belasten als die isolierten Übungen. Um bei dieser aeroben Dauermethode die empfohlenen Pulswerte nicht zu überschreiten, müssen deshalb die ‹belastenden› Komplexübungen mit den ‹entlastenden› isolierten Übungen in einem dem Leistungsvermögen angepaßten Verhältnis kombiniert werden. Das Verhältnis von belastenden zu entlastenden Übungen bei der Gerätegymnastik sollte bei Anfängern etwa 1 : 3 bis 1 : 2 betragen; mit steigendem Leistungsvermögen kommt es über ein ausgeglichenes Verhältnis (1 : 1) schließlich zu einem Übergewicht der Komplexübungen (2 : 1 bis 3 : 1).

Die verschiedenen Varianten des *Bodybuildingtrainings* beinhalten, besonders bei hohem Leistungsniveau, zwangsläufig viele spezielle Übungen, um eine möglichst maximale Auslastung der einzelnen Muskeln zu erreichen.

Da bei den Kraftübungen an den Geräten im allgemeinen variable Gewichte bewegt werden, ergeben sich zwei verschiedene *Arten der Muskelarbeit,* die in der Zwei-Phasen-Einteilung der Übungen ihren Ausdruck finden.

- Während der **Positivphase** werden die Gewichte durch Bewegen eines Hebels oder durch Zug an einem Zugseil unter Einsatz von positiv-dynamischer Muskelkraft angehoben, wobei eine Verkürzung (Kontraktion) der arbeitenden Muskulatur stattfindet. In dieser Phase wird der Gewichtswiderstand überwunden, weshalb man hier auch von *überwindender* (konzentrischer) Muskelarbeit spricht.
- In der **Negativphase** werden die Gewichte wieder abgesenkt, wobei diesem Absenken ein Widerstand durch negativ-dynamische Muskelkraft entgegengesetzt wird. In dieser Phase wird dem Gewichtswiderstand nachgegeben, wobei die arbeitende Muskulatur gedehnt wird, was auch in der Bezeichnung *nachgebende* (exzentrische) Muskelarbeit zum Ausdruck kommt.

Bei Geräten mit hydraulischem Widerstand o. ä. sind beide Phasen durch positiv-dynamische Muskelbeanspruchung gekennzeichnet; es wird in beiden Bewegungsrichtungen (Phasen) gegen den Widerstand gearbeitet, wobei abwechselnd die Agonisten und die jeweiligen Antagonisten überwindende Muskelarbeit leisten. An Geräten dieser Art können also die an der Bewegung beteiligten Beuge- und Streckmuskeln mit einer Übung gleichzeitig trainiert werden, während an Geräten mit Gewichtswiderstand die jeweilige Beuge- und Streckbewegung getrennt durchgeführt werden muß.

Der *dynamischen* Muskelarbeit steht die *statische* Muskelarbeit gegenüber, welche unter *isometrischen* Bedingungen (isometrisch = gleichbleibende Länge), d. h. ohne oder nur mit geringer Veränderung der Muskellänge, stattfindet.

Die in der Rubrik **Hauptwirkung** aufgeführten Körperpartien bzw. Muskeln sind an der jeweiligen Bewegung aktiv beteiligt und werden dementsprechend konzentrisch (in der Positivphase) und exzentrisch (in der Negativphase) beansprucht. Auf eine Unterscheidung nach dem Grad der Beanspruchung der einzelnen Muskeln wurde hierbei verzichtet, da diese Klassifikation einerseits mangels entsprechender wissenschaftlicher Untersuchungen zu viele Unsicherheiten und Spekulationen enthalten würde und da andererseits, bedingt durch die Zusammenarbeit der beteiligten Mus-

keln in sog. Muskelketten oder -schlingen, eine isolierte Beurteilung der Muskelfunktion unrealistisch wäre.
Anatomisch Uninteressierte können sich bei der Auswahl der Übungen ausschließlich nach den unterstrichenen Körperpartien richten; für diejenigen, die sich auch für die Lage und die Funktion der einzelnen Muskeln interessieren, sind die deutschen Bezeichnungen der beteiligten Muskeln angegeben. Eine grobe Übersicht der Skelettmuskulatur findet sich auf den Seiten 88 bis 91 (Abb. 11), wobei die lateinischen Benennungen eine weitergehende Orientierung in der anatomischen Fachliteratur ermöglichen.

Die unter dem Stichwort **Nebenwirkung** genannten Körperpartien sind an der jeweiligen Übung passiv beteiligt und dienen größtenteils der Stabilisation der Körperposition bzw. der Fixierung einzelner Körperteile, woraus sich die überwiegend isometrische bzw. statische Beanspruchung ableitet.

Die Angabe der **Übungsgeräte** dient zur groben Orientierung und kann wegen der Vielzahl der heute auf dem Markt befindlichen Fitnessgeräte, die zusätzlich noch sehr uneinheitlich und willkürlich benannt werden, keinen Anspruch an Vollständigkeit erheben. Ein Rundgang in einem Studio (zweckmäßigerweise in Verbindung mit einem kostenlosen Probetraining) vermittelt dem (der) Anfänger(-in) sehr schnell den nötigen Überblick. Genaue Gerätebeschreibungen finden sich auf Seite 70–81.

In den meisten Fällen ist jede Übung durch zwei **Fotos** dargestellt, die die jeweilige Körperposition am Anfang und am Ende der (aktiven) Positivphase darstellen.

Die verschiedenen **Variationsmöglichkeiten** entsprechen dem Prinzip, daß variierte Belastungen einen größeren Trainingseffekt zur Folge haben, während einseitige Trainingsreize abstumpfen und als Standardbelastungen an Wirksamkeit verlieren. Diese Variation der Belastung wird beim Gerätetraining durch Veränderung der Intensität innerhalb der vorgegebenen Grenzen, durch regelmäßigen Austausch der Übungen und durch Veränderungen der Übungsausführung (z. B. veränderte Körper- bzw. Körperteilposition, reduzierter Bewegungsausschlag, veränderte Griffhaltung u. ä.) erreicht. Im Anfängerbereich spielen diese Variationen noch keine Rolle, da alle Reize neu sind; Fortgeschrittene sollten die Übungen gelegentlich etwas verändern; Bodybuilder wenden sehr viele Variationen an, um den Muskel voll auszulasten. Im Rehabilitationstraining bieten die verschiedenen Variationen oft die einzige Möglichkeit, eine Übung überhaupt durchführen zu können, da hier in den meisten Fällen eine mehr oder weniger große Einschränkung der Beweglichkeit vorliegt.

Folgende Griffvariationen werden beim Gerätetraining angewandt:

- *Ristgriff:* Der Handrücken zeigt bei nach vorn gestrecktem Arm nach oben (Foto rechts).

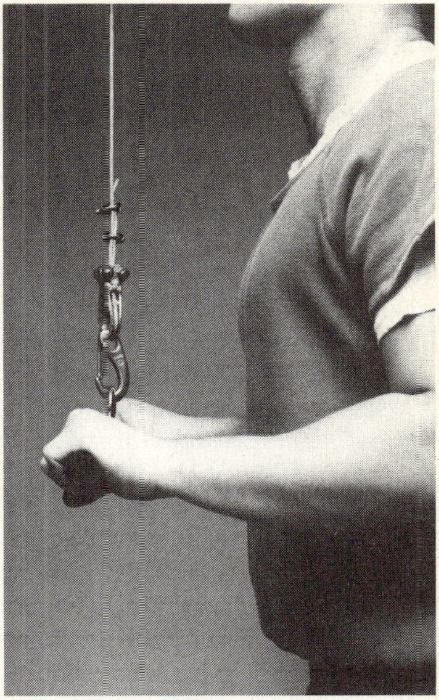

- *Kammgriff:* Der Handrücken zeigt bei nach vorn gestrecktem Arm nach unten (Foto rechts).

- *Parallelgriff:* Beide Handrücken zeigen bei nach vorn gestreckten Armen nach außen (siehe Übung 23: Barrenstützdrücken).

Weitere Griffvariationen werden bei Verwendung gewundener SZ-Griffstangen und -Hanteln ermöglicht (siehe S. 81).

Unter dem Stichpunkt **Hinweise** sind Zusammenhänge aufgeführt, die bei der Übungsausführung zu beachten sind.
Eine wichtige Rolle bei der aktiven Muskelarbeit spielt die *Vordehnung* oder Vorspannung: Wenn der Muskel vor der Kontraktion vorgedehnt (verlängert) wird, kann er eine größere Kraft entwickeln, da er wie eine Feder Energie speichert, die bei der folgenden dynamischen Muskelarbeit zusätzlich freigesetzt wird. Die Vordehnung vergrößert zudem den *Bewegungsausschlag* der sportlichen Übung, da durch die Verlängerung des Muskels Ansatz und Ursprung desselben vor der Kontraktion weiter voneinander entfernt werden. Durch diese gymnastische Komponente verbessert die Vordehnung die Gelenkbeweglichkeit und erhöht gleichzeitig die Wirksamkeit des Trainings.
Diese Zusammenhänge führen zu der Forderung, *beim Gerätetraining jede Übung mit möglichst großem Bewegungsausschlag durchzuführen!*
So wird z. B. der große Brustmuskel beim Bankdrücken nur dann optimal vorgedehnt, wenn der Oberarm rechtwinklig vom Körper abgespreizt und das Gewicht in der Negativphase so weit wie möglich nach unten abgesenkt wird. In dieser Ausgangsposition weisen Ansatz und Ursprung des großen Brustmuskels den größten Abstand auf, wodurch der Bewegungsausschlag vergrößert und die Beweglichkeit im Schulterbereich verbessert wird.
Die modernen Fitnessgeräte sind in allgemeinen konstruktiv so ausgelegt, daß sie eine möglichst große Vordehnung bei den Übungen erzeugen; sie können, um Überdehnungen und Zerrungen zu vermeiden, in vielen Fällen durch entsprechende Verstellmechanismen der individuellen Beweglichkeit angepaßt werden.
Beim Training an den Fitnessmaschinen werden (mit Ausnahme der verschiedenen Zugmaschinen) drehbar gelagerte Trainingshebel bewegt, die mit dem Gewichtswiderstand verbunden sind (Foto rechts oben).
Um einen *synchronen* (gleichlaufenden) Bewegungsablauf zwischen Trainingshebel und Körperhebel (z. B. Unterschenkel bei der Beinbeugung) zu gewährleisten, müssen der Körperdrehpunkt (z. B. Kniegelenk bei der Beinbeugung) und der Drehpunkt des Trainingshebels auf einer gemeinsamen (gedachten) Achse liegen (Foto rechts unten).
Beim Beispiel der Beinbeugung wird das erreicht, indem man sich so auf die Bank der Beinbeugemaschine legt, daß sich beide Kniegelenke rechts und links unmittelbar neben dem Drehpunkt des Trainingshebels befinden.
Ferner ist es bei dieser Übung nötig, den Trainingshebel, der mit den Unterschenkeln bewegt wird, durch Verschieben des Rollenpolsters, das an den Unterschenkeln anliegt, auf die individuelle Unterschenkellänge einzustellen.
Bei allen Geräteübungen ist es wichtig, die an der Bewegung unbeteiligten Körperpartien während des ganzen Bewegungsablaufes ruhig zu halten (zu fixieren), um die Beanspruchung ausschließlich auf die beteiligten Muskeln

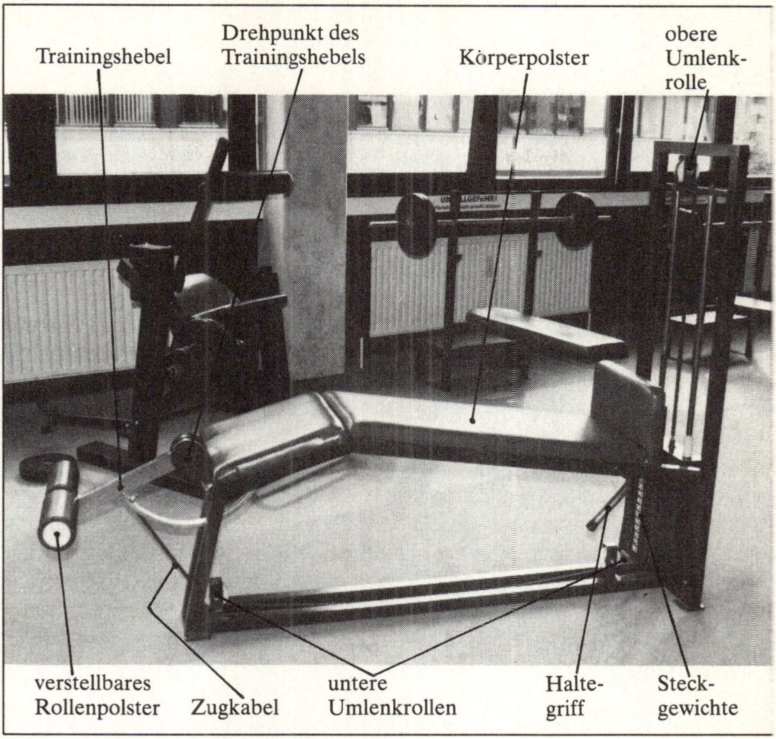

Foto oben: Gerätebeschreibung (Beinbeugemaschine liegend)

Foto rechts: Gemeinsame Achse der Körperdrehpunkte (hier Kniegelenke) mit dem Drehpunkt des Trainingshebels (Beinbeugemaschine liegend)

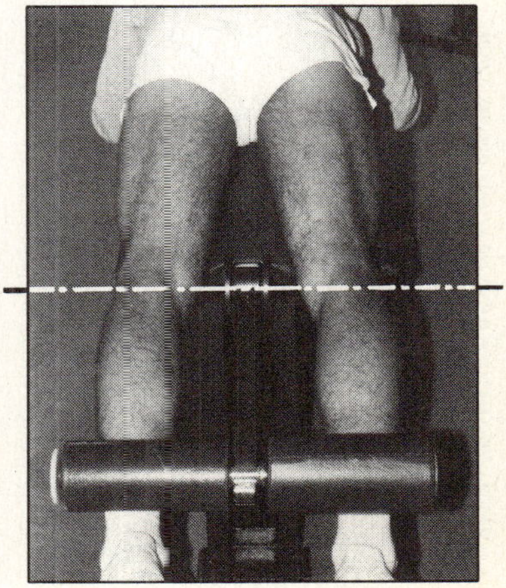

zu konzentrieren. Zusätzliche Körperbewegungen verändern den Bewegungsablauf und erzeugen eine Schwungunterstützung, wodurch die Übungsausführung zwar erleichtert, die Trainingswirkung auf die angesprochene Muskulatur jedoch reduziert wird.
So müssen z. B. bei der Armstrekkung nach unten am Zuggerät

(Übung 30 und 31, S. 143f) die Oberarme seitlich am Oberkörper fixiert und die senkrechte Körperposition während der Streckbewegungen beibehalten werden, um eine Erleichterung der Übungsausführung durch Zusatzbewegungen und Körperschwünge zu vermeiden. Abweichungen von diesem Prinzip sind lediglich beim Bodybuildingtraining bei den letzten («mogelnden») Wiederholungen eines Satzes üblich, wenn es darum geht, die Energiereserven des Muskels vollständig auszuschöpfen.

Um bei den Kraftübungen Preßatmung zu vermeiden, welche zu kurzzeitigen Durchblutungsstörungen des Gehirns führen können, darf der Atem nur so wenig wie möglich angehalten werden. Dies ist besonders wichtig beim Training mit höheren Gewichten! NETT und MURRAY empfehlen, beim Anheben der Gewichtsbelastung einzuatmen und beim Absenken auszuatmen. Bei gesunden Sportlern hält HETTINGER die Gefahr der Preßatmung für gering, da diese nur kurzfristig sei, weshalb die hierbei entstehenden augenblicklichen Durchblutungsstörungen und das Schwarzwerden vor den Augen keine Schäden verursachen könne.

Abb. 11 (S. 88 bis 91): Die Skelettmuskulatur des Menschen (T = unsichtbare, tiefer liegende Muskeln) (nach JONATH 1986)

1T	Äußerer Hüftlochmuskel (m. obturatorius externus)	13	Gerader Schenkelmuskel (m. rectus femoris)
2	Äußerer Schenkelmuskel (m. vastus lateralis)	14	Großer Brustmuskel (m. pectoralis major)
3	Äußerer schräger Bauchmuskel (m. obliquus externus abdominis)	15	Großer Gesäßmuskel (m. glutaeus maximus)
4T	Äußere Zwischenrippenmuskeln (mm. intercostales externi)	16T	Großer Rautenmuskel (m. rhomboideus major)
5	Armbeuger (m. brachialis)	17	Großer Rundmuskel (m. teres major)
6T	Birnförmiger Muskel (m. piriformis)	18T	Großer Schenkelanzieher (m. adductor magnus)
7	Breiter Rückenmuskel (m. latissimus dorsi)	19T	Hakenarmmuskel (m. coracobrachialis)
8T	Darmbein-Rippen-Muskel (m. iliocostalis)	20T	Halbdornmuskel (m. semispinalis)
9	Deltamuskel (m. deltoideus)	21	Halbsehnenmuskel (m. semitendinosus)
10T	Dornmuskel (m. spinalis)	22T	Hinterer Schienbeinmuskel (m. tibialis posterior)
11	Dreiköpfiger Armmuskel (m. triceps brachii)	23T	Innerer Hüftlochmuskel (m. obturatorius internus)
12	Gerader Bauchmuskel (m. rectus abdominis)	24	Innerer Schenkelmuskel (m. vastus medialis)

25T Innerer schräger Bauchmuskel (m. obliquus internus abdominis)

26T Innere Zwischenrippenmuskeln (mm. intercostales interni)

27T Kamm-Muskel (m. pectineus)

28 Kapuzenmuskel (m. trapezius)

29T Kleiner Brustmuskel (m. pectoralis minor)

30T Kleiner Gesäßmuskel (m. glutaeus minimus)

31T Kleiner Rautenmuskel (m. rhomboideus minor)

32T Kleiner Rundmuskel (m. teres minor)

33T Kleiner Schenkelanzieher (m. adductor minimus)

34T Kniekehlenmuskel (m. popliteus)

35 Knorrenmuskel (m. anconeus)

36 Kurzer radialer Handstrecker (m. extensor carpi radialis brevis)

37T Kurzer Schenkelanzieher (m. adductor brevis)

38 Kurzer Wadenbeinmuskel (m. peroneus brevis)

39T Langer Großzehenbeuger (m. flexor hallucis longus)

40 Langer Hohlhandmuskel (m. palmaris longus)

41 Langer radialer Handstrecker (m. extensor carpi radialis longus)

42 Langer Schenkelanzieher (m. adductor longus)

43 Langer Wadenbeinmuskel (m. peroneus longus)

44T Langer Zehenbeuger (m. flexor digitorum longus)

45T Lendendarmbeinmuskel (m. iliopsoas)

46 Mittlerer Gesäßmuskel (m. glutaeus medius)

47T Mittlerer Schenkelmuskel (m. vastus intermedius)

48 Oberarmspeichenmuskel (m. brachioradialis)

49T Obergrätenmuskel (m. supraspinatus)

50 Plattsehnenmuskel (m. semimembranosus)

51T Querer Bauchmuskel (m. transversus abdominis)

52 Radialer Handbeuger (m. flexor carpi radialis)

53T Riemenmuskel (m. splenius)

54T Rückenstrecker (m. erector spinae)

55 Runder Einwärtsdreher (m. pronator teres)

56 Schenkelbindenspanner (m. tensor fasciae latae)

57 Schlanker Muskel (m. gracilis)

58 Schneidermuskel (m. sartorius)

59 Schollenmuskel (m. soleus)

60T Sohlenspanner (m. plantaris)

61 Ulnarer Handbeuger (m. flexor carpi ulnaris)

62 Ulnarer Handstrecker (m. extensor carpi ulnaris)

63 Untergrätenmuskel (m. infraspinatus)

64T Unterschulterblattmuskel (m. subscapularis)

65T Vielgeteilter Muskel (m. multifidus)

Vierköpfiger Schenkelmuskel (m. quadriceps femoris): Besteht aus: 2 Äußerer Schenkelmuskel; 13 Gerader Schenkelmuskel; 24 Innerer Schenkelmuskel; 47T Mittlerer Schenkelmuskel

66T Vierseitiger Lendenmuskel (m. quadratus lumborum)

67T Vierseitiger Schenkelmuskel (m. quadratus femoris)

68 Vorderer Sägemuskel (m. serratus anterior)

69 Vorderer Schienbeinmuskel (m. tibialis anterior)

70T Wirbeldreher (mm. rotatores)

71 Zweiköpfiger Armmuskel (m. biceps brachii)

72 Zweiköpfiger Schenkelmuskel (m. biceps femoris)

73 Zwillingswadenmuskel (m. gastrocnemius)

74T Zwischendornmuskeln (mm. interspinales)

75T Zwischenquerfortsatzmuskeln (mm. intertransversarii)

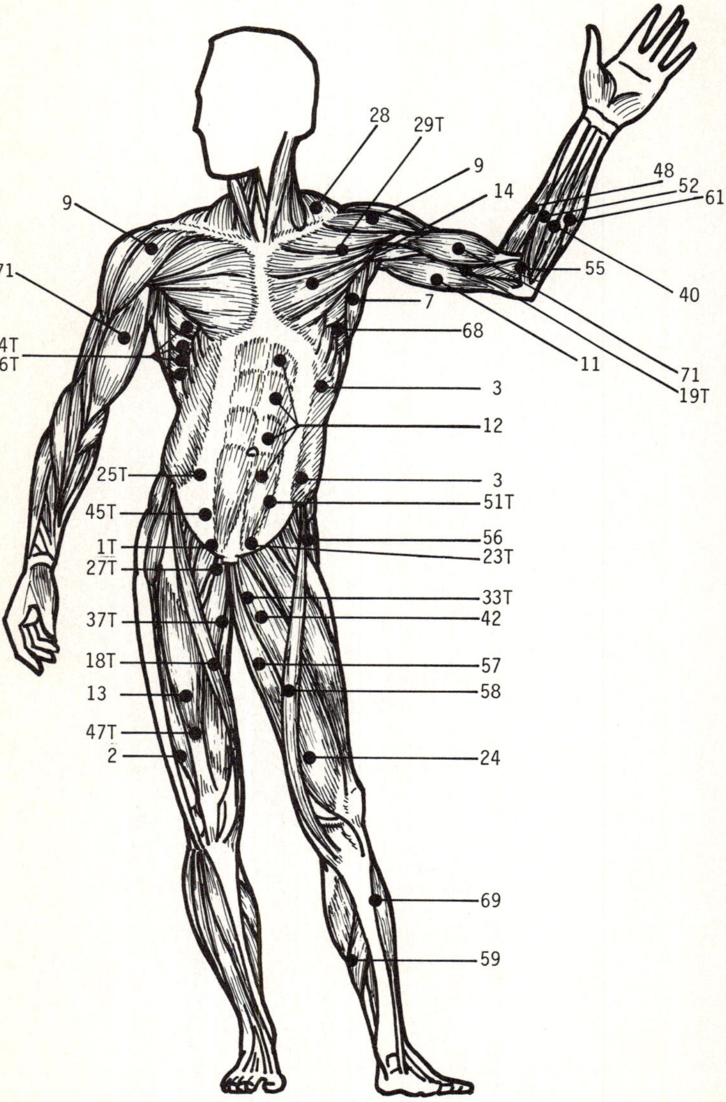

Muskulatur: Vorderansicht

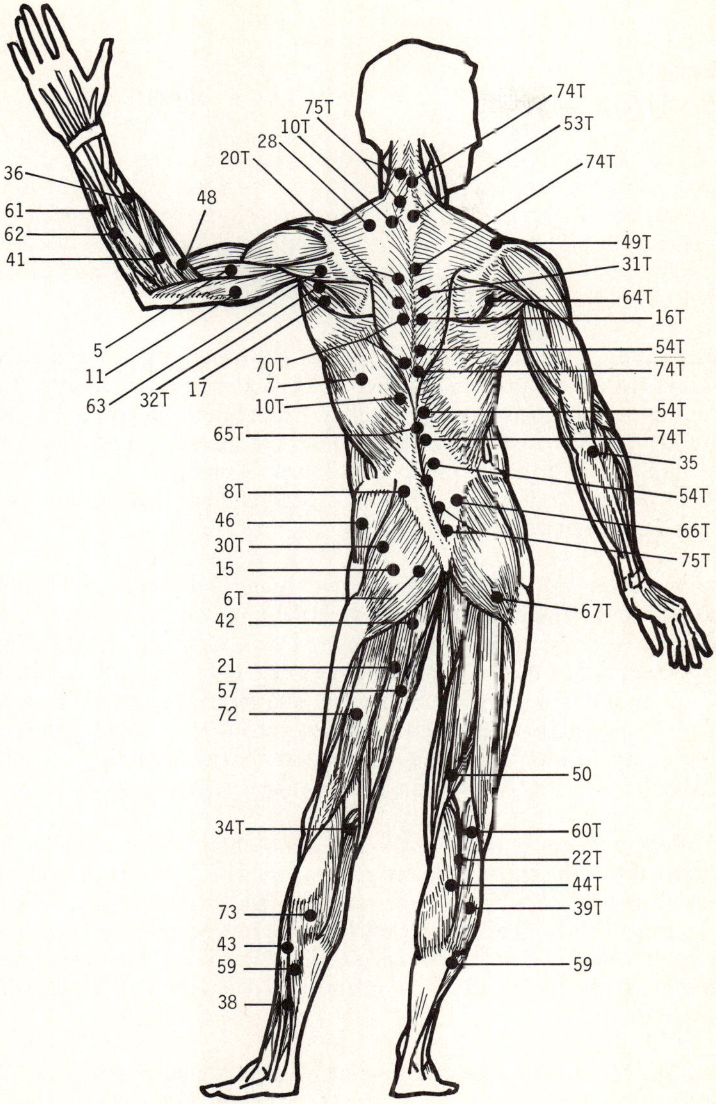

Muskulatur: Rückansicht

Komplexe Oberkörper-Arm-Übungen

Übung 1
Überzüge liegend

In der Rückenlage auf der Pull-over-Maschine (engl.: to pull over = überziehen) werden die schräg nach hinten-unten gestreckten Arme gegen den Widerstand zuerst nach oben gezogen und schließlich zum Körper hin abgesenkt, bis sich in der Endposition die Hände etwa in der Hüftgegend befinden. Anschließend werden die Arme nachgebend wieder in die Ausgangslage zurückbewegt.

Hauptwirkung: Brust (großer und kleiner Brustmuskel); Rücken außen und innen (breiter Rückenmuskel, großer und kleiner Rautenmuskel, unterer Teil des Kapuzenmuskels); Schulter (hinterer und oberer Teil des Deltamuskels, großer und kleiner Rundmuskel, Unterschulterblattmuskel); Oberarm hinten (langer Kopf des dreiköpfigen Armmuskels).
Nebenwirkung: die Bauch-, Nacken- und Unterarmmuskulatur wird hauptsächlich isometrisch beansprucht.

Übungsgeräte: Pull-over-Maschine liegend (siehe Fotos) und sitzend (ohne Abb.). Wenn in Ihrem Studio keine spezielle Pull-over-Maschine vorhanden ist, können Sie diese Übung ersatzweise auch an den verschiedenen Zuggeräten durchführen: Am Doppelzug mit Zug von unten ist beidarmiges Training im Liegen, am Bodenzug einarmiges Training im Liegen durchführbar. Ferner ist es möglich, den ersten Teil der Bewegung (von der Hinter-Kopf-Position der Arme bis zur senkrechten Stellung) mit einer Langhantel oder mit Kurzhanteln in Rückenlage zu improvisieren.

Variationen: Wenn Sie das Druckpolster des Gerätes nicht wie auf den Fotos dargestellt mit den Händen fassen, sondern den Druck mit den Unterarmen in der Nähe der Handgelenke ausüben, sind drei verschiedene Armstellungen möglich: Der Handrücken kann am Bewegungsbeginn nach unten, nach außen, und nach oben zeigen. Sie können ferner mit enger, mittelweiter und weiter Griffbreite trainieren und damit die Muskelbeanspruchung variieren.

Hinweise: Machen Sie während des Übens kein Hohlkreuz, heben Sie den Kopf nicht an und behalten Sie den stabilen Bodenkontakt mit den Füßen bei. Die Bewegung soll nur «aus den Schultern» kommen und nicht durch Körperschwung erleichtert werden.

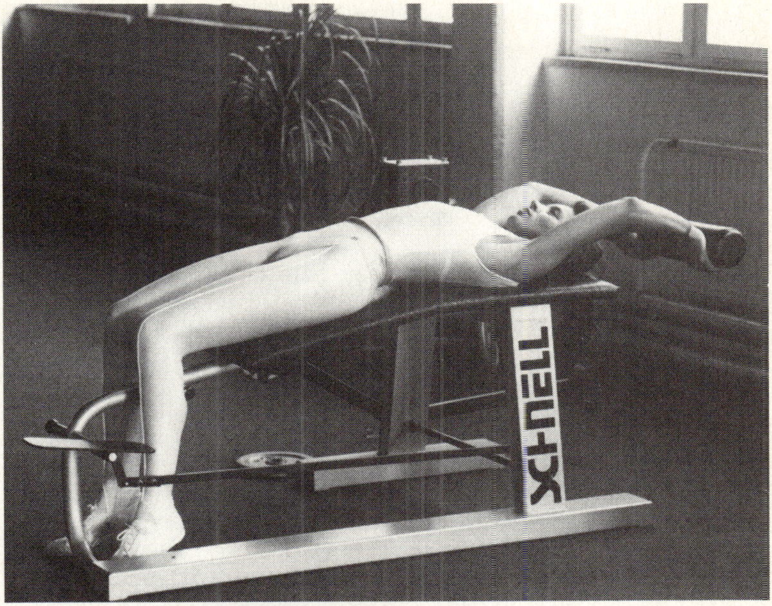
SCHNELL

SCHNELL

Übung 2
Armsenken im Knien

In kniender Position frontal zum Doppelzuggerät (Zug von oben) werden die schräg nach oben gestreckten Arme gegen den Gewichtswiderstand nach unten gesenkt und so weit wie möglich hinter den Körper geführt. In der anschließenden Negativphase erreichen die gestreckten Arme wieder die Ausgangsposition.

Hauptwirkung: Rücken (breiter Rückenmuskel, unterer Teil des Kapuzenmuskels, großer und kleiner Rautenmuskel, großer und kleiner Rundmuskel, Unterschulterblattmuskel); Schultern (mittlerer und hinterer Teil des Deltamuskels); Brust (großer und kleiner Brustmuskel); Oberarme hinten (langer Kopf des dreiköpfigen Armmuskels).
Nebenwirkung: Die Oberarmrückseite und die Unterarmmuskulatur werden statisch beansprucht.

Übungsgeräte: Doppelzug, Kombizug und Zugmaschine von oben (für einarmiges Training).

Variationen: Wenn Sie die Übung am einfachen Zuggerät einarmig ausführen, sollten Sie sich mit dem freien Arm an der Maschine abstützen, um eine stabile Körperposition zu gewährleisten. Am Doppelzuggerät können

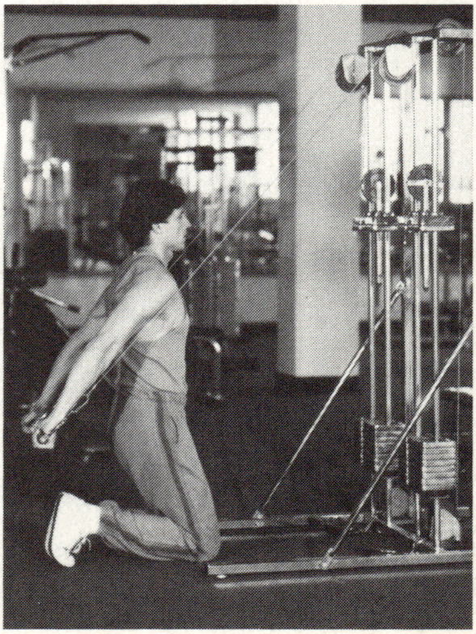

Sie, besonders beim Training mit leichteren Gewichten, die Übung auch alternierend durchführen.
Folgende Griffvarianten sind möglich: Der am häufigsten angewandte Ristgriff (Handrücken nach oben), der etwas anstrengendere Kammgriff (Handrücken nach unten) und der Parallelgriff (Handrücken nach außen). Für den Parallelgriff benötigen Sie allerdings einen speziellen Seilgriff, der diese Handstellung ermöglicht.

Hinweise: Trainieren Sie diese Übung anfangs im Ristgriff und wenden Sie nach einigen Wochen auch die anderen Varianten an. Wenn Sie beispielsweise die Griffart alle vier Wochen ändern, variieren Sie damit die spezielle Belastung der bei dieser Übung angesprochenen Muskulatur, was zu einer vollkommeneren Entwicklung dieser Muskelpartien beiträgt. Achten Sie darauf, daß Sie während des ganzen Bewegungsablaufes Oberkörper und Kopf in aufrechter Position fixieren, um ein «Schummeln» durch Absenken des Oberkörpers zu vermeiden!

Übung 3
Überzüge einarmig im Stand

Diese Übung wird im leichten Ausfallschritt mit dem Rücken zum Zuggerät ausgeführt. Der Griff des Zugseiles wird von der Anfangsposition, oben hinter dem Kopf, über die Schulter zuerst nach vorn und dann nach unten gezogen. In der Endstellung sollte der gestreckte Arm waagerecht nach vorn oder etwas nach unten zeigen. Anschließend wird der Arm in der Negativphase nachgebend wieder bis zur Ausgangsstellung zurückgeführt.

Hauptwirkung: Brust (großer und kleiner Brustmuskel); Rücken außen und innen (breiter Rückenmuskel, großer und kleiner Rautenmuskel, unterer Teil des Kapuzenmuskels); Schulter (hinterer und oberer Teil des Deltamuskels, großer und kleiner Rundmuskel, Unterschulterblattmuskel); Oberarm hinten (dreiköpfiger Armmuskel, Knorrenmuskel).
Nebenwirkung: Der Unterarm fixiert die Hand und wird so statisch beansprucht.

Übungsgeräte: Auf den Fotos, Seite 96, ist die Übung am Diagonalzug dargestellt.
Es sind jedoch alle Zugmaschinen mit Zug von oben geeignet.

Variationen: Es können auch hier verschiedene Griffvarianten gewählt werden: Der in den Fotos dargestellte Ristgriff, der Kammgriff mit dem Handrücken nach vorn und der Parallelgriff mit dem Handrücken nach außen. Beim letzten muß anstatt des Bügelgriffes üblicherweise ein Seilgriff verwendet werden. Mit diesen Griffvarianten wird die statische Beanspruchung der Unterarmmuskulatur verändert.

Hinweise: Stabilisieren Sie Ihren Stand durch einen leichten Ausfallschritt und durch eine leichte Körpervorlage, besonders wenn Sie sich, wie auf den Fotos, mit der freien Hand nicht abstützen können. Stellen Sie sich nicht zu nahe ans Gerät, da sonst in der Anfangsstellung die Muskelspannung fehlt. Je gelenkiger Sie im Brust- und Schulterbereich sind, um so weiter sollten Sie sich von der Maschine weg stellen (Prinzip der Vorspannung). Beugen Sie den Arm nur in der Anfangsstellung und strecken Sie ihn so früh wie möglich – der lange Hebel erzeugt mehr Spannung. Die Übung sollte bei etwa waagerechter Armstellung beendet werden, da sich bei einem weiteren Absenken des Armes die Gewichte wieder nach unten bewegen.

Übung 4
Armsenken seitlich mit Überkreuzen

Im mittelweiten Grätschstand an der Diagonalzugmaschine werden die waagerecht nach außen gestreckten Arme gegen den Gewichtswiderstand gesenkt und vor dem Körper überkreuzt. Anschließend werden die Arme nachgebend wieder in die Ausgangsposition zurückgeführt.

Hauptwirkung: Brust (großer und kleiner Brustmuskel); Rücken (breiter Rückenmuskel); Schultern (vorderer und hinterer Teil des Deltamuskels, großer und kleiner Rundmuskel, Unterschulterblattmuskel); Oberarme (langer Kopf des dreiköpfigen Armmuskels, kurzer Kopf des zweiköpfigen Armmuskels).
Nebenwirkung: Die Unterarmmuskeln stabilisieren die Handgelenke und werden somit statisch beansprucht.

Übungsgerät: Beidseitiger Zug von oben am Diagonalzuggerät.

Variationen: Wenn Sie die Übung im Kniestand durchführen, befinden sich die Arme in einer höheren Ausgangsposition, wodurch sich der Bewegungsausschlag verlängert. Hierdurch erreichen Sie eine intensivere Trainingswirkung auf die angesprochene Muskulatur.
Sie können die Unterarme auch, wie auf dem Foto unten dargestellt, hinter dem Rücken überkreuzen, um die Rückenmuskeln etwas intensiver an der Bewegung zu beteiligen.

Hinweise: Achten Sie darauf, daß Sie genau in der Mitte der Diagonalzugmaschine stehen, um beide Arme mit gleicher Intensität zu trainieren! Versuchen Sie die Arme möglichst lange gestreckt zu halten und sie erst beim Überkreuzen leicht zu beugen. Führen Sie beim Überkreuzen die Arme so weit wie möglich übereinander, um den Bewegungsausschlag zu vergrößern.

Übung 5
Armsenken in Körpervorlage mit Überkreuzen

Im weiten Grätschstand mit rechtwinklig nach vorn gebeugtem Oberkörper werden die schräg nach oben gestreckten Arme gegen den Gewichtswiderstand nach unten gesenkt und in der Endphase vor der Brust so weit wie möglich überkreuzt. In der Negativphase werden die Arme wieder in die Ausgangsposition zurückgeführt.

Hauptwirkung: Brust (großer und kleiner Brustmuskel, vorderer Sägemuskel); Schulter (vorderer Teil des Deltamuskels); Oberarm vorn (langer Kopf des zweiköpfigen Armmuskels, Hakenarmmuskel).
Nebenwirkung: Die gesamte Armbeugemuskulatur wird anfangs statisch und beim Überkreuzen, wobei die Arme leicht gebeugt werden, dynamisch beansprucht. Die Bauch- Hüft- und Oberschenkelmuskulatur fixiert den Oberkörper in der Vorlage und wird somit ebenfalls isometrisch angespannt.

Übungsgeräte: Beidseitiger Zug von oben an der Diagonalzugmaschine. Die Übung kann notfalls auch einarmig an der Zugmaschine von oben durchgeführt werden.

Variationen: Im allgemeinen wird diese Zugübung im Ristgriff, wie auf den Fotos dargestellt, durchgeführt. Bei Verwendung eines Seilgriffes können Sie jedoch auch im Parallelgriff üben. Hierbei werden die Arme um 90° nach innen gedreht, so daß der Handrücken nach vorn zeigt.
Sie können auch die Neigung des Oberkörpers verändern: Je weiter Sie sich aufrichten, um so mehr werden die seitliche Rücken- und die hintere Schulterpartie mit in die Bewegung einbezogen.

Hinweise: Um Brust, Schultern und Arme beidseitig mit gleicher Intensität zu belasten, ist es wichtig, genau in der Mitte der Diagonalzugmaschine zu stehen. Sie spüren dann die gleiche Spannung in beiden Armen. Achten Sie ferner darauf, beim Zurückführen der Arme in die Ausgangsposition den Oberkörper nicht anzuheben, da Sie sonst in der Zugphase die Bewegung durch Absenken des Oberkörpers abfälschen. Dieser fehlerhafte Oberkörperschwung erleichtert Ihnen zwar die Zugbewegung, nimmt Ihnen dadurch jedoch auch einen Teil der Trainingswirkung.

Übung 6
Flugbewegungen in Rückenlage

Diese Übung, die der Vogelflugbewegung ähnelt, wird in Rückenlage auf der Bank durchgeführt. Die seitlich und nach unten gestreckten Arme werden gegen den Gewichtswiderstand so weit wie möglich nach oben zusammengeführt und anschließend wieder in die Ausgangsposition bewegt.

Hauptwirkung: Brust (großer und kleiner Brustmuskel, vorderer Sägemuskel); Schulter (vorderer Teil des Deltamuskels); Oberarm vorn (langer Kopf des zweiköpfigen Armmuskels, Hakenarmmuskel).

Nebenwirkung: Die Beugemuskulatur der Ober- und Unterarme wird hauptsächlich statisch, bei eventuellem Überkreuzen mit leichter Armbeugung jedoch auch dynamisch beansprucht.

Übungsgeräte: Brustmaschine liegend (Foto Mitte); Diagonalzug mit Bank (Zug von unten, Foto unten). Ersatzweise kann diese Übung auch mit Kurzhanteln in Rückenlage auf einer Bank durchgeführt werden.

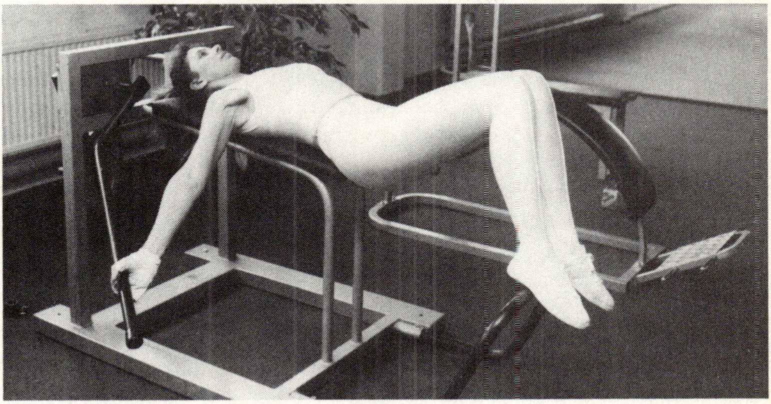

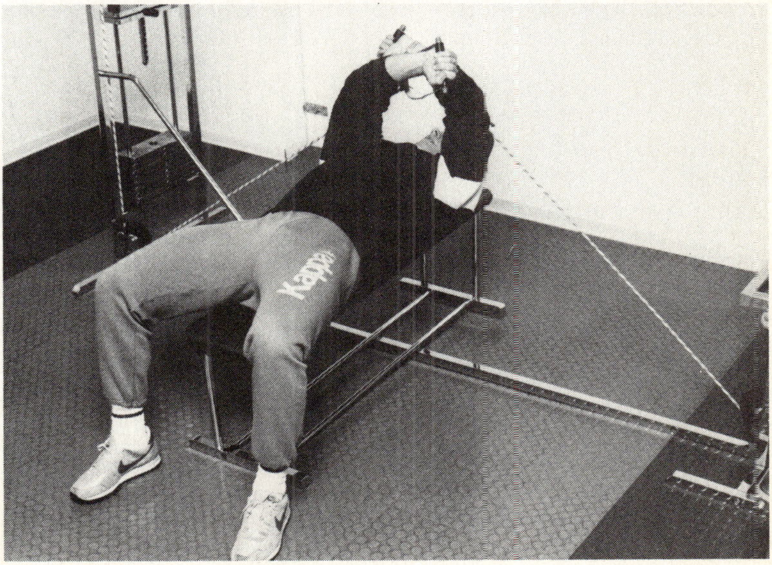

Variationen: Das Diagonalzuggerät ermöglicht ein weites Überkreuzen gegen den Gewichtswiderstand und damit eine maximale Muskelverkürzung in der Endphase (Foto S. 101 unten). Bedingt durch die anfangs nahezu waagerechte Kabelzugrichtung ist allerdings die Vordehnung beim Bewegungsbeginn etwas verringert. Eine höhere Bank kann diesen Nachteil z. T. kompensieren. An der Brustmaschine ist zwar eine maximale Vordehnung (Foto S. 101 Mitte), jedoch kein Überkreuzen möglich. Beim Training mit Kurzhanteln ist ein Überkreuzen zwar möglich, aber nicht effektiv, da sich die Hanteln hier schon wieder nach unten bewegen.
Selbstverständlich können Sie diese Übung auch auf der Schrägbank trainieren: Bei positiver Neigung werden die Schultern stärker beansprucht, bei negativer Neigung arbeitet der breite Rückenmuskel mit. An der Diagonalzugmaschine können Sie, bei abwechselnder Verwendung von Bügel- und Seilgriffen, die Hand- und Armposition variieren (der Handrücken kann nach unten – wie auf den Fotos –, zum Kopf und sogar nach oben zeigen). Die Muskulatur spricht auf variierte Belastung, besonders in fortgeschrittenem Trainingszustand, besser an!

Hinweise: Achten Sie auf die stabile, mit den Füßen auf der Unterlage abgestützte Rückenlage und halten Sie die Arme während des ganzen Bewegungsablaufes möglichst gestreckt. Beim Training mit hohen Gewichten sollten Sie allerdings die Arme etwas beugen, um die Ellbogengelenke nicht zu schädigen! Die Handgelenke sollten jedoch immer fixiert bleiben. Übertreiben Sie die Vordehnung nicht, wenn Sie im Brust- und Schulterbereich noch zu unbeweglich sind!

Übung 7
Arme zusammenführen im Sitzen (Butterfly)

Die in den Ellbogen nach oben abgewinkelten, waagerecht nach außen gestreckten Arme werden gegen den Widerstand so weit wie möglich nach vorn zusammengeführt und anschließend wieder in die Ausgangsstellung zurückbewegt (Schmetterlings- oder Butterfly-Bewegung). Die Polster der Trainingshebel liegen hierbei an den senkrecht nach oben zeigenden Unterarmen an.

Hauptwirkung: Brust (großer und kleiner Brustmuskel, vorderer Sägemuskel); Schulter (vorderer Teil des Deltamuskels); Oberarm vorn (langer Kopf des zweiköpfigen Armmuskels).
Nebenwirkung: Die Unterarme werden statisch beansprucht.

Übungsgeräte: Butterfly-Maschine. Die Übung kann auch im Diagonalzug mit Zug von oben improvisiert werden. Dazu benötigt man allerdings einen breiten Schlaufengriff, der über die Unterarme gestülpt wird.

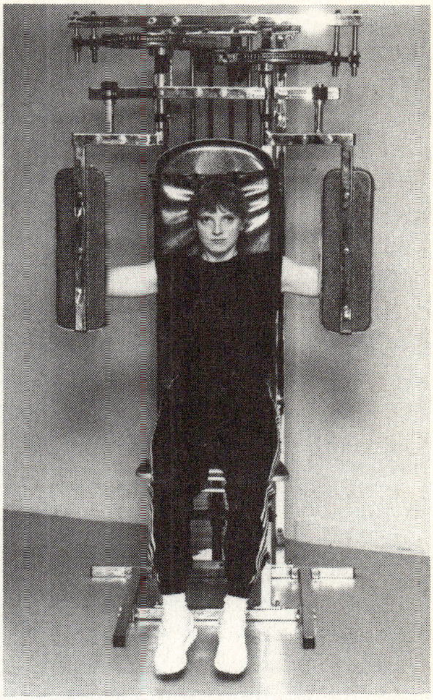

Hinweise: Butterfly-Maschinen erzwingen im allgemeinen eine starke Vordehnung am Bewegungsbeginn, da die Trainingshebel – und damit auch die Arme – durch die Steckgewichte relativ weit hinter der Rükkenlehne gezogen werden. Um die Trainingshebel beim Einstieg in die Maschine von der Zugbelastung durch die Steckgewichte zu befreien, ist an den meisten Geräten ein Fußhebel angebracht, mit dem man die Gewichte anheben kann. Diese Vorrichtung ermöglicht das Einnehmen der Ausgangsposition auch ohne akrobatische Körperverrenkungen. Achten Sie bei den Übungswiederholungen darauf, die Vordehnung nicht zu übertreiben, und führen Sie die Arme nur so weit zurück, wie es Ihre Beweglichkeit im Schulter- und Brustbereich erlaubt. Bremsen Sie also vor allem beim Training mit hohen Gewichten die Rückwärtsbewegung rechtzeitig und konzentriert ab, um Zerrungen zu vermeiden! Denken Sie auch daran, daß Sie sich an manchen Geräten beim Zusammenführen der Arme die Finger schmerzhaft anschlagen können, wenn keine Gummipuffer o. ä. vorhanden sind.

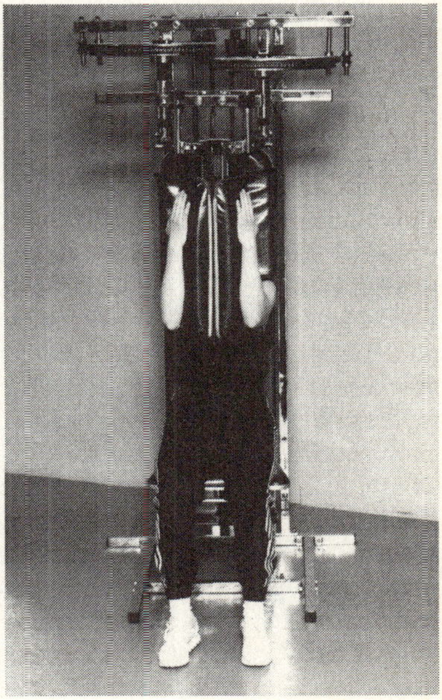

Übung 8
Armheben nach vorn im Liegen

In der Rückenlage werden die seitlich am Körper liegenden, gestreckten Arme gegen den Gewichtswiderstand, der etwa in Höhe des Handgelenkes am Unterarm anliegt, senkrecht nach oben angehoben und schließlich so weit wie möglich hinter den Kopf nach unten geführt. In der folgenden Negativphase erreichen die gestreckten Arme, dem Widerstand nachgebend, wieder die Ausgangsposition.

Hauptwirkung: Brust vorn und seitlich (großer Brustmuskel, vorderer Sägemuskel); Schulter (vorderer und mittlerer Teil des Deltamuskels); Nakken (oberer Teil des Kapuzenmuskels); Oberarm vorn (langer Kopf des zweiköpfigen Armmuskels, Hakenarmmuskel).
Nebenwirkung: Bauch, Rücken und Arme werden zusätzlich isometrisch beansprucht.

Übungsgeräte: Armhebemaschine liegend. Die Fotos zeigen das Training an einer universellen Pull-over-Maschine, deren Verstellmechanismus auch diesen Bewegungsablauf ermöglicht.
Sie können diese Übung in Rückenlage auf dem Boden oder auf einer waagerechten Bank auch an den verschiedenen Seilzuggeräten mit Zug von unten durchführen: Beidarmiges Training ist an der Doppelzugmaschine, einarmiges – auch alternierendes – Training am Diagonalzuggerät und am Bodenzug möglich. Hierbei müssen Sie sich allerdings mit den Füßen am Rahmen des Gerätes abstützen, um von den Zugkabeln nicht zum Gerät gezogen zu werden (besonders wichtig beim Training mit höheren Gewichten).
Ersatzweise kann diese Bewegung auch mit Kurzhanteln trainiert werden, wenn der Bewegungsablauf in zwei getrennte Phasen aufgeteilt wird: In der Rückenlage auf einer möglichst schmalen waagerechten Bank wird die erste Phase vom Bewegungsbeginn bis zur senkrecht nach oben gestreckten Armstellung trainiert; in der Bauchlage auf der Bank wird die zweite Phase von der senkrecht nach unten hängenden Position der Arme bis zur waagerechten Armstreckung vor dem Kopf durchgeführt. In dieser zweiten Phase ist es zweckmäßig, die Bank am Kopfende durch eine geeignete Unterlage zu erhöhen, um bei der senkrecht nach unten hängenden Armposition den Boden nicht zu berühren. Wenn Sie zuerst die vorgesehene Wiederholungs- und Satzzahl der ersten und anschließend der zweiten Phase trainieren, erreichen Sie den gleichen Übungseffekt wie an den oben angeführten Maschinen.

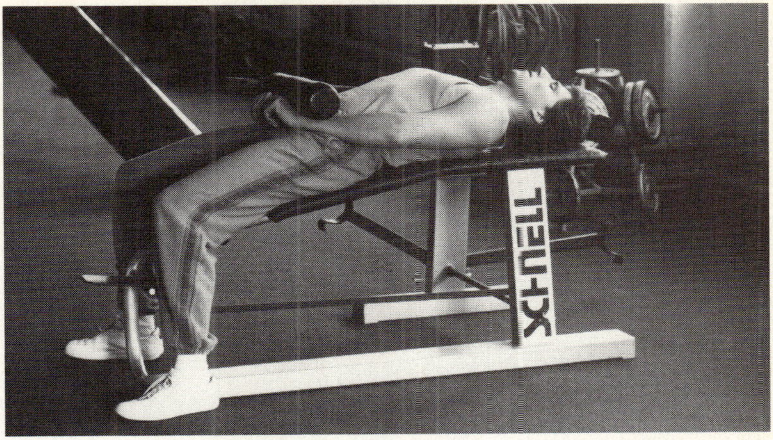

Variationen: Auf den Fotos wird der Druck auf das Hebelpolster mit der Außenseite der Unterarme (Handrücken zeigt anfangs nach oben) ausgeübt. Sie können jedoch auch mit nach außen und nach unten zeigendem Handrücken trainieren und so die spezielle Muskelbeanspruchung in regelmäßigen Abständen etwas verändern.

Hinweise: Achten Sie auch bei dieser Übung darauf, während der ganzen Bewegung die Körperposition nicht zu verändern; heben Sie insbesondere das Gesäß und den Bauch nicht an, um die Trainingsreize nur auf die oben angeführten Körperregionen zu konzentrieren.
Beim Training an dem abgebildeten Gerät ist es wichtig, daß Ihre Körperdrehpunkte (die Schultern) mit dem Drehpunkt des Trainingshebels der Maschine auf einer Achse liegen, um ein Abrollen des Polsters auf den Unterarmen nach oben und damit eine ungewünschte Hebelverkürzung zu vermeiden.

Übung 9
Arme abspreizen seitlich im Stand

Im Stand in der Mitte der Diagonalzugmaschine werden die anfangs vor dem Bauch überkreuzten Arme gegen den Gewichtswiderstand seitlich nach oben bis in Kopfhöhe abgespreizt (Abduktion). In der folgenden Negativphase werden die Arme wieder nach unten in die Ausgangsposition zurückgeführt (Adduktion).

Hauptwirkung: Nacken (oberer Teil des Kapuzenmuskels, Schulterblattheber); Schulter (mittlerer Teil des Deltamuskels, Obergrätenmuskel, Untergrätenmuskel); Brust seitlich (vorderer Sägemuskel); Oberarm vorn (langer Kopf des zweiköpfigen Armmuskels).
Nebenwirkung: Bauch, Rückenstrecker und Arme werden wegen ihrer statischen Haltefunktion isometrisch beansprucht.

Übungsgeräte: Diagonalzugmaschine (überkreuzter Zug von unten) (Fotos rechts).
An allen Zugmaschinen mit Zug von unten ist einarmiges Training möglich. An der speziellen Schultermaschine (Fotos S. 108) wird diese Übung normalerweise im Sitzen trainiert, wobei die Gewichtsbelastung am Oberoder am Unterarm angreift. Ersatzweise kann diese Bewegung auch mit Kurzhanteln durchgeführt werden.

Variationen: Anstatt vor dem Bauch können die Arme auch hinter dem Rücken überkreuzt werden. Bei Verwendung eines Seilgriffes anstatt der Griffbügel können die Arme um 90° nach innen (Handrücken zeigt nach vorn) oder nach außen (Handrücken zeigt nach hinten) rotiert werden.

Hinweise: Achten Sie auf stabilen Stand mit leicht gegrätschten Beinen in der Mitte des Gerätes. Die Wirkung auf die Nackenmuskulatur wird ver-

stärkt, wenn Sie am Bewegungsende die Schultern bewußt aktiv anheben.
Falls Schmerzen in den Ellbogengelenken auftreten, sollten Sie eine andere Griffart ausprobieren und/oder die Übung gelenkschonend mit leicht gebeugten Armen durchführen. Wenn eine Schultermaschine im Studio vorhanden ist, sollten Sie auf dieses Gerät ausweichen.

Übung 10
Flugbewegungen in Bauchlage

In der Bauchlage werden die anfangs nach unten gestreckten Arme gegen den Gewichtswiderstand so weit wie möglich seitlich nach oben abgespreizt und anschließend in der Negativphase wieder nachgebend in die Ausgangsposition zurückgeführt.

Hauptwirkung: Nacken und Rücken (Kapuzenmuskel, großer und kleiner Rautenmuskel, breiter Rückenmuskel); Schulter hinten (hinterer Teil des Deltamuskels, Obergrätenmuskel, Untergrätenmuskel, großer und kleiner Rundmuskel); Oberarm hinten (langer Kopf des dreiköpfigen Armmuskels).
Nebenwirkung: Die Ober- und Unterarme werden statisch beansprucht.

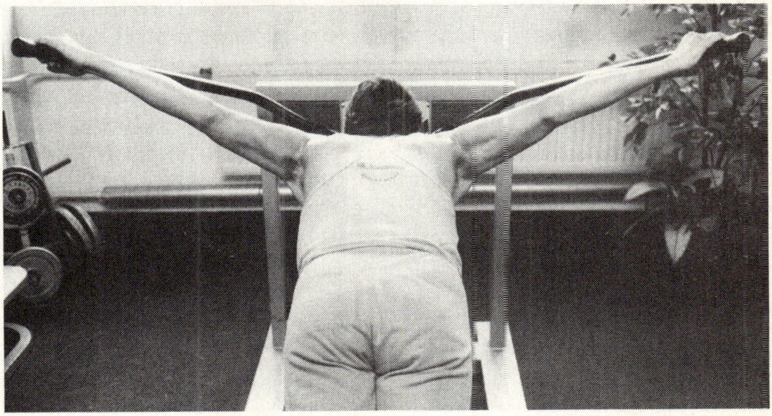

Übungsgeräte: Brustmaschine liegend. Ersatzweise kann diese Übung in Bauchlage auch auf einer horizontalen oder etwas schrägen Bank mit Kurzhanteln durchgeführt werden.

Variationen: Auf den Fotos ist die Übung im Kammgriff dargestellt, wobei der Handrücken am Bewegungsbeginn nach außen zeigt. Sie können die Trainingswirkung auf die angesprochene Muskulatur jedoch etwas variieren, wenn Sie die Bewegung auch im Ristgriff trainieren: Fassen Sie hierzu die Trainingshebel der Maschine so, daß am Bewegungsbeginn der Handrücken nach innen zeigt. Wenden Sie im regelmäßigen Turnus beide Griffarten an, auch wenn Ihnen die zweite aufgrund der Armdrehung um 180° anfangs unnatürlich erscheint!

Hinweise: Fassen Sie bzw. stellen Sie die Trainingshebel der Maschine so ein, daß die Arme während des ganzen Bewegungsablaufes möglichst gestreckt sind. Verstärken Sie die Wirkung auf die Nackenmuskulatur und auf die Muskeln zwischen den Schulterblättern, indem Sie am Bewegungsende nicht nur die Arme, sondern auch die Schultern bewußt so weit wie möglich nach hinten oben anheben!

Übung 11
Armabspreizen seitlich in Körpervorlage

Im weiten Grätschstand mit rechtwinklig nach vorn gebeugtem Oberkörper werden die anfangs überkreuzten Arme gegen den Gewichtswiderstand auseinander geführt und so weit wie möglich seitlich nach oben abgespreizt. Anschließend werden die Arme nachgebend wieder in die überkreuzte Ausgangsposition zurückbewegt.

Hauptwirkung: Nacken und Rücken (Kapuzenmuskel, großer und kleiner Rautenmuskel, breiter Rückenmuskel); Schulter hinten (hinterer Teil des Deltamuskels, Obergrätenmuskel, Untergrätenmuskel, großer und kleiner Rundmuskel); Oberarm hinten (langer Kopf des dreiköpfigen Armmuskels).
Nebenwirkung: Die Ober- und Unterarme werden isometrisch belastet, ebenso wie Rückenstrecker, Gesäß und Oberschenkelrückseite, welche die waagerechte Oberkörpervorlage stabilisieren.

Übungsgeräte: Diagonalzugmaschine mit beidseitigem Zug von unten. Notfalls kann die Übung auch einarmig an der Zugmaschine von unten oder am Kombizug durchgeführt werden.

Variationen: Sie können diese Übung im Kammgriff (wie auf den Fotos dargestellt), im Ristgriff (Handrücken zeigt in der Endphase nach unten) und im Parallelgriff (zwei Seilgriffe anstatt der Bügelgriffe ermöglichen diese Handstellung) trainieren, wodurch die Belastung der angesprochenen Muskulatur variiert wird.

Hinweise: Stellen Sie sich genau in die Mitte der Maschine, um die linke und rechte Körperpartie mit gleicher Belastung zu trainieren. Die Position

stimmt, wenn Sie in beiden Armen den gleichen Widerstand spüren. Fassen Sie mit der rechten Hand den linken unteren Zugbügel und umgekehrt. Achten Sie darauf, daß sich die waagerechte Oberkörpervorlage während des gesamten Bewegungsablaufes nicht verändert, da Sie sonst mit Schwungunterstützung üben und einen Teil der Trainingswirkung verschenken. Versuchen Sie, die Arme in jeder Position (auch beim Überkreuzen!) möglichst gestreckt zu halten, um Schultern, Rücken und Nakken ständig unter Spannung zu halten.

Übung 12
Armrückführen seitlich (Butterfly rückwärts)

Im frontalen Sitz an der Butterfly-Maschine, wobei die Brust am Polster anliegt und die Hebel hinten an den Oberarmen angreifen, werden die Arme so weit wie möglich nach hinten gedrückt und in der Negativphase wieder in die Ausgangsstellung geführt.

Hauptwirkung: Nacken und Rücken (Kapuzenmuskel, großer und kleiner Rautenmuskel, breiter Rückenmuskel); Schulter hinten (hinterer Teil des Deltamuskels, Ober- und Untergrätenmuskel, großer und kleiner Rundmuskel); Oberarm hinten (langer Kopf des dreiköpfigen Armmuskels).

Übungsgerät: Butterfly-Maschine.

Variationen: Die Stellung der gebeugten Unterarme kann von waagerecht bis senkrecht verändert werden, wodurch die Beanspruchung der trainierten Muskulatur variiert wird.

Hinweise: Bemühen Sie sich um einen möglichst großen Bewegungsausschlag. Versuchen Sie deshalb, in der Endphase die Schulterblätter bewußt nach hinten innen zu ziehen. Nach kurzer Zeit wird Ihnen das nicht mehr schwerfallen. Führen Sie die Arme nur so weit nach vorn, wie Sie Spannung durch die Streckgewichte verspüren. Sitzen Sie aufrecht und stützen Sie sich mit der Brust am Polster ab.

Übung 13
Ziehen von oben

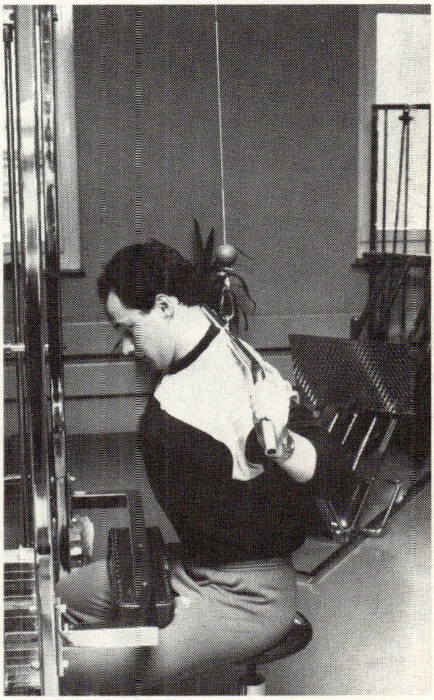

In sitzender Position werden die nach oben gestreckten Arme gegen den Gewichtswiderstand gebeugt und so weit senkrecht nach unten zum Oberkörper gezogen, bis sich die Hände etwa in Schulterhöhe befinden. In der folgenden Negativphase werden die Arme, der Gewichtsbelastung nachgebend, wieder in die gestreckte Ausgangsposition zurückgeführt.

Hauptwirkung: Brust (großer und kleiner Brustmuskel); Rücken und Nacken (breiter Rückenmuskel, großer und kleiner Rautenmuskel, oberer Teil des Kapuzenmuskels); Schulter (vorderer und hinterer Teil des Deltamuskels, großer und kleiner Rundmuskel, Untergrätenmuskel, Unterschulterblattmuskel); Oberarm hinten (langer Kopf des dreiköpfigen Armmuskels); Oberarm vorn (zweiköpfiger Armmuskel, Armbeuger, Oberarmspeichenmuskel); Unterarm (runder Einwärtsdreher, langer und kurzer radialer Handstrecker, radialer und ulnarer Handbeuger, langer Hohlhandmuskel).
Nebenwirkung: Sämtliche nicht aktiv an der Zugbewegung beteiligten Muskeln des Oberkörpers, der Bauchregion und der Arme werden isometrisch beansprucht.

Übungsgeräte: Latissimus-Zugmaschine; ersatzweise auch Zugmaschine von oben.

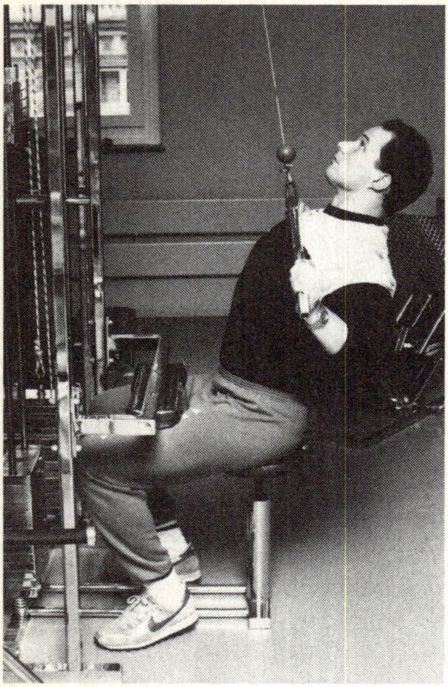

Variationen: Bei Verwendung eines entsprechend breiten Zugbügels können Sie die Griffbreite von eng über schulterbreit bis breit variieren. Es ist ferner empfehlenswert, die Übung im Ristgriff (Handrücken zeigt zum Gesicht, siehe Fotos S. 113 und links) und im Kammgriff (Finger zeigen zum Gesicht) sowie den Zug zur Brust und in den Nacken in regelmäßigen Abständen abwechselnd durchzuführen.

Hinweise: Diese Zugbewegung entspricht in bezug auf Bewegungsablauf und Muskelbeanspruchung exakt der Klimmzugübung; mit dem Unterschied, daß Sie hier das Gewicht nach unten und beim Klimmzug den Körper nach oben ziehen.

Der Vorteil der hier beschriebenen Übung liegt darin, daß Sie nicht, wie beim Klimmzug, das eigene Körpergewicht bewältigen müssen, sondern daß Sie auch mit geringer, an der Maschine einstellbarer Gewichtsbelastung und mit dementsprechend hoher Wiederholungszahl trainieren können, um damit Gewebestraffung und Fettabbau ohne ungewünschten Muskelzuwachs zu erzielen.
Achten Sie bei dieser Übung darauf, daß Sie bei der Zugbewegung den Körper nicht absenken, sondern die aufrechte Position beibehalten, da Sie sonst mit Körperschwung trainieren und sich eines Teiles der Trainingswirkung berauben würden. Bei höherer Gewichtsbelastung ist es nötig, daß Sie Ihre Oberschenkel (wie auf den Fotos) mit einer geeigneten Klemmvorrichtung fixieren, um nicht von den Steckgewichten in die Höhe gezogen zu werden!

Übung 14
Klimmzüge

In der Ausgangsposition hängt der Körper mit gestreckten Armen (Streckhang) an der Klimmzugstange. Durch Beugen der Arme und Heranziehen der Oberarme seitlich an die Brust wird nun der Körper nach oben gezogen, bis in der Endposition die Arme maximal gebeugt sind, Ober- und Unterarme so nahe wie möglich der Brust anliegen und das Kinn sich über der Griffhöhe befindet (Beugehang). Anschließend wird der Körper in der Negativphase, der Belastung des eigenen Körpergewichts nachgebend, wieder in den Streckhang gesenkt.

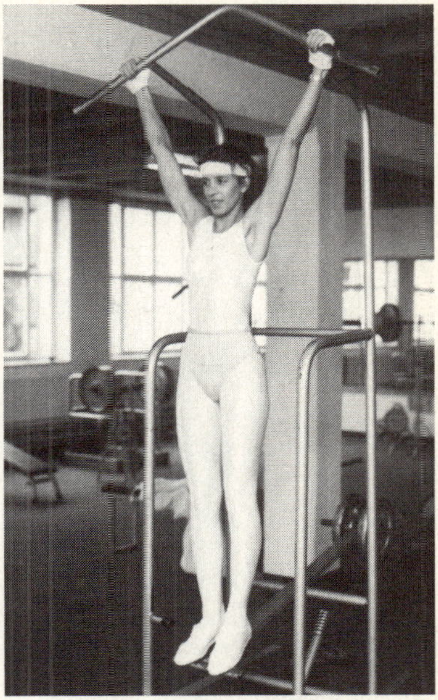

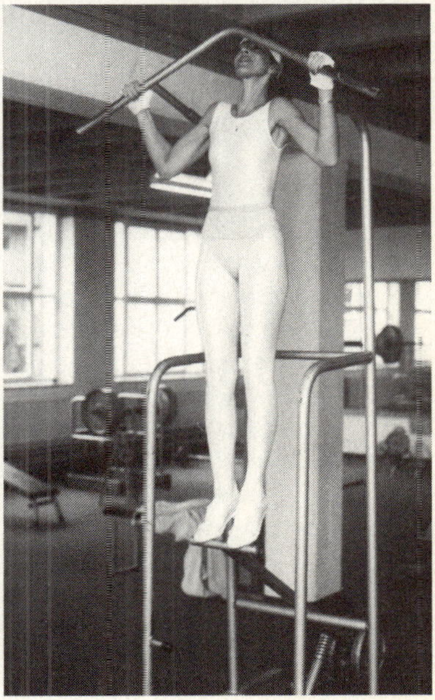

Hauptwirkung: Brust (großer und kleiner Brustmuskel); Rücken und Nacken (breiter Rückenmuskel, großer und kleiner Rautenmuskel, oberer Teil des Kapuzenmuskels); Schulter (vorderer und hinterer Teil des Deltamuskels, großer und kleiner Rundmuskel, Untergrätenmuskel, Unterschulterblattmuskel); Oberarm hinten (langer Kopf des dreiköpfigen Armmuskels); Oberarm vorn (zweiköpfiger Armmuskel, Armbeuger, Oberarmspeichenmuskel); Unterarm (runder Einwärtsdreher, langer und kurzer radialer Handstrecker, radialer und ulnarer Handbeuger, langer Hohlhandmuskel).
Nebenwirkung: Sämtliche nicht aktiv an der Zugbewegung beteiligten Muskeln des Oberkörpers, der Bauchregion und der Arme werden isometrisch angespannt.

Übungsgeräte: Klimmzugmaschine (siehe Fotos); Reckstange; verschieden geformte Klimmzugbügel.

Variationen: Sie können die Griffbreite von eng über schulterbreit bis weit variieren und die Klimmzüge im Kammgriff (die Finger zeigen zum Gesicht und im Ristgriff (Handrücken zeigt zum Gesicht; siehe Fotos) trainieren. Es gibt auch Klimmzugbügel mit parallel angeordneten Griffen, die Üben mit nach außen zeigendem Handrücken (Parallelgriff) ermöglichen. Sie können ferner die Klimmzüge zum Kinn oder in den Nacken ziehen. Bei ersterem befindet sich in der Endposition das Kinn an der Stange, bei letzterem berühren Sie in der Endposition die Stange mit dem Nacken.
Anfänger sollten die Klimmzüge im Kammgriff mit schulterbreiter Griffweite durchführen und zum Kinn ziehen, da diese Grundform wegen der anatomischen Gegebenheiten am leichtesten korrekt ausgeführt werden kann. Bei entsprechender Kraftzunahme sollten nach einiger Zeit die obengenannten Variationen in das Training einbezogen werden, um die Trainingswirkung zu intensivieren.
Für Ungeübte, die nicht über die entsprechende Kraft verfügen, ihr Eigengewicht freihängend nach oben zu ziehen, wurde die Klimmzugmaschine entwickelt, die das Hochziehen des Körpers durch Gegengewichte, die an den Füßen angreifen, erleichtert (siehe Fotos).
Wenn Sie Ihre Muskelkraft so weit entwickelt haben, daß Ihnen die Klimmzüge mit dem eigenen Körpergewicht zu leicht erscheinen, sollten Sie sich einen Gürtel um die Taille schnallen, an dem Sie mit einem Seil Scheibengewichte befestigen, die in Kniehöhe zwischen den Beinen hängen und die Belastung erhöhen.

Besondere Hinweise: Mit Klimmzügen können Sie das optische Erscheinungsbild Ihres Oberkörpers relativ schnell verbessern, da Brust, Rücken, Schultern und Arme sehr intensiv trainiert werden und außerdem der ganze Oberkörper und die Bauchmuskulatur noch isometrisch beansprucht werden. Nicht nur Bodybuilder, die einen V-förmigen Rücken und eine gut entwickelte Brustmuskulatur anstreben, sondern alle Fitnessanhänger (auch Frauen), die diese Körperpartien straffen wollen, sollten diese Übung in ihr Standardrepertoire aufnehmen!
Wenn Sie *Muskelzuwachs* anstreben, sollten Sie die Klimmzüge mit dem eigenen Körpergewicht und, wenn möglich, mit Zusatzgewichten durchführen, um eine möglichst hohe Spannung in der Muskulatur zu erzeugen.
Wenn Sie hauptsächlich *Muskel- und Gewebestraffung* sowie *Fettabbau* erzielen wollen, ist es zweckmäßig, an der Klimmzugmaschine unter erleichterten Bedingungen zu trainieren. Die hierdurch verringerte Muskelanspannung gewährleistet eine bessere Durchblutung während des Übens

und ermöglicht Ihnen die entsprechend hohen Wiederholungszahlen, die eine Voraussetzung für Gewebestraffung und Fettabbau darstellen.
Anfänger machen beim Klimmzugtraining häufig den Fehler, daß sie in der Ausgangsposition die Knie beugen oder die Beine anziehen und beim Hochziehen des Körpers dieselben wieder strecken. Hierdurch entsteht jedoch eine Schwungunterstützung, die zwar den Klimmzug erleichtert, die Trainingswirkung auf die Muskulatur allerdings verringert, da das Anheben des Körpers nicht ausschließlich durch die muskuläre Arbeit der oben genannten Körperpartien geleistet wird. Achten Sie deshalb darauf, den Körper und die Beine während des ganzen Bewegungsablaufes gestreckt zu halten. Wenn Sie so groß sind, daß Sie in der Streckphase mit den Füßen den Boden berühren, sollten Sie die Unterschenkel waagerecht anheben und während des Übens in dieser Stellung fixieren. Sie können dann freihängend und ohne Schwungunterstützung effektiv trainieren.

Übung 15
Arme anziehen schräg von oben

Im Sitz auf der positiv geneigten Schrägbank wird das Gewicht von vorn oben so weit wie möglich nach unten zur Brust gezogen. In der Negativphase, wenn sich die Gewichte wieder zurückbewegen, werden die Arme wieder in die Ausgangsposition gestreckt (Fotos S. 118).

Hauptwirkung: Brust (großer und kleiner Brustmuskel); Rücken und Nakken (breiter Rückenmuskel, großer und kleiner Rautenmuskel, oberer Teil des Kapuzenmuskels); Schulter (hinterer Teil des Deltamuskels, großer und kleiner Rundmuskel, Untergrätenmuskel); Oberarm hinten (langer Kopf des dreiköpfigen Armmuskels); Oberarm vorn (zweiköpfiger Armmuskel, Armbeuger, Oberarmspeichenmuskel); Unterarm (runder Einwärtsdreher, kurzer und langer radialer Handstrecker, radialer und ulnarer Handbeuger, langer Hohlhandmuskel).
Nebenwirkung: Die Beine, die Hüftstreckmuskulatur und die Rückenstrecker wirken lagestabilisierend und werden somit isometrisch beansprucht.

Übungsgeräte: Alle Zuggeräte mit Zug von oben. Am Doppelzug ist auch alternierendes Training möglich.

Variationen: Je aufrechter Ihre Körperposition ist und je tiefer Sie das Gewicht in Richtung zum Bauch ziehen, um so stärker arbeitet der breite Rückenmuskel mit. Wenn Sie flacher liegen und das Gewicht in Halsnähe ziehen, werden Schultern und Nacken intensiver beansprucht. Die ver-

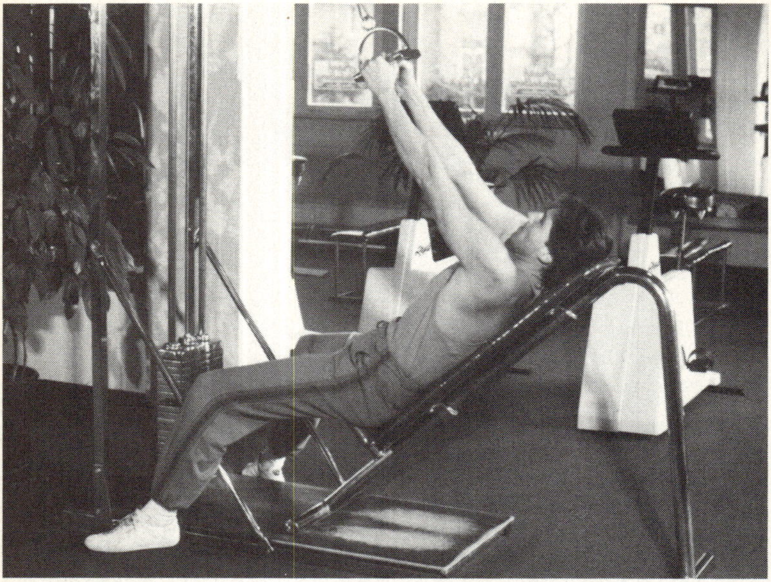

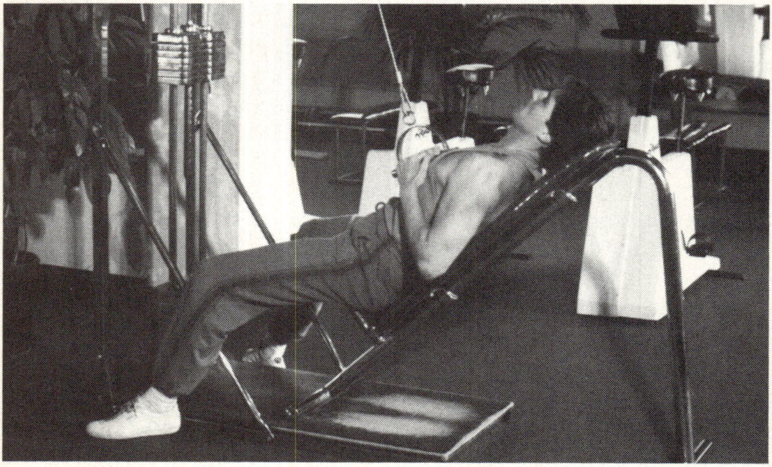

schiedenen Griffarten (Ristgriff, Kammgriff und Parallelgriff), die an den Seilzuggeräten leicht zu realisieren sind, und die unterschiedlichen Griffbreiten (eng, mittelweit und weit) verändern ebenfalls, wenn auch geringfügiger, die Beanspruchung der trainierten Muskulatur.

Hinweise: Achten Sie während des ganzen Bewegungsablaufes darauf, daß Rücken und Hinterkopf auf der Lehne liegen und daß der stabile Fußkontakt mit dem Boden ein Rutschen des Körpers nach vorn verhindert. Damit Sie beim Training mit höheren Gewichten nicht mit dem Rücken von der Bank abheben, sollte ein(e) Partner(in) hinter Ihnen stehen, der (die) Ihre Schultern auf die Unterlage drückt.

Übung 16
Arme anziehen im Langsitz

Im Langsitz mit gestreckten Beinen werden die Hände durch Beugen der Arme so nahe wie möglich an den Körper gezogen. Anschließend werden die Arme wieder nachgebend gestreckt, ohne die Stellung des Oberkörpers zu verändern.

Hauptwirkung: Rücken und Nacken (breiter Rückenmuskel, großer und kleiner Rautenmuskel, Kapuzenmuskel); Schulter (hinterer Teil des Deltamuskels, großer und kleiner Rundmuskel, Untergrätenmuskel); Oberarm hinten (langer Kopf des dreiköpfigen Armmuskels); Oberarm vorn (zweiköpfiger Armmuskel, Armbeuger, Oberarmspeichenmuskel); Unterarm (runder Einwärtsdreher, kurzer und langer radialer Handstrecker, radialer und ulnarer Handbeuger, langer Hohlhandmuskel).
Nebenwirkung: Die Hüft- und Rückenstrecker halten den Oberkörper in der aufrechten Position und werden somit statisch angespannt.

Übungsgeräte: Das geeignetste Gerät für diese Übung ist der Bodenzug mit einem Auflager für die Fußsohlen. Prinzipiell läßt sich diese Bewegung jedoch in allen Zuggeräten mit Zug von unten durchführen. An der Doppelzugmaschine ist auch alternierendes Training möglich.

Variationen: Wenn Sie den Griff hoch zum Hals ziehen werden die Schultern verstärkt belastet (Foto S. 119 unten). Der breite Rückenmuskel arbeitet intensiver mit, wenn der Griff in Hüftrichtung gezogen wird. Die verschiedenen Griffvariationen (Handrücken oben, außen und unten) verändern ebenfalls, wenn auch in geringerem Umfang, die Beanspruchung der trainierten Muskulatur.

Hinweise: Halten Sie während des ganzen Bewegungsablaufes die Beine gestreckt, den Rücken gerade und den Kopf aufrecht. Wenn Sie in der Endposition die Schultern bewußt nach hinten ziehen, wird die Muskulatur zwischen den Schulterblättern (Kapuzenmuskel, großer und kleiner Rautenmuskel) besonders intensiv trainiert. Beim Training mit höheren Gewichten ist ein Abstützen mit den Fußsohlen am Gerät erforderlich, um von den Steckgewichten nicht nach vorn gezogen zu werden. Im allgemeinen sind die Bodenzugmaschinen mit dementsprechenden Widerlagern ausgerüstet.

Übung 17
Armzüge nach oben

Im Stand mit mittelweiter etwas nach außen gedrehter Fußstellung und mit geradem Rücken wird die belastete Griffstange dicht am Körper so weit wie möglich nach oben gezogen. In der Endposition befinden sich die Hände in Halshöhe, wobei die gebeugten Arme seitlich nach oben abgespreizt sind. In der anschließenden Negativphase werden die Arme nachgebend wieder nach unten gestreckt.

Hauptwirkung: Nacken (oberer Teil des Kapuzenmuskels); Brust seitlich (vorderer Sägemuskel); Schulter (Deltamuskel, Obergrätenmuskel); Oberarm vorn (zweiköpfiger Armmuskel, Armbeuger, Oberarmspeichenmuskel); Unterarm (runder Einwärtsdreher, kurzer und langer radialer Handstrecker, radialer und ulnarer Handbeuger, langer Hohlhandmuskel).

Nebenwirkung: Die Hüft- und Rükkenstreckmuskulatur wird geringfügig isometrisch angespannt.

Übungsgeräte: Alle Zuggeräte mit Zug von unten (siehe Fotos); Multipresse; Lang-, SZ- und Kurzhanteln.

Variationen: Bei Verwendung entsprechend langer Zuggriffe bzw. beim Training mit der Langhantel können Sie eng, schulterweit oder weit greifen; die winklig gekröpfte SZ-Hantel und der SZ-Griff, der am Zugseil der Maschine befestigt werden kann, ermöglichen aufgrund ihrer gewundenen Form diverse Griffvariationen. Trainieren Sie anfangs mit schulterbreitem Griff und gerader Stange, um sich an diese Bewegung zu gewöhnen, und versuchen Sie sich später auch an den obengenannten Variationen.

Wenn Sie sich rückwärts an die Maschine stellen, können Sie die Zugübung auch hinter dem Körper durchführen, um die spezielle Muskelbelastung und damit die Trainingsreize etwas zu verändern. Bei dieser Variante wird allerdings der Bewegungsausschlag – anatomisch bedingt – reduziert.

Hinweise: Sie können die Wirkung auf die obere Nackenpartie noch verstärken, wenn Sie in der Endphase des Zuges durch bewußtes Hochziehen der Schultern den Kapuzenmuskel noch zusätzlich kontrahieren. Wenn Sie bei dieser Übung Schmerzen in den Handgelenken spüren, sollten Sie anfangs einen weiteren Griff wählen oder mit Kurzhanteln trainieren, bis Sie sich an diese spezielle Belastung gewöhnt haben.

Übung 18
Armstrecken nach oben im Sitz

Im Sitzen werden die Arme gegen den Gewichtswiderstand senkrecht nach oben gestreckt und anschließend nachgebend wieder bis zur Ausgangsposition gebeugt, in der sich die Hände etwa in Schulterhöhe befinden.

Hauptwirkung: Nacken (oberer Teil des Kapuzenmuskels); Schulter (mittlerer Teil des Deltamuskels, Obergrätenmuskel, Untergrätenmuskel); Brust seitlich (vorderer Sägemuskel); Oberarm vorn (langer Kopf des zweiköpfigen Armmuskels); Oberarm hinten (dreiköpfiger Armmuskel, Knorrenmuskel).
Nebenwirkung: Bauch, Rückenstrecker und Unterarme werden statisch beansprucht.

Übungsgeräte: Schulterpresse (siehe Fotos), Multipresse, Lang- und Kurzhanteln.

Variationen: Diese Übung wird normalerweise im Ristgriff (Handrücken zeigt nach hinten) ausgeführt. Bei entsprechender Auslegung der Maschine und bei Verwendung von Kurzhanteln ist auch der Parallelgriff (Handrükken zeigen nach außen) sowie das alternierende Training möglich. Die Griffbreite kann von schulterbreit bis weit variiert werden.
Beim Training mit der Langhantel kann das Gewicht entweder von der Brust oder vom Nacken nach oben gedrückt werden. Diese Variationen sind jedoch auch an der Maschine möglich: Auf den Fotos ist das Drücken aus dem Nacken, das die Beweglichkeit im Schultergürtel besonders fördert, dargestellt. Wenn Sie im Schulterbereich noch zu unbeweglich sind, verlegen Sie anfangs die Sitzposition etwas näher zur Maschine und drükken Sie das Gewicht von der Brust nach oben.

Hinweise: Sitzen Sie aufrecht mit geradem Rücken und erhobenem Kopf und behalten Sie diese Position während des ganzen Bewegungsablaufes bei. Fixieren Sie die Hände in Verlängerung der Unterarme, um Verletzungen der Handgelenke zu vermeiden.
Sie können die Trainingswirkung auf die Nackenpartie noch verstärken, wenn Sie in der letzten Phase der Armstreckung zusätzlich bewußt die Schultern nach oben drücken und so den Kapuzenmuskel maximal kontrahieren.

Übung 19
Armstrecken nach vorn im Stand

Im Stand, wobei Gesäß, Rücken und Hinterkopf am senkrechten Polster der Maschine fest anliegen, werden die gebeugten Arme gegen den Gewichtswiderstand waagerecht nach vorn gestreckt und anschließend nachgebend wieder in die Ausgangsposition, in der sich die Hände in Schulternähe befinden, zurückgeführt.

Hauptwirkung: Brust vorn und seitlich (großer und kleiner Brustmuskel, vorderer Sägemuskel); Schulter vorn (vorderer Teil des Deltamuskels); Oberarm vorn (kurzer Kopf des zweiköpfigen Armmuskels, Hakenarmmuskel); Oberarm hinten (dreiköpfiger Armmuskel, Knorrenmuskel).
Nebenwirkung: Die Streckmuskeln des Unterarmes werden hauptsächlich isometrisch beansprucht.

Übungsgeräte: Brustpresse stehend (siehe Fotos). An der sitzenden Brustpresse kann diese Übung auch im Sitz durchgeführt werden.

Variationen: Auf den hier dargestellten Fotos wird die Übung im Parallelgriff (Handrücken zeigt nach außen) durchgeführt. Bei waagerechter und entsprechend breiter Auslegung der Hebelgriffe der Maschine können Sie die Streckbewegung auch im Ristgriff (Handrücken zeigt nach oben) sowie mit unterschiedlicher Griffbreite trainieren.

Hinweise: Verändern Sie während des ganzen Bewegungsablaufes Ihre Körperposition nicht, um trainingsunwirksame Schwungunterstützung zu vermeiden. Die gewünschte Trainingswirkung wird nur dann auf die oben angeführte Muskulatur konzentriert, wenn Sie ausschließlich mit den Armen «aus der Schulter» drücken!
Denken Sie daran, daß der große Brustmuskel nur bei abgespreiztem Ellbogen und bei maximaler Rückführung der Hände zu den Schultern in der Beugestellung optimal vorgedehnt und trainiert wird (siehe Foto unten links). Konzentrieren Sie sich ferner darauf, in der Endphase der Armstreckung die Schultern bewußt nach vorn zu drücken, um den Bewegungsausschlag zu vergrößern und die seitliche Brustpartie (den vorderen Sägemuskel, der das Schulterblatt nach vorn zieht) so intensiv wie möglich an der Streckung zu beteiligen.

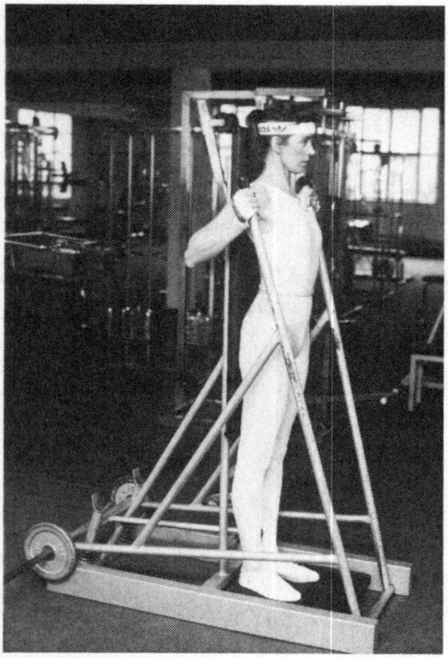

Übung 20
Bankdrücken waagerecht

In der waagerechten Rückenlage auf der Bank werden die anfangs gebeugten Arme gegen den Gewichtswiderstand nach oben gestreckt und in der Negativphase nachgebend wieder gebeugt, bis sich die Hände wieder in der Ausgangsposition in Brusthöhe befinden.

Hauptwirkung: Brust vorn und seitlich (großer und kleiner Brustmuskel, vorderer Sägemuskel); Schulter vorn (vorderer Teil des Deltamuskels); Oberarm vorn (zweiköpfiger Armmuskel, Hakenarmmuskel); Oberarm hinten (dreiköpfiger Armmuskel, Knorrenmuskel).
Nebenwirkung: Die Unterarmmuskeln stabilisieren das Handgelenk und werden somit hauptsächlich isometrisch angespannt.

Übungsgeräte: Brustpresse liegend (Foto unten) und Multipresse (Foto S. 126). Diese Übung wird auch häufig mit der Langhantel durchgeführt. Zweckmäßigerweise benützt man hierzu eine waagerechte Bank mit breiter Hantelablage am Kopfende. Ersatzweise ist auch ein Training mit Kurzhanteln in beiden Händen möglich, wobei allerdings an das Gleichgewichtsgefühl und an die Bewegungskoordination erhöhte Anforderungen gestellt werden.

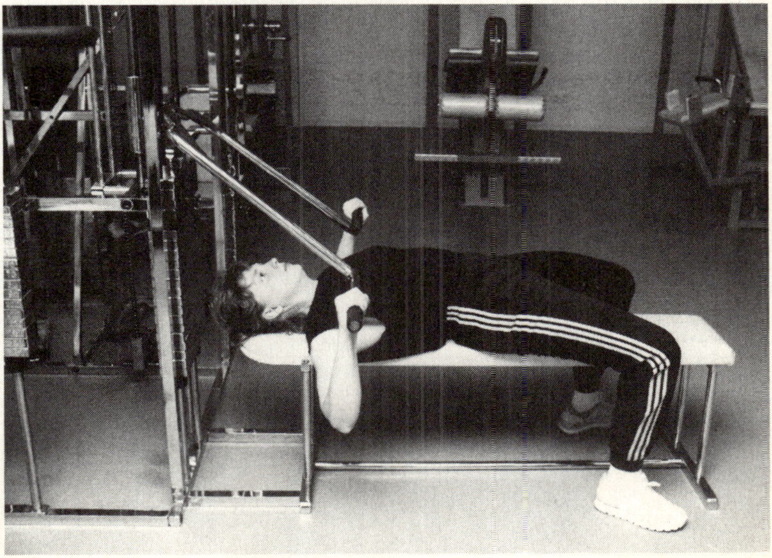

Variationen: Sie können das Bankdrücken mit weitem, mittelweitem und engem Griff trainieren, um die Belastung der angesprochenen Muskulatur zu variieren, üblicherweise wird der Ristgriff, bei dem der Handrücken zum Kopf zeigt, angewandt (siehe Fotos). Bei entsprechender Gestaltung des Griffbügels der Maschine können Sie auch im Parallelgriff (Handrücken zeigt nach außen) trainieren. Anfängern ist zu empfehlen, wie auf den Fotos, die Füße seitlich von der Bank am Boden aufzusetzen, um die Position zu stabilisieren.

Wenn Sie die Füße auf der Bank aufsetzen oder ohne Sohlenkontakt in der Luft überkreuzen, haben Sie die bestmögliche Gewähr, daß Sie nur «aus der Schulter» drücken, was die Trainingswirkung auf Brust, Schultern und Arme erhöht. Dies ist jedoch erst dann anzuraten, wenn Sie genügend spezielles Bewegungsgefühl erworben haben.

Hinweise: Achten Sie auf eine stabile Lage auf der Bank, machen Sie beim Drücken kein Hohlkreuz und heben Sie den Kopf nicht an.
Wenn Sie Bankdrücken mit hohem Gewicht mit der Langhantel trainieren, ist es zur Vermeidung von Unfällen wichtig, daß am Kopfende ein(e) Partner(in) steht, um notfalls das Heben der Hantel zu unterstützen!
Denken Sie daran, die Oberarme möglichst rechtwinklig vom Körper abzuspreizen, um den großen Brustmuskel möglichst intensiv in die Bewegung mit einzubeziehen. Knicken Sie die Handgelenke beim Drücken nicht nach hinten ab, um schmerzhafte Überdehnungen zu vermeiden.

Übung 21
Bankdrücken positiv

Aus der Rückenlage auf der positiv geneigten Schrägbank (Kopf und Oberkörper liegen höher als die Oberschenkel) werden die Arme gegen den Gewichtswiderstand senkrecht nach oben gestreckt und in der Negativphase wieder gebeugt.

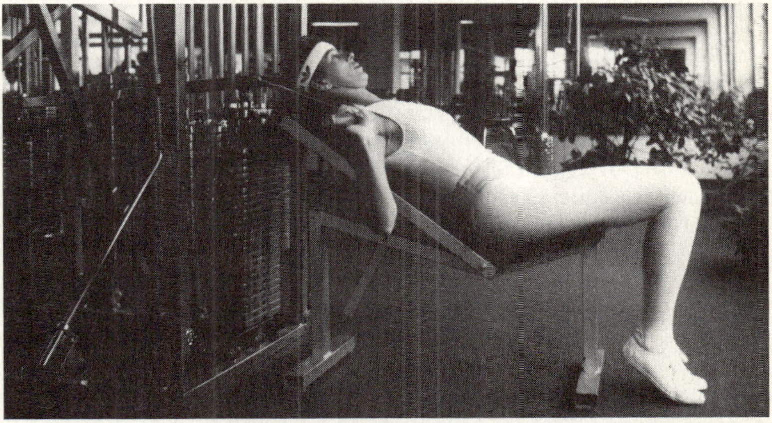

Hauptwirkung: Nacken (Kapuzenmuskel); Schulter (vorderer und mittlerer Teil des Deltamuskels, Obergrätenmuskel); Brust (großer Brustmuskel, vorderer Sägemuskel); Oberarm vorn (zweiköpfiger Armmuskel, Hakenarmmuskel); Oberarm hinten (dreiköpfiger Armmuskel, Knorrenmuskel).
Nebenwirkung: Die Unterarmmuskeln stabilisieren die Handgelenke und werden deshalb hauptsächlich statisch beansprucht.

Übungsgeräte: Brustpresse liegend; Multipresse; Lang- und Kurzhanteln.

Variationen: Je steiler die Bank gestellt wird, um so mehr verlagert sich die Belastung vom Brust- in den Schulterbereich. Variationen in der Griffbreite (weit, schulterbreit und eng) sowie evtl. in der Griffart (Ristgriff und Parallelgriff) erzeugen ebenfalls eine unterschiedliche Beanspruchung der trainierten Muskulatur. Auf den Fotos wird die Bewegung im Ristgriff mit etwas über-schulterbreiter Griffweite dargestellt.

Hinweise: Machen Sie kein Hohlkreuz, heben Sie den Kopf nicht an und stützen Sie sich, zumindest anfangs, mit den Füßen etwas breiter als auf den Fotos mit vollem Sohlenkontakt ab, um Ihre Körperposition zu stabilisieren. Wenn Sie nach einiger Zeit genügend Gefühl für diesen Bewegungsablauf haben, ist der feste Bodenkontakt nicht mehr so wichtig.
Achten Sie vor allem zum Bewegungsbeginn auf seitlich abgespreizte Arme, um die Brustmuskulatur vorzudehnen und damit optimal zu trainieren. Senken Sie das Gewicht nicht zu weit ab bzw. verstellen Sie den Trainingshebel der Maschine weiter nach oben, wenn Sie als Anfänger(in) im Brust- und Schulterbereich noch zu unbeweglich sind.

Übung 22
Bankdrücken negativ

Aus der Rückenlage auf der negativ geneigten Schrägbank (Kopf und Oberkörper liegen tiefer als die Oberschenkel) werden die Arme gegen den Gewichtswiderstand senkrecht nach oben gestreckt und in der Negativphase wieder gebeugt.

Hauptwirkung: Brust (großer und kleiner Brustmuskel); Schulter vorn (vorderer Teil des Deltamuskels); Oberarm vorn (zweiköpfiger Armmuskel, Hakenarmmuskel); Oberarm hinten (dreiköpfiger Armmuskel, Knorrenmuskel).

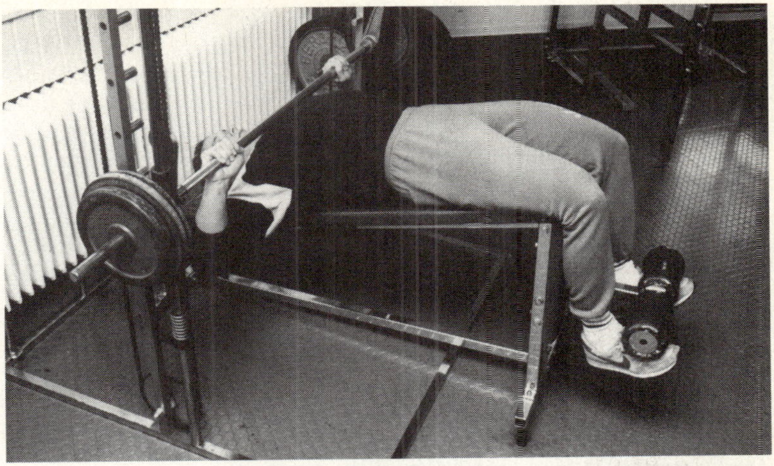

Nebenwirkung: Die Unterarmmuskeln fixieren die Hände und werden deshalb isometrisch angespannt.

Übungsgeräte: Brustpresse liegend; Multipresse (siehe Fotos); Lang- und Kurzhanteln.

Variationen: Wenn Sie die negative Neigung der Bank verstärken, wird auch der breite Rückenmuskel an der Bewegung beteiligt. Die verschiedenen Griffbreiten (eng, schulterbreit und weit) und Griffarten (Geräteabhängig: Ristgriff oder Parallelgriff) ermöglichen ebenfalls Variationen der spezifischen Muskelbeanspruchung. Das Beispiel auf den Fotos zeigt die Übung im Ristgriff (Handrücken zeigt zum Kopf) mit etwas über-schulterbreiter Griffweite.

Hinweise: Achten Sie auf stabile Lage auf der Bank. Machen Sie kein Hohlkreuz und heben Sie den Kopf nicht an! Stützen Sie sich mit den Füßen an den Rollenpolstern (wie in den Fotos dargestellt) oder am Boden ab. Drücken Sie nicht mit abgewinkelten Händen, sondern fixieren Sie die Handgelenke in Verlängerung der Unterarme!
Wer im Schultergürtel noch zu unbeweglich ist, sollte anfangs die Griffstange weiter nach oben verstellen, um aus einer erhöhten Ausgangsposition zu drücken. Hierdurch wird die Vordehnung und damit die Gefahr von Zerrungen im Brust- und Schulterbereich verringert.

Übung 23
Barrenstützdrücken

Diese Übung besteht aus einem Wechsel von Beuge- und Streckstütz an den beiden parallelen Barrenholmen des Gerätes.
Der in der Ausgangsposition tief hängende Körper wird durch energische Armstreckung angehoben und anschließend in der Negativphase, der Belastung durch das eigene Körpergewicht nachgebend, wieder so weit wie möglich nach unten abgesenkt.

Hauptwirkung: Brust (großer und kleiner Brustmuskel); Schulter (vorderer und hinterer Teil des Deltamuskels, großer und kleiner Rundmuskel, Unterschulterblattmuskel, Untergrätenmuskel); Rücken außen und innen (breiter Rückenmuskel, großer und kleiner Rautenmuskel); Nacken (Schulterblattheber); Oberarm vorn (zweiköpfiger Armmuskel); Oberarm hinten (dreiköpfiger Armmuskel, Knorrenmuskel).
Nebenwirkung: Die Unterarme werden hauptsächlich isometrisch beansprucht.

Übungsgeräte: Stützbarren (siehe Fotos); Stützbarrenmaschine.

Variationen: Da diese Streckbewegung relativ viel Kraft erfordert, sollten Untrainierte anfangs an der Stützbarrenmaschine (ohne Foto) trainieren, um sich die nötige Streckkraft zur Bewältigung des eigenen Körpergewich-

tes anzueignen. Diese Maschine unterstützt das Anheben des Körpers durch einen individuell belastbaren Gewichtshebel, dessen freier Arm bei gestreckten Beinen an den Fußsohlen angreift.
Fortgeschrittene können andererseits beim Üben am Stützbarren das Körpergewicht durch Hantelscheiben erhöhen, welche lose zwischen den Knien hängend an einem Gürtel befestigt sind.

Hinweise: Halten Sie während des ganzen Bewegungsablaufes den Kopf aufrecht und den Rücken möglichst gerade. Senken Sie den Körper kontrolliert ab, um nicht durchzusakken. Wenn es Ihnen an Stützkraft mangelt, bremsen Sie die Abwärtsbewegung rechtzeitig vor dem tiefsten Punkt ab; die nachfolgende Streckung fällt Ihnen dann leichter! Um den Boden nicht zu berühren sollten Sie die Unterschenkel, wie auf den Fotos, waagerecht anheben, und – was sehr wichtig ist – diese Position während der Armstreckung auch beibehalten! Anfänger verstoßen häufig gegen dieses Prinzip, indem sie die Unterschenkel bei der Aufwärtsbewegung des Körpers schwungvoll nach unten strecken. Diese Schwungunterstützung erleichtert zwar das Anheben des Körpers; sie verringert andererseits aber die Trainingswirkung.

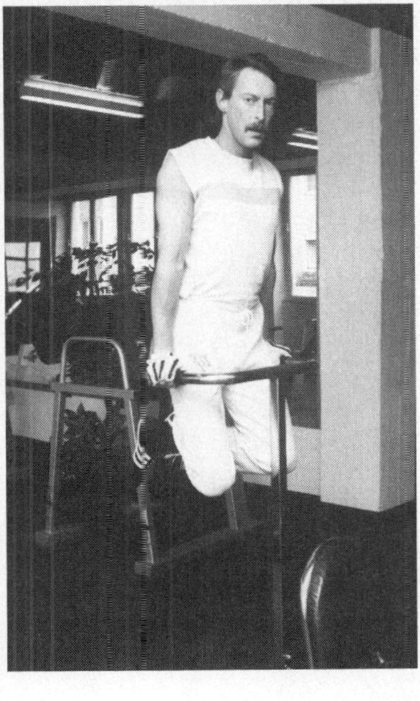

Isolierte Rücken-Nacken-Übungen

Bei den beiden folgenden *isolierten* Übungen handelt es sich um Bewegungsabläufe, die speziell die Nackenmuskulatur und die wirbelsäulennahe Muskelgruppe zwischen den Schulterblättern entwickeln. Um die Wirkung auf die angesprochene Muskulatur zu verstärken, schließen diese Übungen die aktive Mitarbeit von nicht direkt beteiligten Muskelgruppen (in diesem Fall die Brust-, Schulter- und Armmuskulatur) weitgehend aus. Da bei vielen Fitnesssportlern und häufig auch bei Bodybuildern die haltungsstabilisierende innere Rückenmuskulatur – zwischen den Schulterblättern – im Vergleich zur Brust relativ unterentwickelt ist, ist es zweckmäßig, diese speziellen Übungen in das Trainingsprogramm aufzunehmen und in regelmäßigen Abständen durchzuführen.

Übung 24
Schulterziehen nach hinten

Im Langsitz, mit gestreckten Armen und aufrechtem Oberkörper, werden die Schultern gegen den Gewichtswiderstand so weit wie möglich nach hinten gezogen, wobei sich die Schulterblätter maximal annähern (Foto rechts unten). Anschließend bewegen sich die Schultern nachgebend wieder so weit wie möglich nach vorn in die Ausgangsposition (Foto rechts oben), in der die Schulterblätter den größtmöglichen Abstand voneinander aufweisen.

Hauptwirkung: Rücken innen und Nacken (großer und kleiner Rautenmuskel, Kapuzenmuskel, Schulterblattheber); Rücken außen (breiter Rückenmuskel).
Nebenwirkung: Die Hüft- und Rückenstrecker sowie die Schulter- und Armmuskulatur werden ausschließlich statisch beansprucht.

Übungsgeräte: Die Bodenzugmaschine mit Fußauflager ist das geeignetste Gerät für diese Übung. Prinzipiell ist das Training jedoch an allen Zugmaschinen mit Zug von unten durchführbar. Ersatzweise kann diese Bewegung auch im Grätschstand bei waagerecht nach vorn geneigtem Oberkörper mit Kurz- und Langhanteln in den Händen trainiert werden.

Variationen: Sie können den Oberkörper während des ganzen Bewegungsablaufes senkrecht oder in einer schräg nach hinten geneigten Stellung fixieren. Bei der Schräglage werden die Schultern zusätzlich etwas angehoben, wodurch die Wirkung auf die Nackenpartie verstärkt wird. Die verschiedenen möglichen Griffarten wirken sich nur sehr geringfügig auf die hier trainierte Rückenmuskulatur aus.

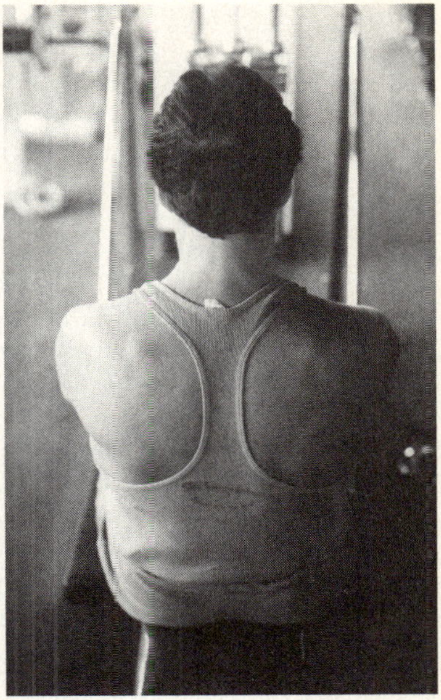

Hinweise: Achten Sie bei dieser Übung darauf, daß sich während des ganzen Bewegungsablaufes nur die Schultern bzw. die Schulterblätter nach hinten innen bewegen; auch wenn der Bewegungsausschlag, vor allem bei Anfängern, im Vergleich zu vielen anderen Übungen relativ klein ist. Halten Sie die Arme und Beine gestreckt und fixieren Sie den Oberkörper und den Kopf, um die innere Rückenmuskulatur isoliert und effektiv zu trainieren.
Diese spezielle Übung wird oft vernachlässigt, obwohl sie einen wichtigen ästhetischen und funktionellen Ausgleich für das Brusttraining darstellt, welches nicht nur bei Bodybuildern häufig zu einseitig betrieben wird.

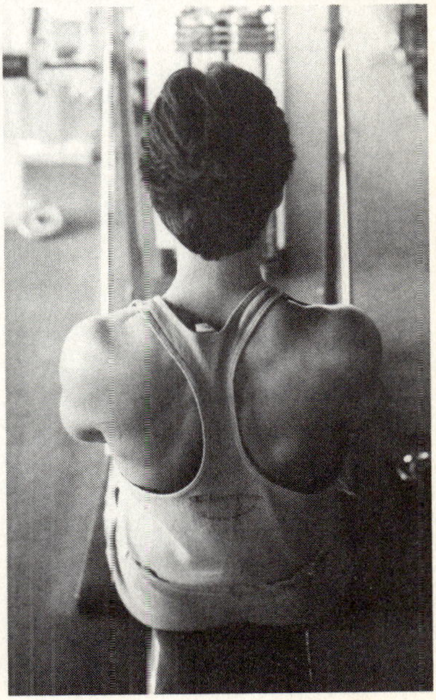

Übung 25
Schulterheben im Stand

Im Stand mit mittelweiter Fußstellung werden die Schultern gegen den Gewichtswiderstand so weit wie möglich nach oben angehoben und anschließend nachgebend wieder so tief wie möglich abgesenkt.

Hauptwirkung: Nacken (oberer Teil des Kapuzenmuskels, Schulterblattheber); Rücken innen (großer und kleiner Rautenmuskel).
Nebenwirkung: Der obere Teil des großen Brustmuskels sowie die Schulter- und Armmuskulatur werden hauptsächlich isometrisch beansprucht.

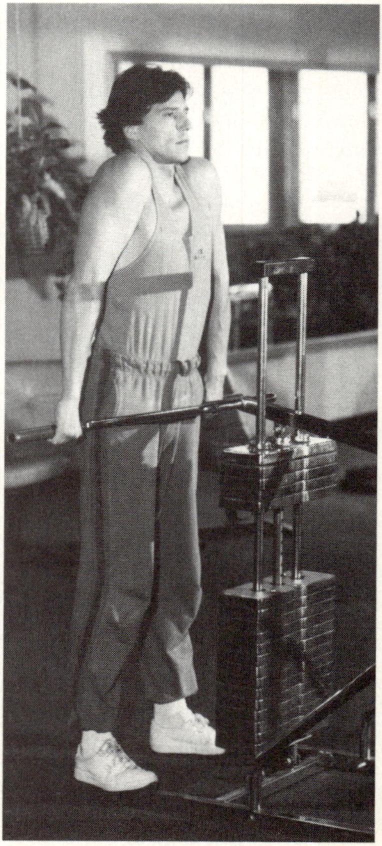

Übungsgeräte: Auf den Fotos wird die Übung an der liegenden Brustpresse (ohne Bank) demonstriert. Die Multipresse, sämtliche Zugmaschinen mit Zug von unten sowie Lang- und Kurzhanteln sind für diesen Zweck ebenfalls geeignet.

Variationen: Je nach Ihrer Stellung zum Trainingshebel der Maschine (näher oder weiter entfernt) können Sie diese Zugbewegung etwas hinter dem Körper, seitlich am Körper oder etwas vor dem Körper durchführen. Das Training mit der Langhantel ist ebenfalls vor oder hinter dem Körper möglich. Mit Kurzhanteln können Sie diese Übung auch bequem im Langsitz auf einer Bank durchführen.
Auf den Fotos wird der schulterbreite Ristgriff dargestellt. Sie können jedoch auch enger oder weiter greifen und den Parallelgriff (Handrücken zeigen nach außen) oder den Kammgriff (Handrücken zeigen nach hinten) anwenden.

Hinweise: Versuchen Sie, die Schultern so weit wie möglich – mit der Tendenz nach hinten – anzuheben und abzusenken, um einen möglichst großen Bewegungsausschlag zu erzielen. Achten Sie darauf, daß die Arme immer gestreckt bleiben. Diese Übung wird Ihnen anfangs etwas schwerfallen; bemühen Sie sich dennoch um eine korrekte Ausführung.

Isolierte Armübungen

Diese isolierten Übungen für die Arme sind dadurch gekennzeichnet, daß sie ohne Bewegung im Schultergelenk stattfinden und somit die aktive Mitarbeit der Oberkörpermuskulatur weitgehend ausschließen.

Übung 26
Armbeugen beidarmig seitlich nach oben

Im Stand werden die waagerecht nach außen gestreckten Arme gegen den Gewichtswiderstand gebeugt und die Hände zum Kopf geführt. In der folgenden Negativphase werden die Arme nachgebend wieder bis zur Ausgangsstellung gestreckt.

Hauptwirkung: Oberarm vorn (zweiköpfiger Armmuskel, Armbeuger, Oberarmspeichenmuskel); Unterarm (runder Einwärtsdreher, kurzer und langer radialer Handstrecker, radialer und ulnarer Handbeuger, langer Hohlhandmuskel).
Nebenwirkung: Die Schultergürtelmuskulatur wird statisch beansprucht.

Übungsgeräte: Zug von oben an der Diagonalzugmaschine. Für einarmiges Training eignen sich alle Zuggeräte mit Zug von oben. Der erste Teil der Bewegung – von der Streckung bis zur rechtwinkligen Beugung – kann auch mit Kurzhanteln improvisiert werden.

Variationen: Unterschiedliche Oberarmstellungen haben unterschiedlich starke Vordehnungszustände des zweiköpfigen Armmuskels zur Folge. Sie können die Oberarme in waagerechter, etwas angehobener oder abgesenkter Position sowie nach vorn oder hinten zeigend fixieren.
Die größte Vordehnung des zweiköpfigen Armmuskels wird bei nach hinten abgesenkter Oberarmstellung erzeugt.
Die Griffbügel der Zugseile können im Kammgriff, wie auf den Fotos, und im Ristgriff (Handrücken zeigt zum Kopf) gefaßt werden. Bei Verwendung von Seilgriffen anstatt der Griffbügel kann diese Übung auch im Parallelgriff (Handrücken zeigt nach hinten) trainiert werden.

Hinweise: Um eine stabile Körperposition zu gewährleisten und um beide Arme mit gleicher Intensität zu trainieren, sollten Sie mit etwa schulterbreiter Fußstellung genau in der Mitte des Diagonalzuges stehen. Da mit dieser Übung die Armbeuger möglichst isoliert trainiert werden sollen, ist es wichtig, die gewählte Oberarmstellung während des ganzen Bewegungsablaufes nicht zu verändern!

Übung 27
Armbeugen einarmig vor dem Körper

Im seitlichen Stand zum Zuggerät (Zug von unten) wird der nach unten gestreckte Arm gegen den Gewichtswiderstand im Ellbogen gebeugt und der Unterarm zur Brust geführt. In der anschließenden Negativphase erfolgt die nachgebende Streckung des Arms zurück in die Ausgangsstellung.

Hauptwirkung: Oberarm vorn (zweiköpfiger Armmuskel, Armbeuger, Oberarmspeichenmuskel); Unterarm (runder Einwärtsdreher, langer und kurzer radialer Handstrecker, radialer und ulnarer Handbeuger, langer Hohlhandmuskel).
Nebenwirkung: Die Muskulatur des Schultergürtels fixiert unter isometrischer Anspannung den Oberarm.

Übungsgeräte: Alle Zugmaschinen mit Zug von unten. Mit einer Kurzhantel läßt sich diese Übung ebenfalls effektiv trainieren.

Variationen: Die Vordehnung des zweiköpfigen Armmuskels kann durch unterschiedliche Oberarmstellungen verändert werden. Der Oberarm kann in einer vom Körper etwas abgespreizten Position (Foto unten links) oder eng am Körper anliegend (Foto unten rechts) fixiert werden. Die größte

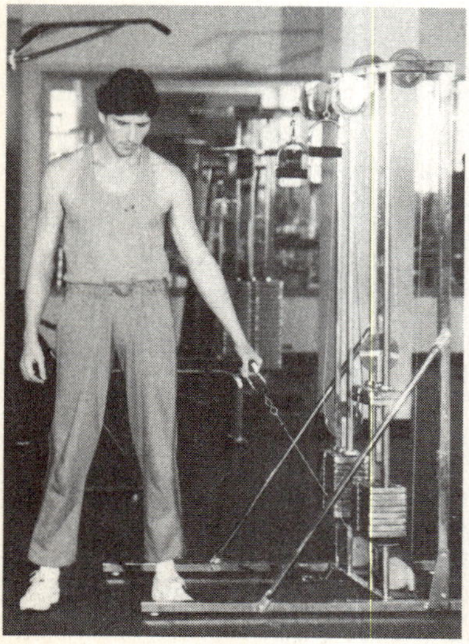

Vordehnung wird bei dieser Bewegungsform erreicht, wenn der Oberarm schräg nach hinten außen abgespreizt wird. Die verschiedenen möglichen Griffarten – Kammgriff (wie auf den Fotos), Ristgriff und Parallelgriff – verändern ebenfalls die Vordehnung der Armbeugemuskulatur.

Besondere Hinweise: Um die Armbeugemuskulatur isoliert zu trainieren, ist es notwendig, Bewegungen im Schultergelenk zu vermeiden. Konzentrieren Sie sich deshalb darauf, den Oberarm in der ursprünglich eingenommenen Position während des gesamten Bewegungsablaufes so gut wie möglich zu fixieren. Die Fixierung fällt Ihnen leichter, wenn Sie mit eng an der Brust anliegendem Oberarm trainieren!

Übung 28
Armbeugen (Scott-Curls)

Diese Übung wird normalerweise im Sitzen an einer speziellen Armbeugemaschine (Scott-Curl-Maschine) trainiert, wobei die Brust und die Oberarmrückseiten auf den Polstern des Gerätes abgestützt werden. Die schräg unten gestreckten Arme werden gegen den Widerstand so weit wie möglich gebeugt und in der Negativphase wieder gestreckt.

Hauptwirkung: Oberarm vorn (zweiköpfiger Armmuskel, Armbeuger, Oberarmspeichenmuskel); Unterarm (runder Einwärtsdreher, langer und kurzer radialer Handstrecker, radialer und ulnarer Handbeuger, langer Hohlhandmuskel).
Nebenwirkung: Der Schultergürtel wird isometrisch angespannt.

Übungsgeräte: Scott-Curl-Maschine; Zugmaschinen mit Zug von unten; Langhantel; SZ-Hantel. Mit Kurzhanteln kann einarmiges und beidarmig-alternierendes Training durchgeführt werden.

Variationen: Scott-Curls (benannt nach dem amerikanischen Bodybuilder Larry Scott) werden am Bodenzug, mit der Lang- und der SZ-Hantel gerätebedingt im Stand durchgeführt. Das Kurzhanteltraining kann, wie an der Curl-Maschine, auch im Sitzen erfolgen.
Beachten Sie die auf den Fotos dargestellten Griff- und Griffbreitenvariationen (Fotos S. 140, Nr. 1 u. 4: Handrücken oben, enger Griff; Foto 2: Handrücken unten, weiter Griff; Foto 3: Handrücken außen, schulterbreiter Griff). In Foto 2 ist am Trainingshebel der Maschine der zusätzlich angebrachte, mehrfach gekröpfte SZ-Griff zu sehen, der verschiedene schräge Handstellungen ermöglicht. Da ein Wechsel der Griffart die Arme (vor

1

2

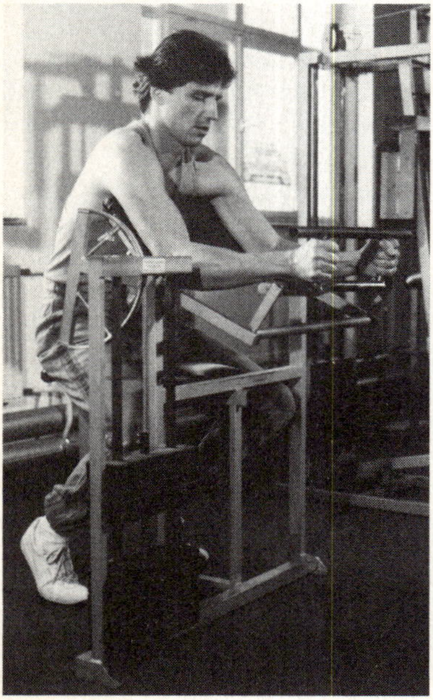
3

4

allem die Unterarme) um ihre Längsachse verdreht, ändert sich damit auch die Lage der Muskelansätze zu den Muskelursprüngen. Dies bewirkt verschieden starke Vordehnungszustände der Muskulatur am Bewegungsbeginn sowie Änderungen der Zugrichtung der trainierten Muskeln. Periodische Wechsel der Griffart und der Griffbreite erzeugen aufgrund dieser Faktoren eine vielseitige Belastung und damit eine vollkommene Entwicklung der angesprochenen Muskulatur. Wenden Sie deshalb, besonders im fortgeschrittenen Stadium, diese Variationen in regelmäßigen Abständen an!

Hinweise: Stellen Sie die Curl-Maschine so passend wie möglich auf Ihre Körpermaße ein (Sitz- und Polsterhöhe, Polsterneigung und Hebellänge). Der Drehpunkt des Trainingshebels und die Ellbogengelenke als Drehpunkte der Arme sollen möglichst auf einer Achse liegen. So trainieren Sie effektiv und schützen sich vor Verletzungen. Wenn Sie am Zuggerät (Foto 4) oder mit Hanteln trainieren, fixieren Sie außer den Handgelenken auch den aufrechten Oberkörper und die Oberarme, so daß sich während der ganzen Übung nur die Unterarme bewegen. Die Scott-Curl-Maschine hat den Vorteil, daß sie diese Fixierung durch entsprechende Polster- und Hebelgestaltung erleichtert. Sie ist deshalb für das isolierte Armbeugetraining besonders geeignet.
Beim Training mit schweren Gewichten sollten Sie die Abwärtsbewegung rechtzeitig und kontrolliert abbremsen, um Verletzungen im Ellbogengelenk zu vermeiden.

Übung 29
Armstrecken einarmig nach vorn

Im Stand mit den Rücken zur Zugmaschine (Zug von oben), wobei der Oberarm waagerecht nach vorn angehoben ist, wird der Unterarm gegen den Gewichtswiderstand nach vorn gestreckt und in der Negativphase nachgebend wieder bis zur maximalen Beugestellung zurückgeführt.

Hauptwirkung: Oberarm hinten (dreiköpfiger Armmuskel, Knorrenmuskel).
Nebenwirkung: Die Brust, die Oberarmvorderseite und der Unterarm wirken als Stabilisatoren und werden somit isometrisch angespannt.

Übungsgeräte: Alle Zugmaschinen mit Zug von oben. Ersatzweise kommen auch Kurzhanteln bei dieser Übung zur Anwendung.

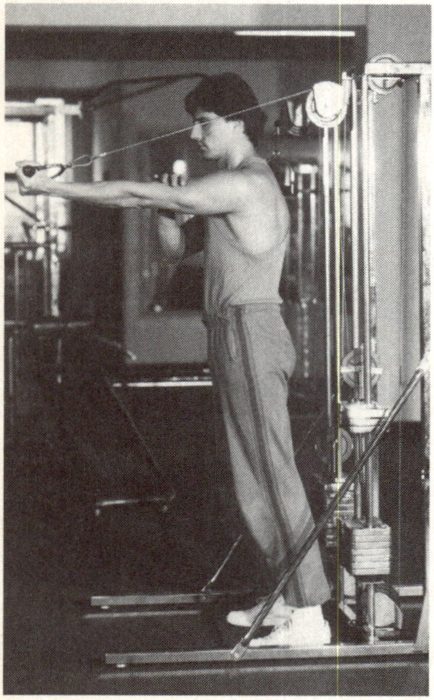

Variationen: Der Oberarm kann in waagerechter, etwas nach unten oder etwas nach oben geneigter Position fixiert werden. Die größte Vordehnung des dreiköpfigen Armmuskels, der die Hauptarbeit bei der Armstreckung leistet, wird erzeugt, wenn der Oberarm schräg nach oben angehoben wird. Wenn man anstatt des Griffbügels, der die auf den Fotos gezeigten Griffarten ermöglicht, einen Seilgriff am Zugkabel befestigt, kann man die Bewegung auch im Parallelgriff (Handrücken zeigt nach außen) durchführen.

An der Doppelzugmaschine können Sie diese Übung auch beidarmig (gleichzeitig oder alternierend) trainieren. Bei höheren Gewichten wird dies jedoch problematisch, da Sie den Körper im Stand an der Maschine nicht abstützen können. In diesem Fall sollten Sie diese Streckbewegung einarmig durchführen, da das halbierte Gewicht Sie nicht so stark nach hinten zieht und Ihnen dadurch die Einhaltung der aufrechten Körperposition erleichtert.

Hinweise: Wenn Sie sich, wie auf den Fotos, nicht am Gerät abstützen können, sollten Sie mit leichter Körpervorlage oder im leichten Ausfallschritt trainieren, um die Körperposition zu stabilisieren. Unterstützen Sie die Fixierung des Oberarmes mit der freien Hand, wie es auf den Fotos dargestellt ist, um Bewegungen im Schultergelenk zu vermeiden und die Armstreckmuskulatur weitgehend isoliert zu trainieren.

Übung 30
Armstrecken einarmig nach unten

Im frontalen Stand zur Zugmaschine (Zug von oben), mit seitlich am Körper fixiertem Oberarm, wird der Unterarm gegen den Gewichtswiderstand nach unten gestreckt und anschließend in der Negativphase nachgebend wieder in die maximale Beugestellung zurückgeführt.

Hauptwirkung: Oberarm hinten (dreiköpfiger Armmuskel, Knorrenmuskel).
Nebenwirkung: Schulter, Rücken und Unterarm werden statisch beansprucht.

Übungsgeräte: Alle Zugmaschinen mit Zug von oben.

Variationen: Der Oberarm kann senkrecht, schräg nach vorn oder schräg nach hinten zeigend fixiert werden. Die Vordehnung des dreiköpfigen Armmuskels nimmt etwas zu, wenn der Oberarm schräg nach vorn unten zeigt.
Außer den beiden auf den Fotos dargestellten Griffarten kommt bei dieser Übung auch häufig der Parallelgriff (Handrücken zeigt nach außen) zur Anwendung.

Hinweise: Stehen Sie aufrecht mit mittelweiter Fußstellung oder in leichtem Ausfallschritt und stützen Sie sich mit dem freien Arm am Gerät ab.

Achten Sie besonders darauf, die anfangs eingenommene Oberarmposition während des ganzen Bewegungsablaufes beizubehalten, um Bewegungen in der Schulter zu vermeiden und die Armstrecker isoliert zu trainieren!
Wenden Sie in regelmäßigen Abständen die verschiedenen Griffarten an, um eine einseitige Belastung der trainierten Muskulatur zu vermeiden.

Übung 31
Armstrecken beidarmig nach unten

Im Stand, frontal zur Zugmaschine (Zug von oben) und mit seitlich am Körper angelegten Oberarmen werden die Unterarme gegen den Gewichtswiderstand nach unten gestreckt und in der folgenden Negativphase wieder in die gebeugte Ausgangsposition zurückgeführt.

Hauptwirkung: Oberarm hinten (dreiköpfiger Armmuskel, Knorrenmuskel).

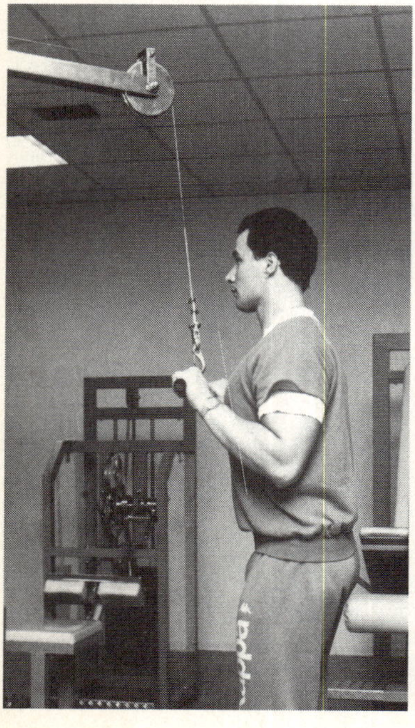

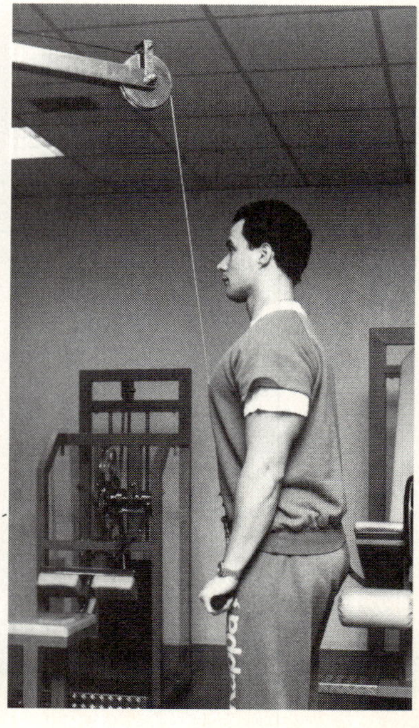

Nebenwirkung: Rücken, Schultern und Unterarme verrichten statische Haltearbeit und werden deshalb isometrisch angespannt.

Übungsgeräte: Zuggeräte mit Zug von oben.

Variationen: Die Oberarme können in den Positionen senkrecht nach unten, schräg nach vorn-unten oder schräg nach hinten-unten zeigend fixiert werden. Die Vordehnung des dreiköpfigen Armmuskels wird etwas verstärkt, wenn der Oberarm schräg nach vorn unten zeigt.
Außer dem auf den Fotos dargestellten Ristgriff können noch der Kammgriff, der Parallelgriff (siehe Foto, S. 85) und bei Verwendung einer SZ-Griffstange, verschiedene schräge Griffarten angewandt werden. Im allgemeinen wird diese Übung im schulterbreiten Griff trainiert. Es ist jedoch von Vorteil, gelegentlich etwas enger oder weiter zu greifen.

Hinweise: Halten Sie während der Übung den Körper ruhig und fixieren Sie die Oberarme seitlich am Oberkörper. Die Bewegung soll nur in den Ellbogengelenken ohne Schulterbeteiligung stattfinden, um die Armstreckmuskulatur isoliert zu trainieren! Wechseln Sie in regelmäßigen Abständen die Griffart, um eine einseitige Muskelbeanspruchung zu vermeiden.
Stellen Sie sich so nahe an die Zugmaschine, daß der Griff möglichst senkrecht nach unten gezogen wird.

Übung 32
Armstrecken mit abgestützten Oberarmen

Im Sitz an der Armstreckmaschine, wobei sich die Oberarme und die Brust auf den schrägen Polstern des Gerätes abstützen, werden die gebeugten Arme gegen den Gewichtswiderstand schräg nach unten gestreckt und in der Negativphase nachgebend wieder in die maximale Beugestellung der Ausgangsposition zurückgeführt.

Hauptwirkung: Oberarm hinten (dreiköpfiger Armmuskel, Knorrenmuskel).
Nebenwirkung: Brust, Rücken, Schultern und Unterarme verrichten statische Haltearbeit.

Übungsgerät: Armstreckmaschine.

Variationen: Je nach Beschaffenheit des Trainingshebels können die beiden in den Fotos gezeigten Griffe sowie der Parallelgriff (Handrücken zeigt

nach außen) und schräge Griffarten angewandt werden. Variationen der Griffbreite sind ebenfalls möglich.

Hinweise: Dieses Gerät unterstützt durch die gepolsterten Auflager das isolierte Training der Armstrecker, da Schultern und Oberarme abgestützt werden. Wenn Sie also diese Muskelgruppe gezielt entwickeln wollen, sollten Sie die Armstreckung bevorzugt an dieser Maschine mit periodisch wechselnden Griffarten trainieren!

Komplexe Rumpf-Bein-Übungen

Die in diesem Kapitel vorgestellten Übungen dienen zur Entwicklung der unteren Rückenpartie sowie der Hüft-, Bauch- und Oberschenkelmuskulatur. Die Bewegungen finden demzufolge hauptsächlich im Wirbelsäulenbereich, in den Hüften und in den Kniegelenken statt und wirken jeweils auf mehrere Muskelgruppen.

Übung 33
Hüftbeugen negativ in Rückenlage

Aus der Rückenlage auf dem negativ geneigten Bauchbrett (der Kopf liegt tiefer als die Oberschenkel) wird der Oberkörper durch Hüftbeugung bis zur Senkrechten angehoben und in der anschließenden Negativphase durch nachgebende Rumpfstreckung in die Ausgangsposition zurückgeführt.

Hauptwirkung: Hüfte innen (Lenden-Darmbein-Muskel, Kamm-Muskel, äußerer Hüftlochmuskel); Hüfte außen (Schenkelbindenspanner); Oberschenkel vorn (gerader Schenkelmuskel); Oberschenkel innen (kurzer und langer Schenkelanzieher, Schneidermuskel, schlanker Muskel). Die Bauchmuskulatur (gerader Bauchmuskel, innerer und äußerer schräger Bauchmuskel, querer Bauchmuskel) wird hauptsächlich, jedoch intensiv isometrisch angespannt, da sie sich bei dieser Bewegung mit Ausnahme des geraden Bauchmuskels nur unwesentlich verkürzt.

Nebenwirkung: Unterschenkel- und Fußmuskulatur werden statisch beansprucht.

Übungsgeräte: Bauchbrett mit (Foto 2, S. 148) und ohne Keil; negative Schrägbank mit Fußpolstern; Römischer Stuhl (Foto rechts); evtl. auch Hyperextensionstation (Foto 3, S. 148).

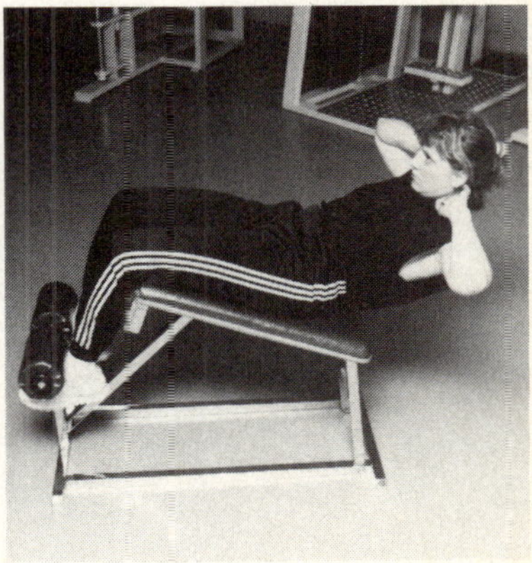

1

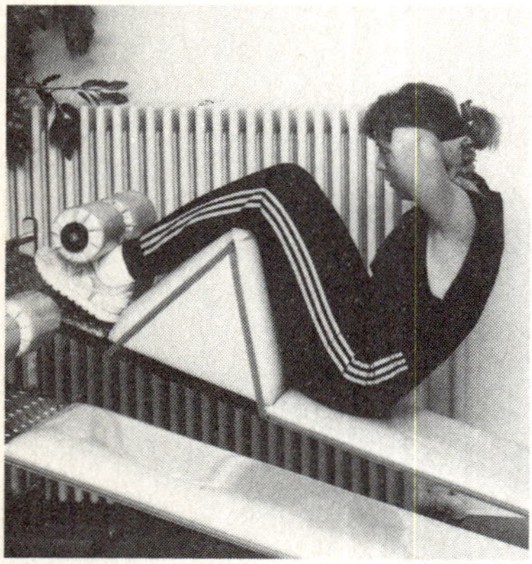
2

3

Variationen: Die Übung kann auch mit einer seitlichen Körperdrehung während des Aufrichtens durchgeführt werden (Foto 1). Hierbei wird die schräge Bauchmuskulatur nicht nur statisch, sondern auch dynamisch beansprucht. Die Beine sollten möglichst gebeugt sein. Die Bewegung fällt vor allem Anfängern leichter, wenn die Hände nicht hinter dem Kopf, sondern vor der Brust oder vor dem Bauch verschränkt werden. Untrainierte sollten anfangs mit geringer negativer Neigung (notfalls waagerecht oder positiv geneigt) des Schrägbretts trainieren. Fortgeschrittene können die Übung intensivieren, indem sie Hantelscheiben oder Kurzhanteln in der Hals-, Nacken- oder Brustregion halten und mit diesen Fremdgewichten das Aufrichten des Oberkörpers erschweren.

Hinweise: Konzentrieren Sie sich darauf, eine Hohlkreuzstellung der Wirbelsäule beim Aufrichten des Oberkörpers zu vermeiden! Dazu ist es notwendig, daß Sie am Bewegungsbeginn das Kinn zur Brust führen und die Aufrichtbewegung mit dem Kopf und den Schultern einleiten. So trainieren Sie mit wirbelsäulenschonendem Rundrücken und beteiligen gleichzeitig die geraden Bauchmuskeln durch die hiermit verbundene aktive Kontraktion intensiver an der Bewegung.
Vorsicht ist an der Hyperextensionstation (Foto 3) und am Römischen Stuhl (Foto 1) geboten: Da diese Geräte über keine Rückenauflage ver-

fügen, besteht die Gefahr, daß Sie, besonders bei schwach entwickelter Bauchmuskulatur, beim Zurückgehen in die Ausgangsstellung in eine Überstreckung (Hyperextension) mit Hohlkreuzbildung geraten. Bremsen Sie deshalb beim Training an diesen Geräten die Abwärtsbewegung des Oberkörpers rechtzeitig und konzentriert, wenn nötig schon vor der waagerechten Oberkörperposition ab, um Rückenverletzungen zu vermeiden! Da der wirbelsäulennahe Teil des Lenden-Darmbein-Muskels bei gestrecktem Hüftgelenk und überstreckter Lendenwirbelsäule aufgrund seiner Zugrichtung die Hohlkreuzbildung noch verstärkt, ist es zu empfehlen, bereits in der Ausgangsposition eine leichte Hüftbeugestellung einzunehmen. Ein Bauchbrett mit Keil erzwingt diese vorteilhafte Körperlage. Dieses Gerät ist mittlerweile in nahezu allen Studios vorhanden und sollte aus gesundheitlichen Gründen für das Hüft- und Bauchtraining im Liegen bzw. im Sitzen bevorzugt benutzt werden (Foto 2, S. 148).
Wenn Sie diese Ratschläge beherzigen und gerade hier nicht übertreiben, können Sie mit diesen Rumpfbeugeübungen Ihre Hüft- und Bauchpartie gezielt und harmonisch entwickeln und straffen, ohne Ihre Wirbelsäule zu gefährden!

Übung 34
Beinheben im Ellbogenstütz

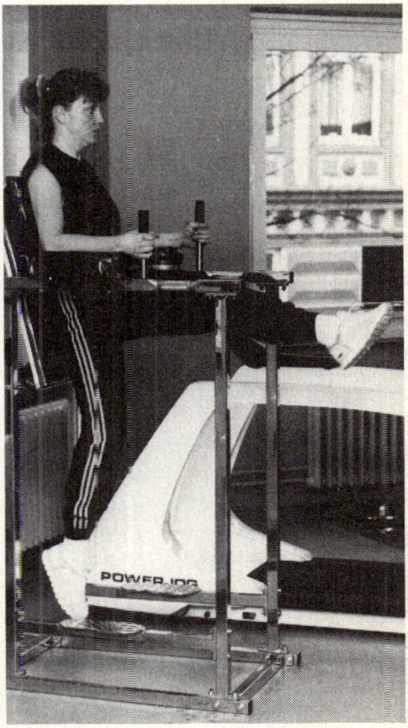

Im Stütz auf den gebeugten Ellbogen, wobei die Hände die Holmgriffe umfassen und der Rücken an der gepolsterten Lehne fixiert ist, werden die Beine so weit wie möglich angehoben und in der Negativphase nachgebend wieder gesenkt.

Hauptwirkung: Hüfte innen (Lenden-Darmbein-Muskel, Kamm-Muskel, äußerer Hüftlochmuskel); Hüfte außen (Schenkelbindenspanner); Oberschenkel vorn (gerader Schenkelmuskel); Oberschenkel innen (kurzer und langer Schenkelanzieher, Schneidermuskel, schlanker Muskel).
Die Bauchmuskulatur (gerader Bauchmuskel, innerer und äußerer

schräger Bauchmuskel, querer Bauchmuskel) wird intensiv isometrisch angespannt.
Nebenwirkung: Der Schultergürtel und die Oberarme werden durch ihre statische Stützfunktion ebenfalls isometrisch angespannt.

Übungsgerät: Hüftbeugestation vertikal.

Variationen: Die Beine können gleichzeitig oder wechselseitig (alternierend), gestreckt oder gebeugt angehoben werden. Das Radfahren kann simuliert werden, wenn die Knie beim Anheben gebeugt und beim Senken gestreckt werden.
Wenn Sie das Anheben der Beine über die Waagerechte mit einer Einrollbewegung des Rumpfes verbinden (Rundrücken), indem Sie die Hüften nach vorn oben schieben, erreichen Sie einen größeren Bewegungsausschlag und intensivieren gleichzeitig die aktive Kontraktion der geraden Bauchmuskeln. Fortgeschrittene können die Trainingswirkung steigern, wenn sie Gewichtsmanschetten o. ä. an den Fußknöcheln befestigen.

Hinweise: Die intensivste Trainingswirkung auf die angesprochene Muskulatur wird bei gleichzeitigem Anheben der gestreckten Beine in langsamer Bewegungsausführung erreicht.

Übung 35
Beinheben in Rückenlage

In der Rückenlage werden die gebeugten Beine gegen den Gewichtswiderstand, der an der Vorderseite der Oberschenkel angreift, angehoben und so weit wie möglich dem Rumpf angenähert. Anschließend werden die Beine nachgebend wieder in die Ausgangsposition zurückgeführt.

Hauptwirkung: Hüfte innen (Lenden-Darmbein-Muskel, Kamm-Muskel, äußerer Hüftlochmuskel); Hüfte außen (Schenkelbindenspanner); Oberschenkel vorn (gerader Schenkelmuskel); Oberschenkel innen (kurzer und langer Schenkelanzieher, Schneidermuskel, schlanker Muskel). Die Bauchmuskulatur (gerader Bauchmuskel, innerer und äußerer schräger Bauchmuskel, querer Bauchmuskel) wird, mit Ausnahme des geraden Bauchmuskels, der sich auch geringfügig aktiv kontrahiert, intensiv isometrisch angespannt.
Nebenwirkung: Der Schultergürtel und die Arme stabilisieren die Körperposition und werden deshalb ebenfalls statisch beansprucht.

Übungsgeräte: Auf den Fotos wird die Übung auf einer liegenden Pull-over-Maschine mit entsprechender Verstellmöglichkeit des Trainingshebels durchgeführt. Es gibt jedoch auch spezielle liegende Hüftbeugemaschinen, die ausschließlich für diesen Bewegungsablauf ausgelegt sind. Ersatzweise können Sie diese Übung in Rückenlage auf dem Boden oder auf der waagerechten Bank auch an den verschiedenen Seilzuggeräten mit Zug von unten durchführen: Beidbeiniges Training ist an der Doppelzug-

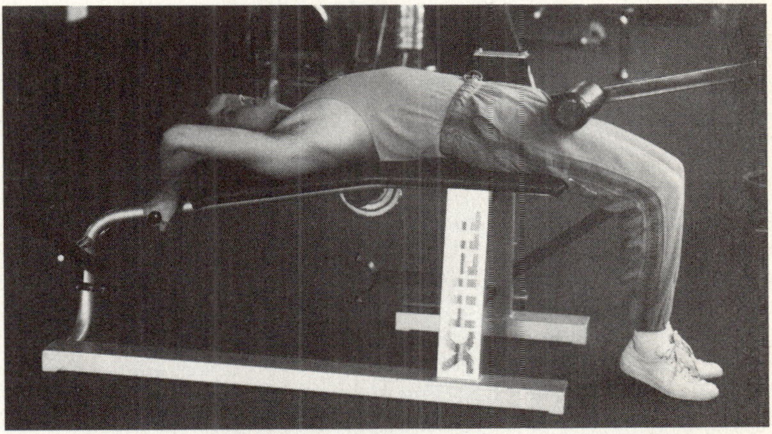

maschine, einbeiniges Training an der Diagonalzugmaschine und am Bodenzug möglich. Hierbei ist es zweckmäßig, die Zugkabel mit einer geeigneten Schlaufe oder mit einem Seil an den Fußknöcheln zu befestigen und den Abstand zur Maschine so zu wählen, daß die Zugkabel in der gestreckten Ausgangsposition bereits gespannt sind.

Variationen: Beim Training an der Doppelzugmaschine können Sie die Übung auch alternierend – ähnlich der Tretbewegung beim Radfahren – durchführen.

Hinweise: Diese Übung ist gekennzeichnet durch eine intensive, vorwiegend isometrische Anspannung der Bauchmuskulatur. Sie können die geringe aktive Verkürzung des geraden Bauchmuskels verstärken, indem Sie in einer Art «Einrollbewegung» in der Endposition das Gesäß von der Unterlage abheben und es etwas der Brust annähern. Um die Einrollbewegung zu erleichtern, sollten Sie allerdings das Rollenpolster auf dem Trainingshebel weiter nach außen verschieben, damit es an den Oberschenkeln über den Knien und nicht in der Leistengegend anliegt.
Vor allem beim Training mit höheren Gewichten besteht die Gefahr, daß Sie am Bewegungsbeginn, bei überstreckter Hüfte, durch die Kontraktion des Lenden-Darmbein-Muskels unwillkürlich ein Hohlkreuz machen und damit u. U. Ihre Wirbelsäule schädigen. Konzentrieren Sie sich darauf, dies zu vermeiden, indem Sie während des ganzen Bewegungsablaufes, besonders jedoch in der Ausgangsposition die Lendenwirbelsäule bewußt auf die Unterlage pressen! Wenn Ihnen das schwerfällt, reduzieren Sie das Gewicht und verstellen Sie, wenn möglich, den Trainingshebel der Maschine etwas nach oben, so daß Ihre Hüften am Bewegungsbeginn bereits etwas gebeugt sind. Durch diese Erleichterung können Sie die unerwünschte Hohlkreuzbildung und die damit verbundene Gefährdung der Lendenwirbelsäule vermeiden. Falls Sie mit der Mechanik der Maschine noch nicht vertraut sind, lassen Sie sich diese vom Trainer oder von der Trainerin demonstrieren.
Denken Sie daran, daß ein effektives Training zur Straffung der Bauch- und Hüftregion vor allem durch höhere Wiederholungszahlen und demzufolge nur mit leichter bis mittlerer Gewichtsbelastung realisiert wird!
Wenn Sie auf dem Boden liegend am Zuggerät trainieren sollten Sie die stabile Rückenlage durch Festhalten an einem Fixpunkt gewährleisten. Dazu dient z. B. eine mit Hantelscheiben beschwerte Bank hinter Ihrem Kopf, deren Füße Sie mit den Händen fassen und somit ein Wegrutschen des Körpers in Richtung zur Maschine vermeiden.

Übung 36
Beinheben nach vorn, stehend

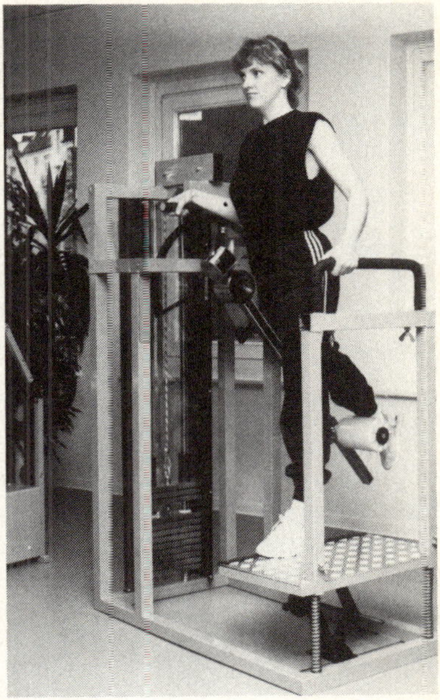

Im einbeinigen seitlichen Stand zum Gerät wird das nach hinten gestreckte Spielbein gegen den Gewichtswiderstand so weit wie möglich nach vorn angehoben und anschließend nachgebend wieder nach hinten abgespreizt. Das Bein wird während des ganzen Bewegungsablaufes gestreckt gehalten, wobei der Gewichtswiderstand vorn über dem Fußrist angreift.

Hauptwirkung: Hüfte innen (Lenden-Darmbein-Muskel, Kamm-Muskel, äußerer Hüftlochmuskel); Hüfte außen (Schenkelbindenspanner); Oberschenkel vorn (gerader Schenkelmuskel); Oberschenkel innen (kurzer und langer Schenkelanzieher, Schneidermuskel, schlanker Muskel).

Nebenwirkung: Die Bauchmuskulatur und die Streckmuskeln der Lendenwirbelsäule stabilisieren das Becken und werden somit statisch beansprucht. Die Oberschenkelvorderseite hält das Knie gestreckt und wird deshalb, mit Ausnahme des geraden Schenkelmuskels, ebenfalls isometrisch angespannt.

Übungsgeräte: Hüfttrainingsmaschine stehend (siehe Fotos). Ersatzweise kann diese Übung auch den verschiedenen Zuggeräten mit Zug von unten durchgeführt werden. Hierzu ist allerdings eine Fesselschlaufe nötig, die in Höhe des Sprunggelenkes über den Unterschenkel gestülpt wird.

Variationen: Wenn Sie die Belastung des Knies vermeiden wollen, sollten Sie das Rollenpolster des Trainingshebels nach oben verschieben, so daß es am Oberschenkel über dem Knie anliegt.

Hinweise: Fixieren Sie den aufrechten Oberkörper, indem Sie sich mit beiden Händen am Gerät festhalten. Stellen Sie die Hebel der Maschine so ein, daß Sie in der Anfangsposition bei nach hinten gestrecktem Spielbein bereits den Gewichtswiderstand spüren.
Wenn Sie das Spielbein zu weit zurückführen, besteht die Gefahr, daß Sie in eine zu starke Überstreckung mit Hohlkreuzbildung gelangen. Vermeiden Sie dies, indem Sie die Rückführung des Beines rechtzeitig und kontrolliert abbremsen! Achten Sie darauf, daß sich Ihr Hüftgelenk und der Drehpunkt des Trainingshebels auf einer Achse befinden; evtl. benötigen Sie einige Gummiplatten als Unterlage unter dem Standbein, um ein Höhendefizit auszugleichen.

Übung 37
Kniebeugen mit der Hantel im Nacken

Aus dem stabilen Stand mit mittelweiter Fußstellung und leicht nach außen gedrehten Füßen wird der Körper, der Belastung des Hantel- und Körpergewichts nachgebend gebeugt, bis die Oberschenkel die Waagerechte erreicht haben. Anschließend erfolgt, gegen den Gewichtswiderstand, die aktive Streckung in den Hüft-, Knie- und Sprunggelenken, bis der aufrechte Stand wieder erreicht ist.

Hauptwirkung: Gesäß (großer, mittlerer und kleiner Gesäßmuskel); Hüfte innen (birnförmiger Muskel, vierseitiger Schenkelmuskel); Oberschenkel vorn (vierköpfiger Schenkelmuskel); Oberschenkel hinten (langer Kopf des zweiköpfigen Schenkelmuskels, Halbsehnenmuskel, Plattsehnenmuskel); Oberschenkel innen (großer Schenkelanzieher); Unterschenkel hinten (Schollenmuskel, Zwillingswadenmuskel, langer und kurzer Wadenbeinmuskel, hinterer Schienbeinmuskel, langer Zehenbeuger, langer Großzehenbeuger, Sohlenspanner).
Nebenwirkung: Die Bauchmuskulatur und besonders die Rückenstrecker halten den Oberkörper in der senkrechten Lage und werden dementsprechend intensiv isometrisch angespannt.

Übungsgeräte: Lang- und Jochhantel mit Hantelständer für die Ablage. Die Kniebeuge ist notfalls auch mit Kurzhanteln, die mit den Händen auf den Schultern fixiert werden, durchführbar.

Variationen: Die Fußstellung kann weiter oder enger gewählt werden, wobei die Standsicherheit bei zu enger Position nicht mehr gewährleistet ist. Bei weiter nach außen gedrehter Fußstellung werden die Adduktoren an der Oberschenkelinnenseite verstärkt mittrainiert. Die sogenannte Tiefkniebeuge wird bis zum tiefsten Punkt (Oberschenkel berühren die Waden; siehe Foto rechts oben) ausgeführt, während die halbe Kniebeuge mit der waagerechten Oberschenkelposition endet. Beim Vorliegen von Kniebeschwerden ist es zweckmäßig, das Absenken des Körpers noch früher zu beenden! Anfängern wird die korrekte Übungsausführung erleichtert, wenn sie mit den Fersen auf einer keilförmigen Unterlage stehen und dadurch die Vordehnung im Wadenbereich verringern.

Hinweise: *Kopf hoch; Rücken gerade und möglichst aufrecht; Gesäß tief! Aus den Beinen heben, nicht aus dem Rücken!* Prägen Sie sich diese Grundsätze für die Kniebeuge ein, egal ob an der freien Hantel oder an der Maschine, und beherzigen Sie sie konsequent; besonders wenn Sie mit höheren Gewichten trainieren! Lassen Sie sich von Ihrem Trainer oder Ihrer Trainerin korrigieren, um diese wirksame Komplexübung

ohne Gefährdung der Wirbelsäule zu absolvieren. Das Foto Seite 155 rechts oben zeigt eine vorbildliche Beugestellung mit geradem Rücken, hohem Kopf und tiefem Gesäß! Bei der Streckung aus dieser Position ist es wichtig, daß Sie die Schultern zumindest gleichzeitig mit dem Gesäß – keinesfalls später – anheben und daß Sie in jeder Phase der Streckung einen Rundrücken vermeiden. Streben Sie bei dieser Übung bewußt eine Tendenz zum Hohlkreuz an! Benutzen Sie zum Aufladen und Ablegen des Gewichtes einen entsprechend hohen Hantelständer. Legen Sie sich ein gefaltetes Handtuch in den Nacken und fixieren Sie die Hantel mit den Händen möglichst weit außen. Trainieren Sie mit hohen Gewichten nie ohne Hilfestellung zu beiden Seiten und vergewissern Sie sich, bevor Sie die Hantel aufnehmen, daß die Scheiben mit angezogenen Stellringen gegen Abgleiten von der Stange gesichert sind!
Wenn in Ihrem Studio eine Jochhantel vorhanden ist, sollten Sie diese auch ausprobieren: Diese Stange ist in der Mitte «schulterfreundlich» geformt und abgepolstert und drückt nicht auf die Halswirbelsäule.
Da bei Anfängern, insbesondere bei Frauen, bedingt durch Bewegungsmangel und durch das Tragen von hochhackigen Schuhen, häufig Achillessehnen und Wadenmuskeln verkürzt sind, ist anfangs die obengenannte keilförmige Unterlage unter den Fersen zu empfehlen. Wenn die Verkürzung durch Gymnastik korrigiert ist, sollte ohne Unterlage trainiert werden, um die gewonnene Beweglichkeit zu erhalten.
Ob Sie die tiefe oder die halbe Kniebeuge durchführen, hängt von Ihren körperlichen Voraussetzungen ab: Haben Sie genügend Gleichgewichtsgefühl, sind Sie entsprechend dehnfähig und frei von Kniebeschwerden, so sollten Sie die Beugung bis zum tiefsten Punkt ausführen. Lernen Sie als Anfänger(in) diese Bewegung erst kennen, so ist die zweite Version zu empfehlen. Richten Sie sich gerade bei dieser Übung nach Ihrem objektiven Körpergefühl und nicht nach den subjektiven Ratschlägen der «erfahrenen Profis».
Übrigens: Denken Sie auch im Alltag, wenn Sie den Wäschekorb oder die Werkzeugkiste hochwuchten müssen, an die obigen Prinzipien: «Kopf hoch! Rücken ...!» Ihre Bandscheiben werden es Ihnen danken.

Übung 38
Kniebeugen mit der Hantel auf der Brust

Bei dieser speziellen «Gewichtheberkniebeuge» liegt die Hantel vorn auf den Schultern und auf der oberen Brustmuskulatur in Höhe des Halsansatzes. Die Ellbogen sollen dabei so weit wie möglich nach vorn gerichtet sein. Diese Übung erfordert große Beweglichkeit in den Schulter-, Ellbogen- und Handgelenken. Bedingt durch die Lage der

Hantel auf der Brust und die damit verbundene Verschiebung des Schwerpunktes nach vorn, werden hier erhöhte Ansprüche an die Bewegungskoordination und an das Gleichgewichtsgefühl gestellt.
Um Verletzungen durch Abrollen der Hantel nach vorn zu vermeiden, muß diese sicher auf der Brust und auf den Schultern fixiert werden. Hierzu trägt neben den nach vorn abgespreizten Ellbogen und dem erhobenen Kopf vor allem der gerade und möglichst aufrechte Rücken bei. Vergleichen Sie in dieser Beziehung Foto rechts und Foto S. 155 oben: Um das Gleichgewicht zu erhalten, muß der Rücken bei der Kniebeuge mit der Hantel auf der Brust steiler aufgerichtet sein als bei der Kniebeuge mit der Hantel im Nacken. Da die steilere Rükkenposition die Wirbelsäule weniger belastet, ist – bei korrekter Ausführung – das Training mit der Hantel auf der Brust vorzuziehen! Anfänger, die diese spezielle Übung erlernen wollen, sollten zuerst die halbe Kniebeuge (Foto rechts unten) mit geringem Gewicht und mit einer Unterlage unter den Fersen durchführen. Nach dieser Eingewöhnungsphase sollte die tiefe Kniebeuge ohne erleichternde Fersenunterstützung angestrebt werden.

Hauptwirkung und Nebenwirkung:
siehe Übung 37, S. 154.
Übungsgerät:
Langhantel mit Hantelständer.

Variationen: Wenn Sie über die entsprechende Beweglichkeit in den Schultern verfügen, können Sie die Kniebeuge – mit reduziertem Gewicht – auch mit der Hantel in der Hochhalte mit gestreckten Armen und weitem Griff für die Gleichgewichts- und Koordinationsschulung durchführen (Reißkniebeuge, ohne Abb.).

Hinweise: Achten Sie beim Training mit der freien Hantel auf genügend Freiraum in jeder Richtung und entfernen Sie herumliegende Gegenstände, damit Sie notfalls das Gewicht durch ausgleichende Schritte ausbalancieren können.
Weitere Ausführungsprinzipien sind in Übung 37 beschrieben.

Übung 39
Kniebeugen mit Rückenentlastung

In der Ausgangsposition befindet sich der Körper in der Hockstellung frontal zum Gerät, wobei die Hände die Haltegriffe umfassen und damit die Körperposition stabilisieren. Gegen den Gewichtswiderstand, der im Hüftbereich angreift, werden nun die Beine und die Hüften bis zur aufrechten Endposition des Körpers gestreckt. In der anschließenden Negativphase wird der Körper, der Gewichtsbelastung nachgebend, wieder in die Hocke abgesenkt.

Hauptwirkung: Gesäß (großer, mittlerer und kleiner Gesäßmuskel); Hüfte innen (birnförmiger Muskel, vierseitiger Schenkelmuskel); Oberschenkel vorn (vierköpfiger Schenkelmuskel); Oberschenkel hinten (langer Kopf des zweiköpfigen Schenkelmuskels, Halbsehnenmuskel, Plattsehnenmuskel); Oberschenkel innen (großer Schenkelanzieher); Unterschenkel hinten (Schollenmuskel, Zwillingswadenmuskel, langer und kurzer Wadenbeinmuskel, hinterer Schienbeinmuskel, langer Zehenbeuger, langer Großzehenbeuger, Sohlenspanner).

Nebenwirkung: Die Bauchmuskulatur und die Streckmuskeln der Lendenwirbelsäule werden statisch beansprucht.

Übungsgerät: Kniebeugemaschine mit Seilzug von unten.

Variationen: Üblicherweise wird die Kniebeuge mit etwa schulterbreiter, leicht nach außen rotierter Fußstellung durchgeführt. Wenn Sie die Adduktorenmuskulatur an der Oberschenkelinnenseite intensiver trainieren wollen, sollten Sie die Füße noch weiter nach außen drehen, wodurch die Knie in der Hocke auseinander klaffen und bei der Streckung zusammengeführt (adduziert) werden.
Je tiefer Sie in die Hocke gehen (im Extremfall berühren sich Oberschenkelrückseite und Waden), um so größer wird die Hubhöhe und damit der Bewegungsausschlag und um so intensiver wird auch die Trainingswirkung. Leider nimmt in gleicher Weise auch die Druck- und Quetschbeanspruchung in den Knien zu, von der besonders die Zwischenknorpel (Menisken) betroffen werden. Beim Vorliegen von Kniebeschwerden sollten Sie deshalb höchstens die halbe Hocke (Oberschenkel waagerecht, siehe Foto links) ausführen. Wenn Sie auch mit dieser Einschränkung nicht schmerzfrei trainieren können, sollten Sie zumindest für einige Zeit auf die Kniebeugen verzichten und geeignete, in diesem Buch beschriebene Ersatzübungen bevorzugen sowie einen Sportorthopäden zu Rate ziehen.

Hinweise: Bei dieser speziellen, rückenschonenden Kniebeuge wird das Zugseil, das über die untere Umlenkrolle der Maschine läuft, an einem Gürtel in Hüfthöhe befestigt. Das Gewicht greift also in der Hüft- und Lendenwirbelgegend an, wodurch zumindest der obere Teil der Wirbelsäule entlastet wird. Da der Lendenbereich jedoch nach wie vor über das Zugkabel beansprucht wird, sollten Sie auch bei dieser Übung auf einen geraden Rücken, erhobenen Kopf und möglichst aufrechten Oberkörper achten!

Übung 40
Kniebeugen an der Hackenschmidt-Maschine

Bei dieser Übung werden die Füße in mittelweiter Stellung und leicht nach außen gedreht mit vollem Sohlenkontakt auf die schräge Grundplatte der Maschine aufgesetzt. Gesäß, Rücken und Kopf werden möglichst großflächig (ohne Hohlkreuz) an das nach hinten geneigte Polster des Lastschlittens gepreßt. Die nach unten gestreckten Arme umfassen die Griffe des Schlittens. Durch Streckung in den Hüften, Knien und Sprunggelenken wird der Körper gegen den Gewichtswiderstand schräg nach hinten oben aufgerichtet und anschließend in der Negativphase wieder gesenkt.

Hauptwirkung: Gesäß (großer, mittlerer und kleiner Gesäßmuskel); Hüfte innen (birnförmiger Muskel, vierseitiger Schenkelmuskel); Oberschenkel

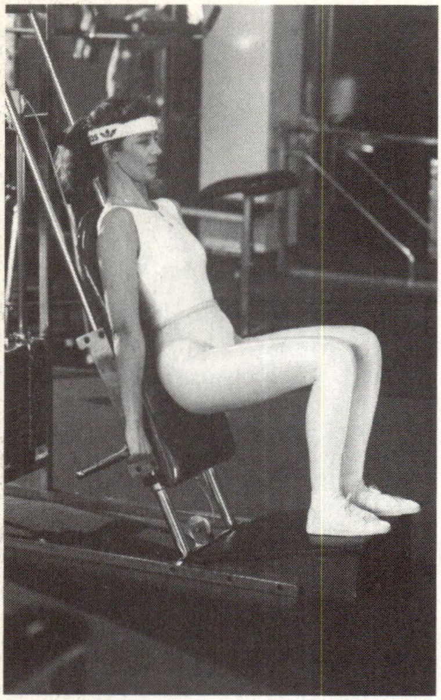

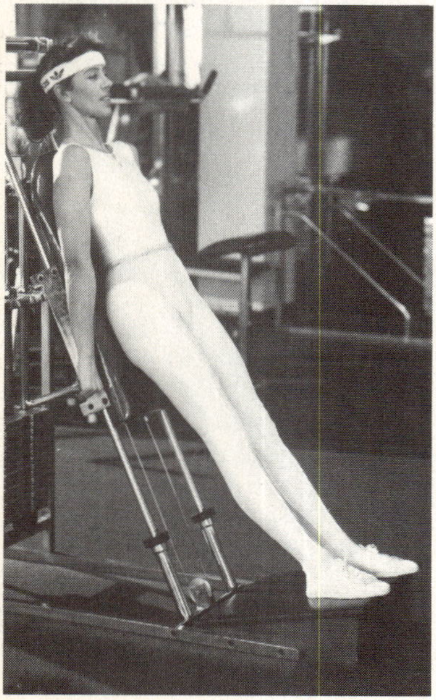

vorn (vierköpfiger Schenkelmuskel); Oberschenkel hinten (langer Kopf des zweiköpfigen Schenkelmuskels, Halbsehnenmuskel, Plattsehnenmuskel); Oberschenkel innen (großer Schenkelanzieher); Unterschenkel hinten (Schollenmuskel, Zwillingswadenmuskel, langer und kurzer Wadenbeinmuskel, hinterer Schienbeinmuskel, langer Zehenbeuger, langer Großzehenbeuger, Sohlenspanner).

Nebenwirkung: Bauch, Rückenstrecker, Schultergürtel und Arme werden isometrisch angespannt.

Übungsgerät:
Hackenschmidt-Maschine.

Variationen: Durch weiter nach außen gedrehte Fußstellung, als es auf den Fotos der Fall ist, werden die Adduktoren an den Oberschenkelinnenseiten besonders intensiv an der Streckbewegung beteiligt.

Hinweise: Diese Maschine, die nach einem russischen Schwerathleten namens Hackenschmidt benannt wurde, erleichtert durch den gepolsterten Schlitten die korrekte Hüft- und Kniestreckung mit geradem Rücken. Wenn Sie die Lendenwirbelsäule bewußt flach auf das Polster pressen, wird das Rückgrat insofern entlastet, als es nur auf Druck und nicht auf Biegung beansprucht wird, was für die Wirbelkörper und die Bandscheiben wesentlich verträglicher ist!

Übung 41
Beinstrecken waagerecht im Sitz

Im Sitz, mit geradem, angelehntem Rücken, wobei die Hände die Haltegriffe am Sitzpolster umfassen, werden die Beine gegen den Gewichtswiderstand waagerecht nach vorn gestreckt und in der Negativphase nachgebend wieder gebeugt.

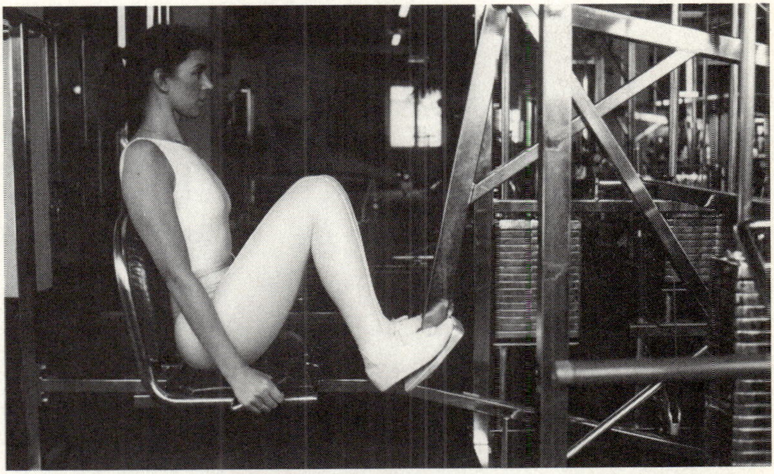

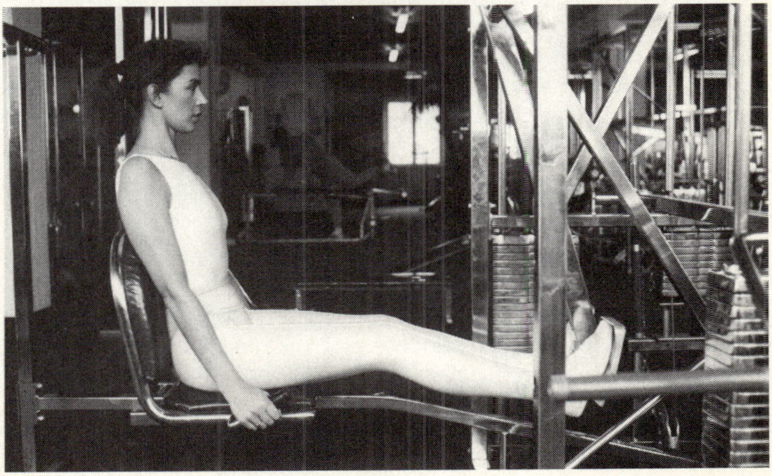

Hauptwirkung: Gesäß (großer, mittlerer und kleiner Gesäßmuskel); Hüfte innen (birnförmiger Muskel, vierseitiger Schenkelmuskel); Oberschenkel vorn (vierköpfiger Schenkelmuskel); Oberschenkel hinten (langer Kopf des zweiköpfigen Schenkelmuskels, Halbsehnenmuskel, Plattsehnenmuskel); Oberschenkel innen (großer Schenkelanzieher); Unterschenkel hinten (Schollenmuskel, Zwillingswadenmuskel, langer und kurzer Wadenbeinmuskel, hinterer Schienbeinmuskel, langer Zehenbeuger, langer Großzehenbeuger, Sohlenspanner).
Nebenwirkung: Bauch, Rücken, Schultergürtel und Arme werden statisch beansprucht.

Übungsgerät: Horizontale Beinpresse.

Variationen: Wenn Sie die Füße schräg nach außen drehen, so daß in der gebeugten Ausgangsposition die Knie auseinander klaffen, wird die Adduktorenmuskulatur an der Oberschenkelinnenseite besonders intensiv trainiert, da die Oberschenkel und die Knie bei der Streckung zusammengeführt (adduziert) werden.
Um die Trainingswirkung auf die Wadenmuskulatur zu erhöhen, sollte deren aktive Verkürzung verstärkt werden, indem Sie bei Erreichen der gestreckten Endposition der Beine die Füße in den Sprunggelenken zusätzlich strecken und die Fersen von der Unterlage abheben.
Anfänger sollten die Beugestellung am Bewegungsbeginn durch Verschieben des Sitzes nach hinten verringern, um die Hüft- und Kniegelenke nicht überzubeanspruchen. Nach einiger Zeit der Gewöhnung kann die Übung durch Verschieben des Sitzes nach vorn intensiviert werden.

Hinweise: Sitzen Sie aufrecht, drücken Sie das Gesäß und den Rücken – vor allem im Bereich der Lendenwirbelsäule – fest an die Lehne und fixieren Sie diese Position mit den Händen an den Haltegriffen. Achten Sie auf einen stabilen und rutschsicheren Kontakt der Fußsohlen mit den Druckplatten des Lasthebels.

Übung 42
Beinstrecken schräg in Rückenlage

In der Rückenlage werden die Hüften und die Beine gegen den Gewichtswiderstand schräg nach oben gestreckt und in der Negativphase nachgebend wieder gebeugt.

Hauptwirkung: Gesäß (großer, mittlerer und kleiner Gesäßmuskel); Hüfte innen (birnförmiger Muskel, vierseitiger Schenkelmuskel); Oberschenkel

vorn (vierköpfiger Schenkelmuskel); Oberschenkel hinten (langer Kopf des zweiköpfigen Schenkelmuskels, Halbsehnenmuskel, Plattsehnenmuskel); Oberschenkel innen (großer Schenkelanzieher); Unterschenkel hinten (Schollenmuskel, Zwillingswadenmuskel, langer und kurzer Wadenbeinmuskel, hinterer Schienbeinmuskel, langer Zehenbeuger, langer Großzehenbeuger, Sohlenspanner).
Nebenwirkung: Bauch, Rücken, Schultergürtel und Arme werden statisch beansprucht.

Übungsgerät: Schräge Beinpresse.

Variationen: Die Adduktorenmuskulatur an der Oberschenkelinnenseite wird verstärkt mittrainiert, wenn Sie die Füße schräg nach außen zeigend am Widerlager des Lastschlittens aufsetzen. Durch zusätzliche Streckung der Füße in den Sprunggelenken während der Endphase der Bewegung kann die Trainingswirkung auf die Unterschenkelmuskulatur intensiviert werden, da der Bewegungsausschlag der Füße hierdurch verlängert wird.
Sie können ferner die Hüft- und Kniebeugung in der Negativphase verstärken oder verringern, indem Sie die Auflager auf den beiden Gleitschienen, die den unteren Totpunkt des Schlittens bilden, nach unten oder oben verschieben.

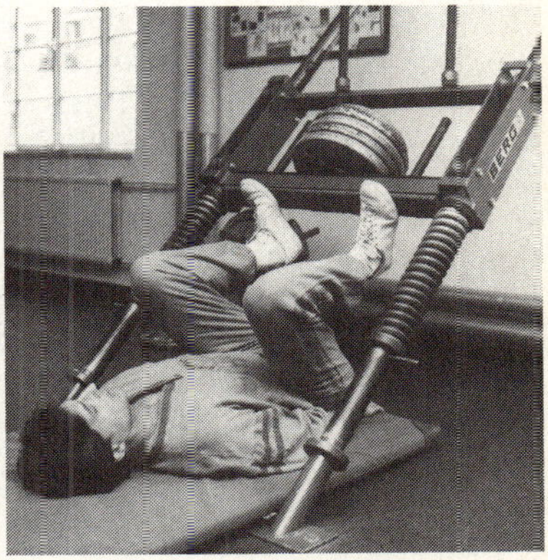

Hinweise: Drücken Sie die Lendenwirbelsäule bewußt nach unten, damit das Rückgrat in voller Länge auf der Unterlage aufliegt; heben Sie den Kopf nicht an und stabilisieren Sie diese Körperposition, indem Sie sich mit den Händen am Gerät oder am Polster festhalten. Wenn, wie auf den Fotos, die Sohlenauflage sehr schmal ist, setzen Sie die Füße so auf, daß Sie den Gegendruck im Mittelfuß oder im Fußballenbereich (keinesfalls in den Zehen oder Fer-

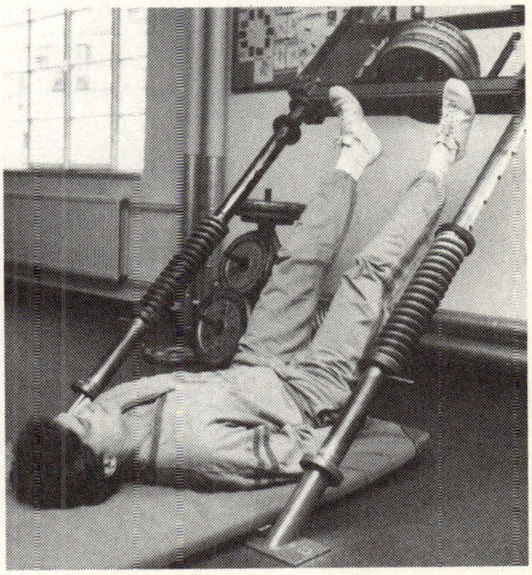

sen) spüren, um Verletzungen durch Abrutschen vom Lastschlitten zu vermeiden.
Die schräge Beinpresse ist im allgemeinen durch ihre stabile Ausführung auch für das Training mit sehr hohen Gewichten ausgelegt. Dies soll Sie jedoch nicht zu einer Überschätzung Ihrer körperlichen Fähigkeiten verleiten! Anfänger(innen) sollten auch an dieser Maschine mit geringem Gewicht und mäßiger Beugung der Knie in der Negativphase beginnen, um sich allmählich die nötigen konditionellen Voraussetzungen für eine sinnvolle Belastungssteigerung anzueignen.

Übung 43
Hüftstrecken in Rückenlage

In der Rückenlage werden die gebeugten Hüften gegen den Gewichtswiderstand, der in den Kniekehlen anliegt, bis zur waagerechten Oberschenkelposition gestreckt. In der anschließenden Negativphase werden die Oberschenkel wieder so nahe wie möglich an den Oberkörper herangezogen. Die Knie sollten während des ganzen Bewegungsablaufes gebeugt bleiben.

Hauptwirkung: Gesäß (großer, mittlerer und kleiner Gesäßmuskel); Hüfte innen (birnförmiger Muskel, vierseitiger Schenkelmuskel); Oberschenkel vorn (vierköpfiger Schenkelmuskel); Oberschenkel hinten (langer Kopf des zweiköpfigen Schenkelmuskels, Halbsehnenmuskel, Plattsehnenmuskel); Oberschenkel innen (großer Schenkelanzieher).
Nebenwirkung: Bauch, Rücken, Schultergürtel und Arme werden statisch beansprucht.

Übungsgerät: Hüftstreckmaschine liegend. Ersatzweise können Sie auch die verschiedenen Zugmaschinen mit Zug von oben benutzen, wenn Sie sich mit dem Kopf zum Gerät legen und die Griffe der Zugseile mit Lederriemen an der Außenseite der Oberschenkel in Kniehöhe befestigen. Beidbeiniges (auch alternierendes) Training ist an der Doppelzugmaschine, einbeiniges Training an der einfachen Zugmaschine möglich.

Variationen: Wenn Sie das Rollenpolster auf dem Trainingshebel weiter nach außen verschieben, so daß es hinten am Unterschenkel und nicht in der Kniekehle anliegt, können Sie diese Übung mit längerem Hebel und gestreckten Beinen durchführen. Experimentieren Sie und finden Sie so die Ihnen am geeignetsten scheinende Variante.

Hinweise: Drücken Sie die Lendenwirbelsäule bewußt auf die Unterlage, heben Sie das Gesäß und den Kopf nicht an und stabilisieren Sie diese

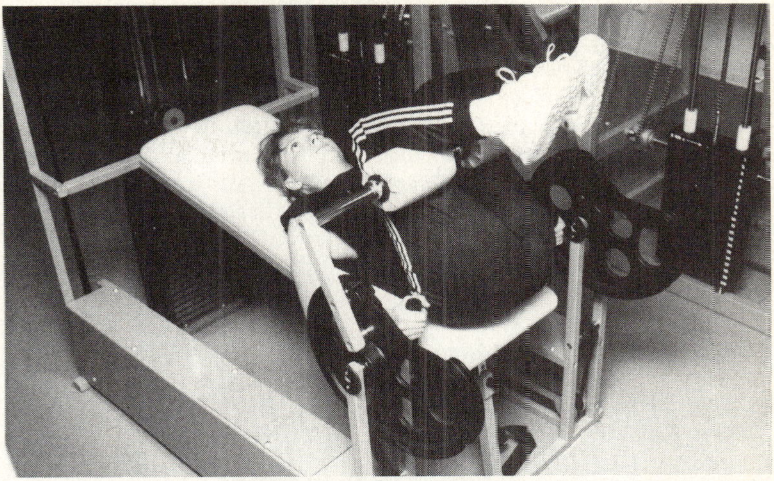

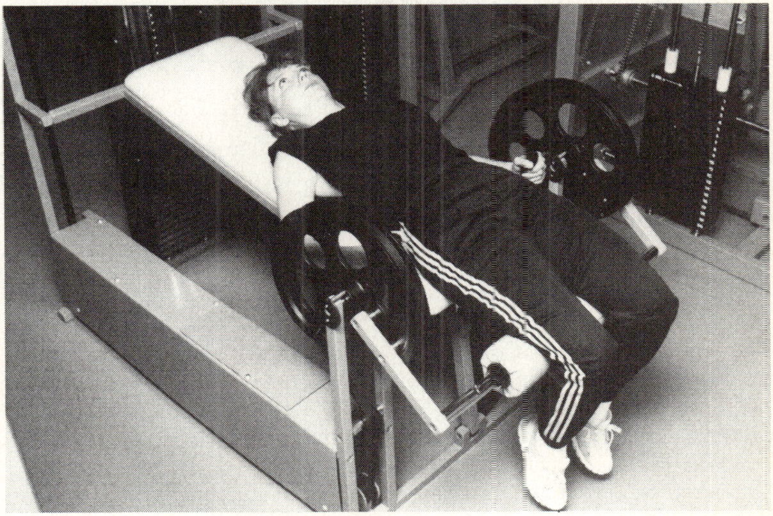

Körperposition auf der Bank, indem Sie sich mit den Händen am Gerät festhalten.
Beim Training mit höheren Gewichten ist es nötig, den Unterkörper mit einem Befestigungsgurt auf der Bank zu fixieren, um ein Abheben des Gesäßes zu vermeiden.
Falls Sie Kniebeschwerden haben, führen Sie die Übung nur mit gebeugten

Knien und kurzem Hebel (Anlage in der Kniekehle), wie auf den Fotos S. 165 dargestellt, durch, um die Belastung der Knie, die beim Training mit langem Hebel und gestreckten Beinen auftritt, zu vermeiden.
Achten Sie darauf, daß der Drehpunkt des Trainingshebels und Ihr Körperdrehpunkt (die Hüftgelenke) auf einer Achse liegen. Nur wenn diese Bedingung erfüllt ist, bewegen sich Ihre Oberschenkel und der Trainingshebel des Gerätes in jeder Phase des Bewegungsablaufes winkelgleich und damit synchron, was eine Voraussetzung für optimales Training darstellt.

Übung 44
Hüftstrecken in Bauchlage

In der Bauchlage auf der Hyperextension-Bank (hyperextension = Überstreckung) wird der nach unten gebeugte Oberkörper in die waagerechte Position angehoben (überstreckt) und anschließend nachgebend wieder nach unten gesenkt.

Hauptwirkung: Rücken (wirbelsäulennahe Rückenmuskulatur: Langmuskel, Darmbein-Rippenmuskel, Riemenmuskel, Dornmuskel, Zwischenquerfortsatz-Muskeln, vierseitiger Lendenmuskel, Halbdornmuskel, Zwischendorn-Muskeln, Drehmuskeln, vielgeteilter Muskel); Gesäß (großer, mittlerer und kleiner Gesäßmuskel); Hüfte innen (birnförmiger Muskel, vierseitiger Schenkelmuskel); Oberschenkel hinten (langer Kopf des zweiköpfigen Schenkelmuskels, Halbsehnenmuskel, Plattsehnenmuskel); Oberschenkel innen (großer Schenkelanzieher).
Nebenwirkung: Die Körperspannung setzt sich bis in die Unterschenkel fort und bewirkt somit eine statische Beanspruchung der Oberschenkel und der Waden. Die gesamte Bauchmuskulatur wird ebenfalls isometrisch angespannt.

Übungsgeräte: Hyperextension-Bank; Römischer Stuhl.

Variationen: Sie können das Aufrichten und Überstrecken des Oberkörpers jeweils mit einer Rotation um die Körperlängsachse nach rechts bzw. nach links verbinden, um die Wirkung auf die Rückenmuskulatur zu verstärken. Ferner wird bei dieser Variante die schräge Bauchmuskulatur nicht nur statisch, sondern durch aktive Verkürzung auch dynamisch beansprucht. Wenn Sie über gut entwickelte Rücken- und Rumpfmuskulatur verfügen, ist es zweckmäßig, die Übung durch Fremdgewichte (Hantelscheiben oder Kurzhanteln), die Sie im Nacken, vor der Brust oder auf den Schultern halten, zu erschweren und damit die Trainingswirkung zu erhöhen. Andererseits können Sie anfangs die Belastung verringern, wenn Sie die Hände nicht, wie üblich, hinter dem Kopf, sondern vor der Brust oder hinter dem Rücken verschränken.

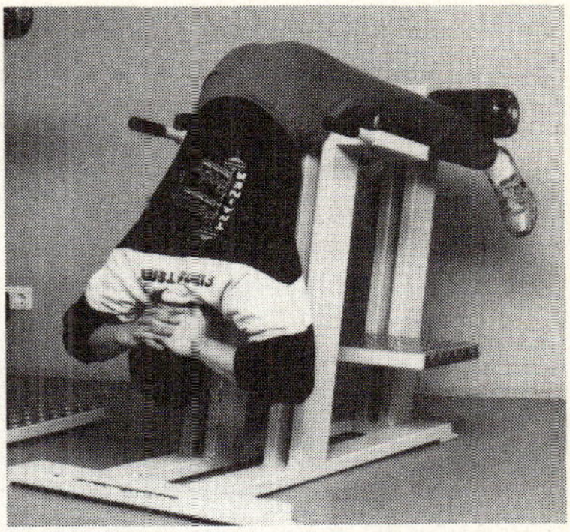

Hinweise: Legen Sie sich so auf die Hyperextension-Bank, daß das Oberschenkelpolster die Hüftbeugung in der Negativphase nicht behindert. Vermeiden Sie während des gesamten Bewegungsablaufes einen Rundrücken, indem Sie den Kopf in den Nacken nehmen und die Rückenmuskeln ständig angespannt halten. Besonders wichtig ist dies bei gesenktem Oberkörper (Foto rechts oben) und beim erschwerten Üben mit Oberkörperrotation (Foto rechts unten).

Die Ursache für die heute so zahlreichen Bandscheibenbeschwerden liegt in den meisten Fällen an einer zu schwach entwickelten Rückenmuskulatur. Es fehlt das straffe Muskelkorsett um die Wirbelsäule, welches die Bandscheiben und die Wirbelkörper in der richtigen Position zueinander fixiert und Verschiebungen mit den daraus resultierenden schmerzhaften Einklemmungen der Bandscheiben verhindert. Schaffen Sie sich die Voraussetzung für eine bis ins Alter funktionsfähige Wirbelsäule durch ein Muskeltraining, das auch diese Übung zur Entwicklung der wirbelsäulennahen Rückenmuskulatur gebührend berücksichtigt.

Übung 45
Beinsenken einbeinig, stehend

Im einbeinigen Stand wird das waagerecht nach vorn gestreckte Spielbein gegen den Widerstand nach unten gesenkt und in der Endphase nach hinten gestreckt. Anschließend wird das Bein nachgebend wieder in die Ausgangsstellung zurückgeführt.

Hauptwirkung: Gesäß (großer, mittlerer und kleiner Gesäßmuskel); Hüfte innen (birnförmiger Muskel, vierseitiger Schenkelmuskel); Oberschenkel innen (großer Schenkelanzieher); Oberschenkel hinten (Halbsehnenmuskel, Plattsehnenmuskel, langer Kopf des zweiköpfigen Beinbeugers).
Nebenwirkung: Die Streckmuskeln der Lendenwirbelsäule, die Bauchmuskeln und die Waden werden statisch beansprucht.

Übungsgeräte: Hüfttrainingsmaschine stehend. Ersatzweise kann diese Übung auch an den verschiedenen Zugmaschinen mit Zug von oben durchgeführt werden, wenn das Zugkabel mit einer Schlaufe an den Unterschenkeln befestigt wird.

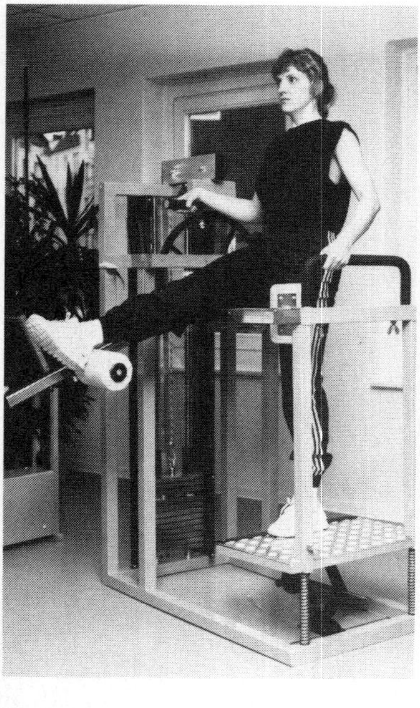

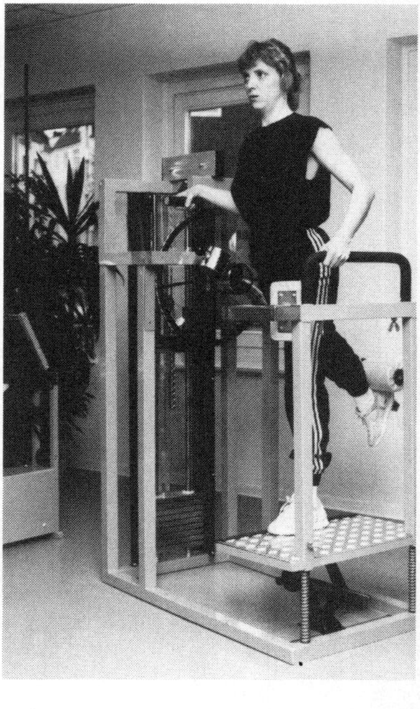

Variationen: Wenn bei dieser Übung Schmerzen im Kniegelenk auftreten, sollte das Rollenpolster auf dem Trainingshebel nach innen verschoben werden, so daß es mit verkürztem Hebel in der Nähe der Kniekehle am Oberschenkel anliegt.

Hinweise: Halten Sie den Oberkörper und den Kopf während des ganzen Bewegungsablaufes möglichst aufrecht und ruhig. Stützen Sie sich zu diesem Zweck mit den Händen am Gerät ab. Achten Sie darauf, daß sich das Hüftgelenk auf einer Achse mit dem Drehpunkt des Trainingshebels befindet, da sonst die Rolle auf Ihrem Bein «wandert». Verwenden Sie notfalls Gummiplatten zur Erhöhung der Standfläche.
Wenn das Gerät eine Winkelverstellung des Trainingshebels ermöglicht, so stellen Sie es so ein, daß Sie bei nach vorn gestrecktem Bein bereits einen deutlichen Widerstand spüren. Sie erzielen damit eine stärkere Vordehnung und eine intensivere Trainingswirkung.
Diese Übung wirkt straffend und kräftigend auf Gesäß, Hüfte und Oberschenkelrückseite und ist als körperlicher Ausgleich für vorwiegend sitzend Berufstätige besonders empfehlenswert!

Übung 46
Oberkörperaufrichten seitlich

Der Unterkörper liegt seitlich mit der Hüfte auf dem Sitzpolster der Hyperextension-Bank, wobei die überkreuzten Unterschenkel (oberer Fuß vorn, unterer Fuß hinten) den Körper an den Fußpolstern abstützen. Aus der waagerechten bzw. etwas nach unten hängenden Ausgangsposition wird der Oberkörper nach oben bewegt und anschließend nachgebend wieder abgesenkt.

Hauptwirkung: Rücken außen (breiter Rückenmuskel); Rücken innen (wirbelsäulennahe Rückenmuskulatur: Langmuskel, Darmbein-Rippenmuskel, Riemenmuskel, Dornmuskel, Halbdornmuskel, vielgeteilter Muskel, Zwischenquerfortsatz-Muskeln, Drehmuskeln, vierseitiger Lendenmuskel); Bauch (gerader Bauchmuskel, innerer und äußerer schräger Bauchmuskel, querer Bauchmuskel); Hüfte innen (Lenden-Darmbein-Muskel, innerer und äußerer Hüftlochmuskel, birnförmiger Muskel, Kamm-Muskel, vierseitiger Schenkelmuskel); Hüfte außen (Schenkelbindenspanner); Gesäß (großer, mittlerer und kleiner Gesäßmuskel); Oberschenkel innen (großer und kleiner Schenkelanzieher, kurzer und langer Schenkelanzieher, Schneidermuskel, schlanker Muskel); Oberschenkel hinten (Halbsehnenmuskel).

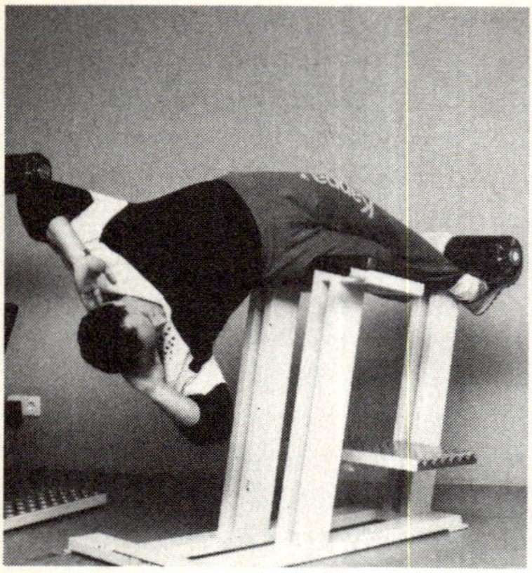

Nebenwirkung: Die Unterschenkel werden statisch beansprucht, da sie den Körper in der seitlichen Lage abstützen.

Übungsgeräte: Hyperextension-Station; Römischer Stuhl; ersatzweise auch Bauchbrett mit Fußpolster.

Variationen: Das seitliche Aufrichten wird erleichtert, wenn die Hände nicht hinter dem Kopf, sondern vor der Brust oder vor dem Bauch verschränkt werden, da der Körperschwerpunkt durch diese Gewichtsverlagerung in die Nähe der Hüfte verschoben wird. Andererseits können Fortgeschrittene durch Zusatzgewichte (Hantelscheiben oder Kurzhanteln), die in der Nacken-, Schulter- oder Brustgegend gehalten werden, die Belastung und damit die Trainingswirkung erhöhen.
Sie können die Aufrichtbewegung auch mit einer Oberkörperdrehung verbinden, um die Übung zu intensivieren: Rechtsdrehung erfolgt beim Liegen auf der linken Hüfte, Linksdrehung beim Liegen auf der rechten Hüfte. In der Negativphase erfolgt jeweils die Gegendrehung.

Hinweise: Trainieren Sie diesen speziellen Bewegungsablauf nur dann, wenn Sie im Bauch- und Rückenbereich über die nötige Grundkraft verfügen bzw. sich durch einfache Rumpftrainingsübungen erarbeitet haben. Sie benötigen diese konditionellen Voraussetzungen, um diese anstrengende Seitbeugung des Rumpfes korrekt und effektiv durchführen zu können.
Wenn Sie ohne Oberkörperrotation trainieren, sollte die Wirbelsäule nur in seitlicher Richtung gebeugt und der Kopf möglichst aufrecht gehalten werden.
Die zusätzliche Rotation (ohne Abb.) macht den Bewegungsablauf kom-

plizierter: Beim Liegen auf der rechten Hüfte (wie auf den Fotos) ist die Wirbelsäule in der Ausgangsposition nach unten gebeugt und nach rechts rotiert; in der Endposition ist sie nach oben gebeugt und nach links rotiert (Blick schräg nach oben). Achten Sie bei dieser Variante darauf, daß sowohl die Positiv- als auch die Negativphase auf halbem Weg einen gestreckten Rücken (jedoch kein Hohlkreuz) aufweist! Halten Sie diese Reihenfolge ein (Rotation mit Streckung – gestreckter Rücken – Rotation mit Beugung), um auch die Rückenstreckmuskulatur angemessen an der Bewegung zu beteiligen. Lassen Sie sich nach unten nicht durchsacken, sondern halten Sie den Körper beim kontrollierten Abkippen angespannt.
Es ist selbstverständlich aus Symmetriegründen die gleiche Wiederholungs- und Satzzahl in beiden Seitlagen zu trainieren.
Da heute die meisten Menschen Probleme mit Rücken oder Wirbelsäule haben, beachten Sie auf jeden Fall evtl. auftretende Rückenschmerzen! Es sei hier noch einmal betont, daß man mit einem vernünftig dosierten, auf die persönliche Körperkonstitution zugeschnittenen Muskeltraining alle Rückenbeschwerden positiv beeinflussen und viele sogar vollständig zum Verschwinden bringen kann. Voraussetzung dafür ist allerdings, daß man Schmerzsignale (auch leichte) des Körpers beachtet und zum Anlaß nimmt, die jeweilige Bewegung so abzuändern, daß sie schmerzfrei durchgeführt werden kann. Diese Änderung kann so aussehen, daß man Belastung, Wiederholungszahl oder Bewegungsgeschwindigkeit verringert, den Bewegungsausschlag nach der einen oder anderen Richtung begrenzt, bestimmte zusätzliche Bewegungen (hier z. B. die Oberkörperdrehung) wegläßt oder eine veränderte Körperposition wählt. Im Extremfall kann es sich als nötig erweisen, bestimmte Übungen völlig zu vermeiden und andere Bewegungsformen zu wählen.
Es sollte selbstverständlich sein, daß Sie beim Vorliegen von körperlichen Beschwerden fachärztlichen oder orthopädischen Rat suchen und diesen in Zusammenarbeit mit einem (einer) verantwortungsbewußten Trainer(in), bei der Gestaltung Ihres Übungsprogrammes berücksichtigen.

Übung 47
Beinheben seitlich, stehend

Im einbeinigen Stand frontal zur Maschine wird das um 90° nach außen gedrehte Spielbein gegen den Widerstand so weit wie möglich seitlich angehoben. Anschließend wird das Bein nachgebend wieder in die Ausgangsposition (Oberschenkel senkrecht) zurückgeführt.

Hauptwirkung: Hüfte innen (Lenden-Darmbein-Muskel, birnförmiger Muskel, innerer und äußerer Hüftlochmuskel, vierseitiger Schenkelmus-

kel); Hüfte außen (Schenkelbindenspanner); Gesäß (großer, mittlerer und kleiner Gesäßmuskel); Oberschenkel vorn (gerader Schenkelmuskel); Oberschenkel innen (Schneidermuskel).

Nebenwirkung: Die Streckmuskeln der Lendenwirbelsäule und die Bauchmuskeln stabilisieren das Becken und werden somit statisch beansprucht. Wenn der Widerstand wie auf dem Foto am Fußrist anliegt, werden auch die Kniestrecker an der Oberschenkelvorderseite (mit Ausnahme des geraden Schenkelmuskels) isometrisch angespannt.

Übungsgeräte: Hüfttrainingsmaschine stehend; ersatzweise auch Zugmaschinen mit Zug von unten.

Variationen: Sie können die Übung mit gebeugtem und mit gestrecktem Spielbein durchführen. Ferner besteht die Möglichkeit, die Rolle des Trainingshebels nach innen zu verschieben, so daß der Gewichtswiderstand bei verkürztem Hebel über dem Knie angreift. Experimentieren Sie und finden Sie so die Ihnen am geeignetsten scheinende Bewegungsform.

Hinweise: Halten Sie den Rücken gerade und den Kopf aufrecht und behalten Sie diese Stellung während des Beinhebens bei. Stützen Sie sich zu diesem Zweck am Gerät ab.
Die Bewegung findet in der Hüfte statt; stellen Sie sich deshalb so an die Maschine, daß Ihr Hüftgelenk auf einer Achse mit dem Drehpunkt des Trainingshebels liegt. Wenn Sie zu klein sind, nehmen Sie eine entsprechend hohe Unterlage für das Standbein.

Übung 48
Beinabspreizen im Stand

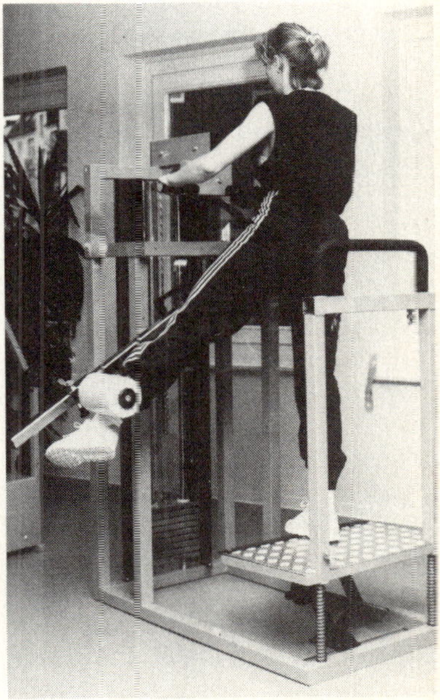

Im einbeinigen Stand frontal zur Maschine wird das gestreckte Spielbein gegen den Gewichtswiderstand, der über dem äußeren Fußknöchel angreift, seitlich nach außen abgespreizt. Anschließend erfolgt das nachgebende Zurückführen in die Ausgangsposition, wobei das Spielbein vor dem Standbein überkreuzt wird.

Hauptwirkung: Hüfte innen (birnförmiger Muskel, innerer Hüftlochmuskel); Hüfte außen (Schenkelbindenspanner); Gesäß (großer, mittlerer und kleiner Gesäßmuskel); Oberschenkel innen (Schneidermuskel).
Nebenwirkung: Die Streckmuskeln der Lendenwirbelsäule und die Bauchmuskeln stabilisieren das Becken und werden somit statisch beansprucht. Die Ober- und Unterschenkel werden ebenfalls isometrisch angespannt, wenn die Gewichtsbelastung am Fuß angreift.

Übungsgeräte: Hüfttrainingsmaschine stehend (siehe Fotos); Zugmaschinen mit Zug von unten.

Variationen: Sie können die seitliche Belastung des Kniegelenkes vermeiden, wenn Sie das Rollenpolster auf dem Trainingshebel nach innen zum Drehpunkt verschieben, so daß es über dem Knie an der Oberschenkelaußenseite anliegt. Beim Training mit höheren Gewichten sollten Sie diese Variante mit verkürzten Hebeln bevorzugen.

Hinweise: Stehen Sie aufrecht frontal zum Gerät, stützen Sie sich mit den Händen ab und verändern Sie diese Körperposition während des Übens nicht. Achten Sie darauf, daß das Hüftgelenk des Spielbeines auf einer Linie mit der Achse des Hebeldrehpunktes liegt.
An Hüfttrainingsmaschinen dieser Art müssen die Hebel für das Training des anderen Beines umgestellt werden. Lassen Sie sich notfalls von Ihrem Trainer oder Ihrer Trainerin dabei helfen.

Übung 49
Beinabspreizen sitzend

Im Sitz mit schräg angelehntem Rücken werden die Beine gegen den Widerstand so weit wie möglich nach außen gespreizt und in der Negativphase wieder zusammengeführt.

Hauptwirkung: Hüfte innen (birnförmiger Muskel, innerer Hüftlochmuskel); Hüfte außen (Schenkelbindenspanner); Gesäß (großer, mittlerer und kleiner Gesäßmuskel); Oberschenkel innen (Schneidermuskel).
Nebenwirkung: Der Bauch und die Rückenstreckmuskulatur werden isometrisch angespannt.

Übungsgerät: Abduktorenmaschine sitzend.

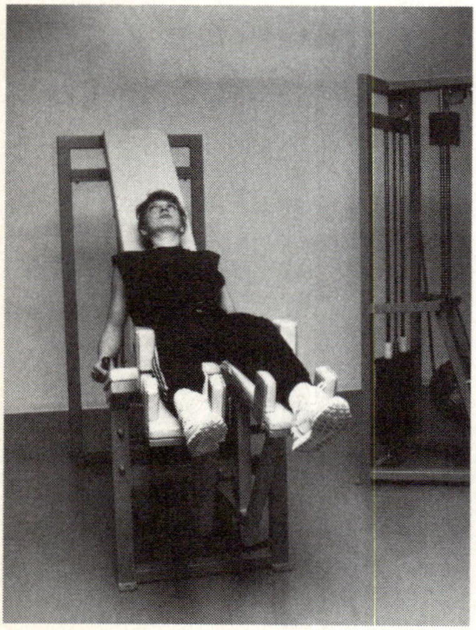

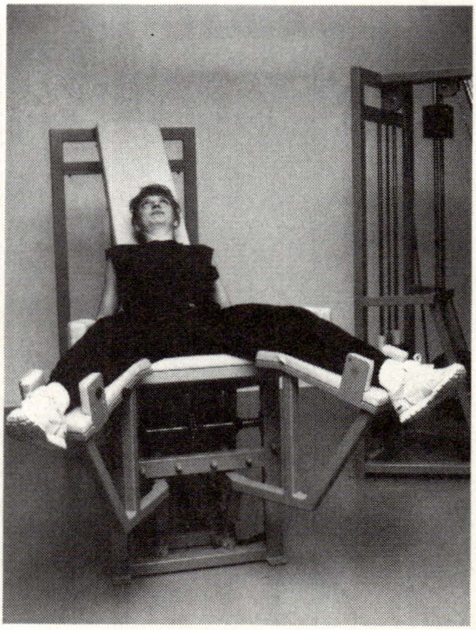

Variationen: An Abduktorenmaschinen ohne Rückenlehne kann die Übung auch in der Rückenlage durchgeführt werden. Hierdurch wird die Lage von Ansatz und Ursprung der beanspruchten Muskulatur und damit deren Zugrichtung und Vordehnung verändert.

Hinweise: Stabilisieren Sie Ihre Körperposition, indem Sie sich mit den Händen am Gerät festhalten. Setzen Sie sich so auf das Polster, daß Ihre Körperdrehpunkte (die beiden Hüftgelenke, in denen die Bewegung stattfindet) möglichst senkrecht über den Drehpunkten der beiden Trainingshebel (Gerätedrehpunkte) liegen. Je weiter Sie von dieser Idealstellung abweichen, um so mehr «wandern» die Druckpolster auf Ihren Oberschenkeln hin und her, da sich die Trainingshebel und die Körperhebel (Oberschenkel) nicht deckungsgleich bewegen.

Übung 50
Beinanziehen im Stand

Im einbeinigen frontalen Stand zum Gerät wird das gestreckte seitlich nach außen gespreizte Spielbein gegen den Widerstand an den Körper gezogen (adduziert) und in der Endphase vorn am Standbein vorbei geführt. In der anschließenden Negativphase wird das Spielbein nachgebend in die seitlich abgespreizte Ausgangsposition zurückbewegt.

Hauptwirkung: Hüfte innen (großer Lendenmuskel, äußerer Hüftlochmuskel, Kamm-Muskel, vierseitiger Schenkelmuskel); Gesäß (großer Gesäßmuskel); Oberschenkel innen (großer und kleiner Schenkelanzieher, langer und kurzer Schenkelanzieher, schlanker Muskel); Oberschenkel hinten (Halbsehnenmuskel).
Nebenwirkung: Die Rückenstrecker und die Bauchmuskulatur stabilisieren unter isometrischer Anspannung das Becken

Übungsgeräte: Hüfttrainingsmaschine stehend; ersatzweise auch Zuggeräte mit Zug von unten.

Variationen: Wenn das Rollenpolster des Trainingshebels wie auf den Fotos am Unterschenkel anliegt, kann es bei höherer Gewichtsbelastung zu Beschwerden im Kniegelenk kommen, da dieses hierbei seitlich beansprucht wird. In diesem Falle muß das Polster weiter nach innen zum Drehpunkt verschoben werden, so daß es über dem Knie an der Innenseite des Oberschenkels anliegt. Diese Hebelverkürzung bedingt dann allerdings eine höhere Gewichtsbelastung, um den gleichen Trainingsreiz auf die beanspruchte Muskulatur auszuüben.

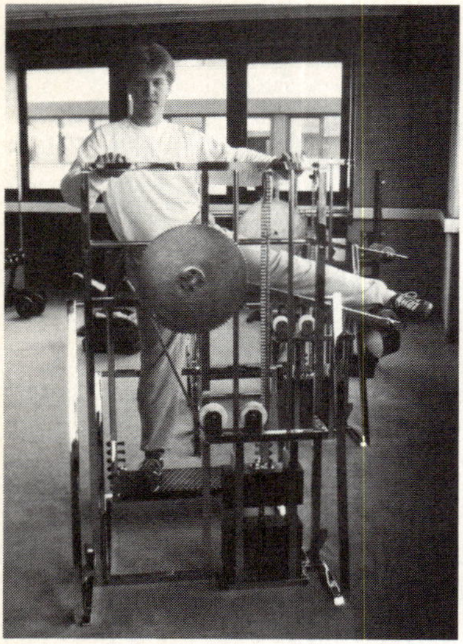

Hinweise: Stellen Sie den Gewichts- und den Trainingshebel der Maschine so ein, daß am Bewegungsbeginn, bei abgespreiztem Spielbein, bereits ein deutlicher Widerstand zu spüren ist. Experimentieren Sie und finden Sie so die Ihren körperlichen Voraussetzungen entsprechende optimale Einstellung! Beachten Sie auch das Prinzip, daß Ihr Hüftgelenk als Körperdrehpunkt mit dem Drehpunkt des Trainingshebels auf einer Achse liegt. Benutzen Sie notfalls Gummiplatten als Unterlage für das Standbein.

Übung 51
Beinanziehen sitzend

Im Sitz, mit schräg angelehntem Rücken, werden die auseinander gespreizten Beine gegen den Widerstand so nahe wie möglich zusammengeführt und in der Negativphase wieder möglichst weit gespreizt.

Hauptwirkung: Hüfte innen (großer Lendenmuskel, äußerer Hüftlochmuskel, Kamm-Muskel, vierseitiger Schenkelmuskel); Gesäß (großer Gesäßmuskel); Oberschenkel innen (großer und kleiner Schenkelanzieher, langer und kurzer Schenkelanzieher, schlanker Muskel); Oberschenkel hinten (Halbsehnenmuskel).

Nebenwirkung: Die Rückenstrecker und die Bauchmuskulatur werden isometrisch angespannt.

Übungsgeräte: Adduktorenmaschine sitzend. Diese Bewegung kann auf einer Bank sitzend auch am Diagonalzug mit beidseitigem Zug von unten trainiert werden. Dabei ist es zweckmäßig, die Füße vom Boden abzuheben und die Griffschlaufen der Kabelzüge an den Oberschenkeln in Knienähe zu befestigen.

Variationen: An Maschinen ohne Rückenlehne kann die Übung auch in Rückenlage durchgeführt werden. Die gestreckte Hüfte in der liegenden Position erzeugt eine größere Vordehnung der Adduktorenmuskulatur an der Oberschenkelinnenseite, welche die Effektivität des Trainings steigert.

Hinweise: Halten Sie sich mit den Händen an der Maschine fest und wählen Sie Ihre Position so, daß die beiden Drehpunkte der Trainingshebel und Ihre Hüftgelenke möglichst senkrecht übereinanderliegen, damit sich Oberschenkel und Trainingshebel über den ganzen Bereich deckungsgleich bewegen.
Viele Sportler – besonders Fußballspieler – fielen durch Adduktorenzerrungen schon für mehr oder weniger lange Zeit aus. Diese Übung, in Verbindung mit entsprechender Zweckgymnastik, verringert dieses typische Verletzungsrisiko!

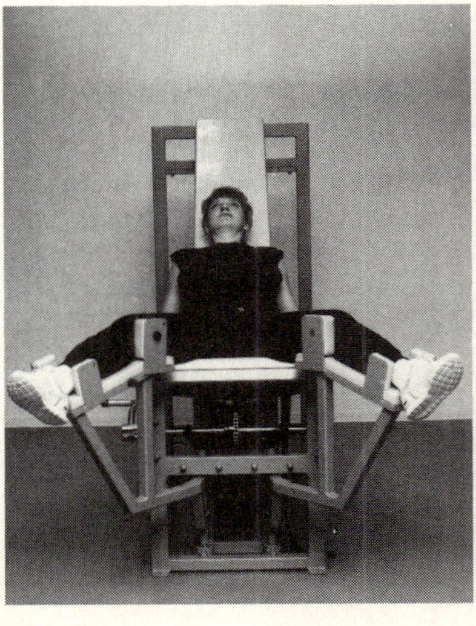

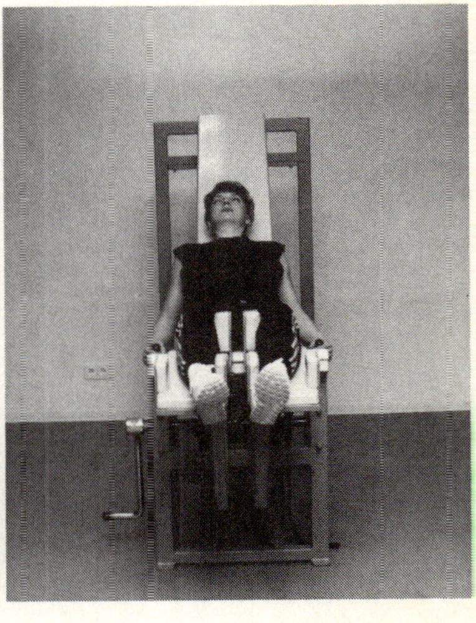

Isolierte Rumpfübung

Die folgende isolierte Rumpftrainingsübung dient zur Entwicklung der Bauch-, Rücken- und Hüftregion und schließt die Mitarbeit der Schulter-, Arm- und Beinmuskulatur aus, da die Bewegung – bei korrektem Training – ausschließlich in der Wirbelsäulenmuskulatur stattfindet.

Übung 52
Twisten

Auf einer Drehscheibe stehend werden Rotationen des Unterkörpers und der Beine nach beiden Seiten um die Körperlängsachse durchgeführt. Um die Drehbewegung auf die Lendenwirbelsäule zu konzentrieren, muß einerseits der Oberkörper im Schultergürtel und andererseits das Becken in den Hüftgelenken ruhiggestellt (fixiert) werden.

Hauptwirkung: Flexibilisierung der Wirbelsäule. Dieser Trainingseffekt wirkt sich hauptsächlich auf die Lendenregion aus, da Drehbewegungen in der Brustwirbelsäule nur in sehr beschränktem Umfang möglich sind.
Die aktive muskuläre Beanspruchung findet in folgenden Körperregionen statt: Bauch (gerader Bauchmuskel, innerer und äußerer schräger Bauchmuskel, querer Bauchmuskel); Rücken außen (breiter Rückenmuskel); Rücken innen unten (wirbelsäulennahe Lendenmuskulatur: unterer Teil des Langmuskels, des Darmbein-Rippenmuskels und des vielgeteilten Muskels, Zwischenquerfortsatz-Muskeln der Lendenwirbelsäule, vierseitiger Lendenmuskel); Hüfte innen (Lendendarmbeinmuskel).
Nebenwirkung: Schultergürtel, Arme und Beine leisten statische Haltearbeit und werden isometrisch angespannt.

Übungsgeräte: Twistmaschine stehend und sitzend (auch mit zusätzlicher Gewichtsbelastung), Lang- und Kurzhanteln für Oberkörperrotationen.

Variationen: An Geräten mit drehbarem Hocker kann die Übung auch im Sitzen durchgeführt werden. Wenn an den Drehscheiben Aufnahmedorne für Hantelscheiben vorhanden sind, können Sie die relativ geringe muskuläre Beanspruchung durch Zusatzgewichte erhöhen. Sie können diese Übung auch mit einer Langhantel oder mit Kurzhanteln auf den Schultern im Stand oder sitzend trainieren. Hierbei wird der Oberkörper bei fixiertem Unterkörper verdreht.

Hinweise: Halten Sie sich beim Training an der Twistmaschine mit den Händen an den Griffen fest, um den Oberkörper möglichst ruhig zu stellen. Da beim Üben mit zusätzlicher Gewichtsbelastung große Drehmomente auftreten, die die Lendenwirbelsäule auf Torsion beanspruchen, darf die Drehbewegung nur in mäßigem Tempo ausgeführt werden! Bremsen Sie die Rotation in der Endphase nie abrupt ab, sondern konzentrieren Sie sich auf eine rechtzeitige und kontinuierliche Verminderung der Drehgeschwindigkeit bis zum Stillstand! Dasselbe Prinzip ist (umgekehrt) natürlich auch am Bewegungsbeginn zu befolgen: Die Beschleunigung aus dem Stillstand darf nicht plötzlich, sondern sie muß ebenfalls kontinuierlich erfolgen.

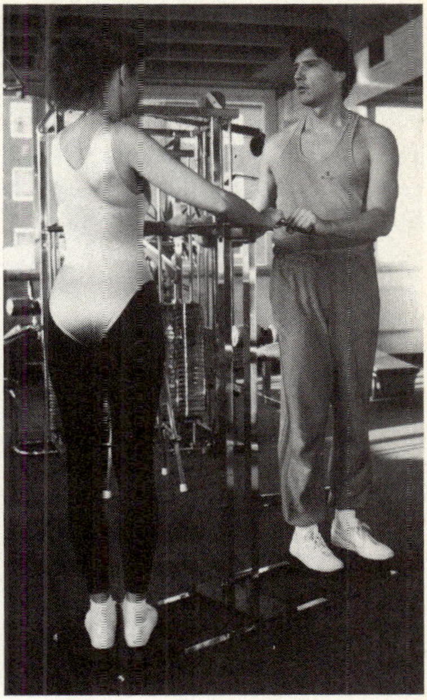

Beim Training mit der Langhantel auf den Schultern sind diese Punkte besonders wichtig, da die Drehmomente, bedingt durch die Länge des Gerätes, extrem hohe Werte annehmen können.
Wenn Sie diese Prinzipien befolgen, können Sie auch diese Übung für die Hüft-, Bauch- und Rückenpartie effektiv und ohne Gefährdung der Wirbelsäule trainieren.
Untrainierte Anfänger(innen) und Personen mit Bandscheiben- oder Wirbelschäden im Lendenbereich sollten jedoch vorsichtshalber auf eine zusätzliche Erschwerung durch Fremdgewichte verzichten, um sich unter erleichterten Bedingungen erst die körperlichen Voraussetzungen für eine dosierte Belastungssteigerung anzueignen.

Isolierte Beinübungen

Die Bewegungen bei diesen isolierten Übungen zur Entwicklung der Über- und Unterschenkelmuskulatur finden nur in den Knie- bzw. Sprunggelenken statt und schließen somit die Mitarbeit der Muskeln des Beckengürtels aus.

Übung 53
Beinbeugen in Bauchlage (Beincurls)

In der Bauchlage werden die Beine gegen den Gewichtswiderstand, der etwas oberhalb der Fersen angreift, so weit wie möglich gebeugt und in der Negativphase nachgebend wieder gestreckt.

Hauptwirkung: Oberschenkel hinten (zweiköpfiger Schenkelmuskel, Halbsehnenmuskel, Plattsehnenmuskel); Oberschenkel innen (schlanker Muskel, Schneidermuskel); Unterschenkel hinten (Zwillingswadenmuskel, Kniekehlenmuskel).
Nebenwirkung: Die Rückenstrecker der Lendenwirbelsäule und die Gesäßmuskulatur werden statisch beansprucht.

Übungsgeräte: Beinbeugemaschine liegend; Beintisch. Ersatzweise kann die Übung auch an den verschiedenen Zugmaschinen mit Zug von unten durchgeführt werden: Für beidbeiniges (auch alternierendes) Training ist die Doppelzugmaschine, für einbeiniges Training die einfache Zugmaschine geeignet. Zu diesem Zweck müssen die Griffe der Kabelzüge fest mit den Füßen verbunden werden.

Variationen: Durch Veränderung der Fußstellung (parallel oder nach außen gespreizt) erreichen Sie eine geringfügige Belastungsvariation der trainierten Muskulatur.

Hinweise: Stabilisieren Sie Ihre Körperposition mit den Händen an den Griffen der Maschine und heben Sie das Gesäß bei der Beugung nicht vom Polster ab. Führen Sie die Fersen so nahe wie möglich an das Gesäß, auch wenn Ihnen das in der Endphase schwerfällt. Bremsen Sie beim Training mit höheren Gewichten die Streckbewegung in der Negativphase kontrolliert ab, um die Kniegelenke zu schonen.
Stellen Sie das Rollenpolster des Trainingshebels auf Ihre Unterschenkellänge ein, um mit möglichst langem Hebel zu trainieren. Achten Sie darauf,

daß Ihre Kniegelenke unmittelbar neben dem Drehpunkt des Trainingshebels liegen. So verhindern Sie das «Wandern» des Rollenpolsters auf Ihren Unterschenkeln!

Zerrungen, Faserrisse und Muskelrisse der Beinbeuger an der Oberschenkelrückseite sind bei Schnellkraftsportlern – besonders bei Sprintern – heute schon beinahe an der Tagesordnung. Es gibt kaum eine leichtathletische Veranstaltung, bei der nicht ein Sprinter nach dem Griff zum Oberschenkel humpelnd und mit schmerzverzerrtem Gesicht die Bahn verläßt. Die Hauptursache für diese typische Verletzung liegt im zu einseitigen Training der Oberschenkelmuskulatur: Die Kniestrecker werden oft bis zum Exzeß trainiert, während die Beuger sträflich vernachlässigt werden. Dieses Ungleichgewicht führt beim plötzlichen Antritt zu den genannten Verletzungen.

Bedenken Sie nicht nur als Sprinter diese Zusammenhänge und trainieren Sie generell die bewegungsmäßig von einander abhängigen Beuge- und Streckmuskeln mit gleicher Intensität, um sowohl ein ästhetisches als auch ein funktionelles Gleichgewicht der jeweiligen Körperpartien zu erreichen.

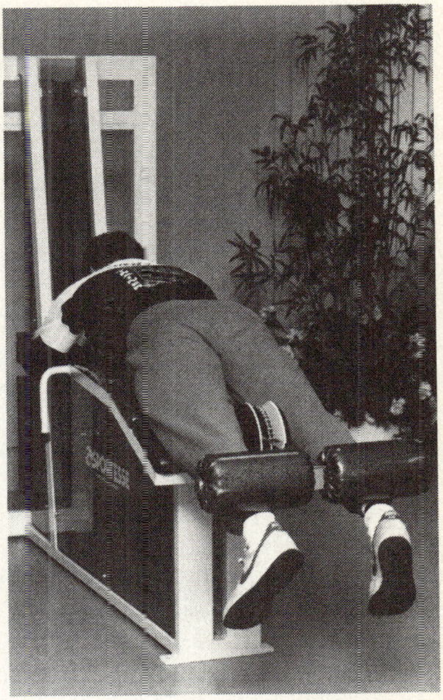

Übung 54
Beinstrecken im Sitz (Beinextension)

Im Sitz an der Beinstreck-Maschine werden die Beine gegen den Gewichtswiderstand, der vorn über den Füßen an den Unterschenkeln angreift, gestreckt und in der Negativphase wieder gebeugt.

Hauptwirkung: Oberschenkel vorn (sämtliche Köpfe des vierköpfigen Schenkelmuskels: gerader, innerer, äußerer und mittlerer Schenkelmuskel); Hüfte außen (Schenkelbindenspanner).
Nebenwirkung: Bauch, Rücken, Schultergürtel und Arme stabilisieren das Becken und den Oberkörper unter isometrischer Anspannung.

Übungsgeräte: Beinstreckmaschine sitzend; Beintisch

Variationen: Diese Übung wird üblicherweise im Sitzen ausgeführt. Effektiver ist jedoch ein Training in Rückenlage, da der gerade Schenkelmuskel über zwei Gelenke zieht: Im Hüftgelenk wirkt er als Beuger, im Kniegelenk als Strecker. Bei gestreckter Hüfte (in Rückenlage) wird er also maximal vorgedehnt, was zu einer intensiveren Kontraktion bei der Kniestreckung führt. Trainieren Sie deshalb, wenn möglich, diese Übung auch in der Rükkenlage oder (wie auf den Fotos) mit nach hinten geneigtem Oberkörper!

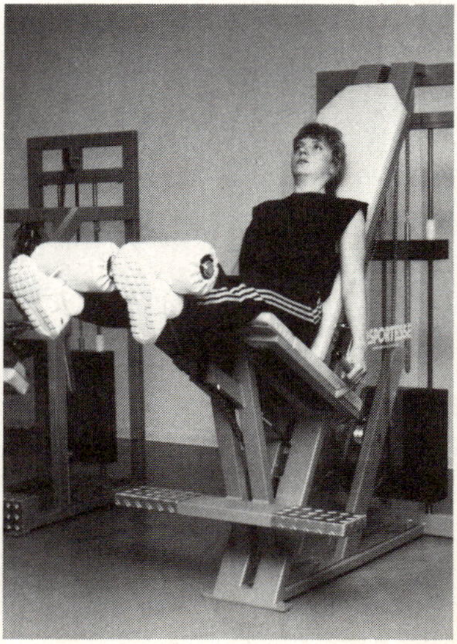

Hinweise: Achten Sie auf geraden Rücken; vermeiden Sie jedoch ein Hohlkreuz! Halten Sie den Oberkörper ruhig und stützen Sie ihn mit den Händen ab. Stellen Sie die Fußpolster auf Ihre Unterschenkellänge ein und setzen Sie sich so auf die Bank, daß die Kniegelenke unmittelbar neben dem Hebeldrehpunkt liegen.
Wenn Sie diese Übung in langsamem Tempo mit geringer Belastung und zunehmender Wiederholungszahl durchführen, können Sie Kniebeschwerden wirksam bekämpfen bzw. die Kniegelenksfunktion nach Verletzungen wiederherstellen. Strecken bzw. beugen Sie die Knie in diesem Falle allerdings nur so weit, wie Sie keine Schmerzen verspüren!

Übung 55
Fußstrecken im Sitzen (Wadentraining)

Im Sitzen an der Wadenmaschine, wobei die Füße im Fußballenbereich auf dem erhöhten Trittbrett des Gerätes aufgesetzt sind, und die Gewichtsbelastung auf den rechtwinklig gebeugten Knien angreift, werden die anfangs im Sprunggelenk gebeugten Füße (Fersen tief) gegen den Gewichtswiderstand so weit wie möglich gestreckt (Fersen hoch) und anschließend nachgebend wieder in die Ausgangsposition abgesenkt.

Hauptwirkung: Unterschenkel (Zwillingswadenmuskel, Schollenmuskel, kurzer und langer Wadenbeinmuskel, Sohlenspanner, hinterer Schienbeinmuskel, langer Zehenbeuger, langer Großzehenbeuger). Die zahlreichen Muskeln im Fußsohlenbereich, die die wichtige Funktion haben, das knöcherne Fußgewölbe zu stützen, werden teils dynamisch und teils statisch beansprucht und dementsprechend intensiv trainiert.
Auf eine Aufzählung dieser einzelnen Muskeln wird hier verzichtet. Interessierte seien auf die einschlägige anatomische Literatur im Anhang verwiesen.

Übungsgeräte: Wadenmaschine sitzend. Ersatzweise kann die Übung auch mit der Langhantel, die mit den Händen auf den gepolsterten Knien fixiert wird, durchgeführt werden.

Variationen: Sie erzielen die größte Hubhöhe und damit die intensivste Trainingswirkung, wenn der Kontakt der Fußsohlen mit der Kante des Trittbretts möglichst weit vorn im Vorfußbereich stattfindet. Am effektivsten ist die Streckbewegung, wenn Sie sich sozusagen mit den Zehen an der Kante des Trittbretts festkrallen.
Dies ist wegen der Gefahr des Abrutschens allerdings nur dann anzuraten, wenn Sie mit dem Bewegungsablauf vertraut sind und wenn durch entsprechend rauhes Sohlenmaterial ein rutschsicherer Kontakt zwischen Zehen und Trittbrettkante gegeben ist.
Wenn Sie unter Fußgewölbedefekten leiden (besonders Platt- und Senkfuß), sollten Sie anfangs die Sohlen im Mittelfußbereich aufsetzen, um so die Fußmuskulatur ohne Verstärkung des Defektes zu trainieren.

Hinweise: Die kurzen Hebel der Waden- und Fußmuskulatur im Drehpunkt Sprunggelenk bedingen eine relativ hohe Gewichtsbelastung, um die nötigen Spannungsreize für die Stärkung dieser Muskelgruppen zu gewährleisten. Da beim Wadentraining im Sitzen das Gewicht auf den Knien und nicht wie beim Stehen auf den Schultern liegt, sollten Sie diese Trainingsform bevorzugen, um die Wirbelsäule nicht überzubelasten!
Durchgetretene und platte Fußgewölbe wie Platt-, Senk- und Spreizfuß haben neben zu hohem Körpergewicht häufig ihre Ursache in der untrainierten und damit erschlafften Fußsohlenmuskulatur, die in diesem Zustand das Fußgewölbe nicht mehr «verspannen» und damit stützen kann. Durch sachgemäßes, vorsichtig dosiertes und langsam gesteigertes Training dieser Übung, können Sie diesen Defekten vorbeugen bzw. vorliegende Schäden dieser Art zumindest soweit kompensieren, daß Sie nach einiger Zeit wieder schmerzfrei gehen und laufen können.
Es ist viel vernünftiger, schon beim ersten Auftreten solcher Beschwerden

selbst aktiv zu werden und mit dieser Übung, verbunden mit spezieller Fußgymnastik und Barfußlaufen auf unebenem Boden, die Fußmuskulatur und damit die Basis des Fußgewölbes zu stärken und wieder funktionsfähig zu machen, als sich nur auf die verschriebenen Schuheinlagen zu verlassen, die zwar den Fuß «in Postion» halten, die Fußmuskulatur jedoch infolge der erzwungenen Inaktivität völlig erschlaffen lassen! In vielen Fällen kann man durch dieses spezielle Training nach einiger Zeit ganz oder zumindest teilweise auf die «bequemen» Einlagen verzichten und den Füßen ihre ursprüngliche Funktion wieder zurückgeben.
Durch das Tragen von hochhackigen Schuhen sind heute bei vielen Menschen, insbesondere bei Frauen, die Wadenmuskeln und die Achillessehne verkürzt, was eine dementsprechende Einschränkung der Beweglichkeit in den Fußgelenken zur Folge hat.
Die ursprüngliche Beweglichkeit läßt sich mit dieser Übung schnell wiederherstellen, wenn mit geringer Belastung, hoher Wiederholungszahl und möglichst großem Bewegungsausschlag geübt und damit die gymnastische Komponente betont wird.

Übung 56
Fußstrecken im Stehen

Im aufrechten Stand, wobei der Körper nur im Fußballenbereich auf einer erhöhten Unterlage abgestützt ist, werden die Füße gegen den auf den Schultern liegenden Gewichtswiderstand im Sprunggelenk gestreckt (Fersen hoch) und in der Negativphase wieder gebeugt (Fersen tief).

Hauptwirkung: Unterschenkel und Füße (Siehe Übung 55).
Nebenwirkung: Die gesamte Oberschenkel- und Rumpfmuskulatur wirkt haltungsstabilisierend und wird somit statisch beansprucht.

Übungsgeräte: Wadenmaschine stehend. Ersatzweise auch Langhantel, Jochhantel und Kurzhanteln.

Hinweise: Beim Wadentraining ist der notwendige Spannungsreiz, bedingt durch die kurzen Hebel an den Füßen, nur durch relativ hohe Gewichtsbelastung erzielbar. Stehen Sie deshalb gerade, spannen Sie Gesäß, Bauch und Rücken an, halten Sie den Kopf aufrecht und stabilisieren Sie diese Stellung durch Abstützen mit den Händen am Gerät. Achten Sie vor allem darauf, ein Hohlkreuz zu vermeiden!

Ein so korrektes und konzentriertes Training schützt Sie vor Rückenverletzungen durch die auf den Schultern angreifenden Gewichte. Beim Training mit der freien Hantel werden größere Ansprüche an das Gleichgewichtsgefühl gestellt, da hierbei die Hände nur zum Fixieren der Stange auf den Schultern dienen.

Bevorzugen Sie, wenn ein entsprechendes Gerät in Ihrem Studio vorhanden ist, das Wadentraining im Sitzen: Das Gewicht liegt hierbei auf den Knien, und die Rückenbelastung fällt weg!

Wenn Ihre Wadenmuskulatur und die Achillessehnen durch das Tragen von Schuhen mit hohen Absätzen verkürzt sind, sollten Sie diese Übung mit geringer Belastung als Zweckgymnastik zur Wiederherstellung der Beweglichkeit anwenden (siehe auch Übung 55).

Komplexe Entspannungsübungen

Die beiden folgenden Übungen dienen in erster Linie der *ganzkörperlichen Entspannung*, sowie zur *Dehnung* und *Entlastung der Wirbelsäule*, die während der vorangegangenen Trainingseinheit durch die verschiedenen Übungen eine mehr oder weniger intensive Druck- und Biegebeanspruchung erfahren hat. Unter diesem Aspekt betrachtet, gehören diese Übungen an das *Ende einer jeden Trainingseinheit*, da sie unmittelbar in die körperliche und seelische Erholungsphase überleiten. Andererseits können sie jedoch auch Bestandteil des Trainings sein, wenn sie, durch zusätzliche Belastung mit Fremdgewichten intensiviert, die *muskelentwickelnde Komponente* betonen. In diesem Fall sind die Übungen sinnvoll in den aktiven Trainingsablauf einzuplanen.

Übung 57
Streckhang negativ

Während dieser Lockerungs- und Dehnübung hängen Sie so entspannt wie möglich mit dem Kopf nach unten in der Fesselhalterung des Streckliftes. Sie können die Arme, je nach Wohlgefühl, seitlich anlegen oder nach unten hängen lassen.

Hauptwirkung: Entlastung und Dehnung der Wirbelsäule und dadurch Auseinanderziehen der zusammengepreßten Zwischenwirbelscheiben, verstärkter venöser Blutrückfluß aus den Beinen.
Nebenwirkung: Muskuläre Dehnung des ganzen Körpers.

Übungsgeräte: Strecklift. Ersatzweise kann auch ein Bauchbrett mit Schlaufe oder Fußpolsterung an der Sprossenwand in geneigter oder senkrechter Position eingehakt werden.

Variationen: Sie können zusätzlich gymnastische und kräftigende Übungen in verschieden steilen Schräglagen oder im senkrechten Hang durchführen: Im Hang mit dem Rücken zum Gerät (siehe Fotos, S. 187) sind Bauch- und Hüftbeugeübungen, wie sie bereits beschrieben worden sind, sowie seitliche Pendelbewegungen und Drehungen um die Körperlängsachse empfehlenswert. Im Hang mit der Brust zum Gerät können Übungen zur Stärkung der Rückenmuskulatur, ähnlich denen an der Hyperextensionstation, durchgeführt werden.
Fortgeschrittene Fitnesssportler können auch verschiedene Kurzhantelübungen für Rücken, Brust, Schultern und Arme im Hang trainieren. Als Fremdgewichte kommen hier, neben den Kurzhanteln, auch Gewichtsmanschetten, die an den Handgelenken befestigt werden, in Betracht. Hierbei ist allerdings zu beachten, daß es bei Übertreibungen zu Schäden durch Überdehnung in den Knie- und Hüftgelenken und in der Wirbelsäule kommen kann.
Da Anfänger in der ungewohnten Position leicht zu Schwindelanfällen neigen, sollte die Übungsdauer am Beginn eine Minute nicht überschreiten. Ferner sollte das Brett in diesem Stadium noch nicht senkrecht, sondern mehr oder weniger schräg fixiert werden. Nach einer gewissen Zeit der Gewöhnung verschwindet dieses unangenehme Gefühl, so daß man ohne Beschwerden 5–10 Minuten entspannt senkrecht baumeln kann.

Hinweise: Die Wirbelsäule besteht aus 24 beweglichen und 9–10 zum Kreuz- und Steißbein verschmolzenen Wirbeln und den zwischen den Wirbeln liegenden Bandscheiben. Die aus Faserknorpel bestehenden Bandscheiben oder Zwischenwirbelscheiben wirken als druckelastische Polster; sie werden durch Belastung zusammengedrückt und nehmen bei längerdauernder Entlastung wieder ihre ursprüngliche Form an. Allein die Belastung durch das Körpergewicht führt dazu, daß der Mensch abends 2–3 cm kleiner ist als am Morgen!
Da die Bandscheiben wie jedes Knorpelgewebe nahezu gefäß- und nervenfrei sind, können sie auch nicht über den Blutkreislauf ernährt werden. Die Versorgung mit den notwendigen Nähr- und Aufbaustoffen erfolgt durch Diffusion (Durchdringung) aus dem umgebenden Gewebe, wobei ein «Pumpeffekt» durch Komprimieren und Dehnen der Bandscheiben diese Nährstoffaufnahme wesentlich begünstigt. Als Beispiel kann man sich einen Schwamm vorstellen, der die maximale Wassermenge bis zur Sättigung am schnellsten aufnimmt, wenn er sich aus dem komprimierten Zustand ausdehnt.
Zwischen den benachbarten Wirbelkörpern verlassen die den verschiedenen Körperregionen zugehörigen Nervenstränge, die den Rumpf und die Peripherie (Arme und Beine) innervieren, das Rückenmark. Viele Rükken- und Gliederschmerzen sind nun darauf zurückzuführen, daß die Aus-

trittsöffnungen der entsprechenden Nerven von der Wirbelsäule in die zu innervierende Region verengt sind, so daß der Nerv an dieser Stelle gequetscht wird. Der eingeklemmte Ischiasnerv im Lendenwirbelbereich, der starke Schmerzen bis in die Waden bewirken kann, ist in diesem Zusammenhang neben dem «Hexenschuß» das bekannteste Beispiel.
Als Ursache für diese Nervenquetschungen sind in erster Linie zu nennen: Deformierte Wirbelkörper, überlastete oder geschädigte Bandscheiben und Wirbelfehlstellungen durch muskuläre Verspannungen und durch zu schwach entwickelte Rückenmuskulatur.
Sicher werden Sie spätestens jetzt die Wichtigkeit des Trainings der Rükkenmuskulatur in Verbindung mit Dehn- und Entspannungsübungen für Rücken und Wirbelsäule und die daraus resultierenden positiven Folgen für Fitness und Wohlbefinden erkennen: Durch Hangübungen wird die Rükkenmuskulatur entspannt und der Stoffwechsel der Bandscheiben verbessert; sie bleiben wesentlich länger elastisch und funktionsfähig. Eine gut entwickelte Rückenmuskulatur stützt die Wirbelsäule und hält die Wirbel und Bandscheiben in der richtigen Position. Nerveneinklemmungen werden dadurch vermieden bzw. rückgängig gemacht. In vielen Fällen kann man durch therapeutisches Rückentraining und durch Streckübungen schmerzhafte Syndrome und Verbiegungen der Wirbelsäule erfolgreich behandeln und Operationen vermeiden. Die verstärkte Durchblutung des Kopfes im negativen Hang führt außerdem zu positiven Ergebnissen bei Konzentrationsmangel und Kopfschmerzen und strafft Ihre Gesichtshaut.
Falls allerdings einer der folgenden Punkte auf Sie zutrifft, sollten Sie vorsichtshalber einen kompetenten Arzt befragen: Fortgeschrittenes Alter, Arterienverkalkung, Bluthochdruck, Wirbelgleiten infolge zu lockerer Wirbelsäule, instabile Kniegelenke, erhöhter Augeninnendruck und gewisse psycho-neurotische Zustände (übersteigerte Erregbarkeit u. ä.) erfordern u. U. einen Verzicht auf diese Übung!

Übung 58
Aushängen

Im Hang mit mittelweitem oder weitem Griff werden verschiedene Pendelbewegungen oder Rotationen um die Körperlängsachse durchgeführt.

Hauptwirkung: Entlastung und Dehnung der Wirbelsäule, wovon besonders die Bandscheiben betroffen werden.
Nebenwirkung: Muskuläre Dehnung des ganzen Körpers.

Übungsgeräte: Reckstange, Klimmzugstation, Sprossenwand.

Variationen: An der Sprossenwand sind seitliche Pendelbewegungen, am Klimmzugbügel Pendelbewegungen auch noch vorn und hinten sowie Rotationen um die Körperlängsachse möglich. Um die Rotation und damit die Verwringung der Wirbelsäule zu erleichtern, sollten Sie die Beine wie im Foto rechts oben dargestellt etwas beugen und an den Körper ziehen.
Sie können die verschiedenen Bewegungen intensivieren, indem Sie Gewichtsmanschetten an den Fußgelenken befestigen, wodurch die Bewegungsausschläge vergrößert werden. Wenn Sie Rückenbeschwerden haben, sollten Sie zumindest versuchen, Ihre Wirbelsäule im völlig bewegungslosen Streckhang schonend und schmerzfrei zu entlasten.

Hinweise: Führen Sie nur Bewegungen durch, die Ihnen keine Schmerzen bereiten. Beim Vorliegen von krankhaften Veränderungen der Wirbelsäule ist es wichtig, daß Sie kompensierende Bewegungen bevorzugen, die der individuellen Deformation entgegenwirken. Lassen Sie sich in diesem Fall orthopädisch untersuchen und fragen Sie nach geeigneten Bewegungsformen, die Sie im Studio anfangs unter Aufsicht und später selbständig realisieren können.

Herz-Kreislauf-Training

Langläufer leben länger!

Marathon: 2:12:38,6 h
Größe: 1,78 m
Gewicht: 56 kg
«Laufen macht frei!»

Fit durch Bodybuilding!

Bizeps: 52,5 cm
Größe: 1,86 m
Gewicht: 112,5 kg
«Eisen macht stark!»

Die tabellarische Kurzbeschreibung dieser beiden fiktiven – zugegeben etwas extremen – Vertreter ihrer Zunft ließe sich noch um einige interessante Daten und Philosophien erweitern. Um jedoch den Rahmen dieses Abschnittes nicht zu sprengen, soll es bei dieser knappen Aufzählung bleiben.
Eines ist schon klar: Beides geht nicht: ... Oder doch? Wie wär's mit folgendem Kompromiß: «Biete 13 cm Oberarm gegen 75 Min. Marathon! (Gewichtsausgleich garantiert! – Bei Gefallen ideologische Annäherung nicht ausgeschlossen!?)
Genug der Ironie; zurück zur Realität: Durch sinnvolles Körpertraining sollte das Optimum aus beiden Extremen zu einer funktionellen und ästhetischen Einheit ausgebildet werden: das leistungsfähige Herz in einem harmonisch entwickelten Körper. Sie haben schon sehr viel erreicht, wenn Sie mit Ihrem 40er Oberarm die 5000 m in 23 Min. laufen können. Darauf können Sie mit Recht stolz sein!
Die vorangegangenen Übungen zur Muskelentwicklung und Körperstraffung wirken sich – methodenabhängig – mehr oder weniger positiv auf das Herz-Kreislauf-System aus. Die Gerätegymnastik nach der Dauerleistungsmethode und das Gerätetraining nach der extensiven Intervallmethode werden beiden Ansprüchen gerecht. Bei der intensiven Intervallmethode und bei der Wiederholungsarbeit gerät allerdings die Ausdauerkomponente gegenüber der muskulären Entwicklung ins Hintertreffen, falls nicht regelmäßig kompensatorische Ausdauerübungen (Gerätegymnastik, Laufen u. ä.) durchgeführt werden.

Die folgenden Trainingsformen, die in erster Linie der *Ausdauerentwicklung* dienen, sollten einen festen Platz in Ihrer Trainingsplanung einnehmen, um einer einseitigen Muskelentwicklung auf Kosten des Herz-Kreislauf-Systems vorzubeugen.

Übung 59
Dauerlauf

Der lockere, entspannte Lauf über längere Distanzen ist ein hervorragendes Trainingsmittel, um das Herz-Kreislauf-System zu stärken und die Lungenfunktion zu verbessern. Es sollte für Sie selbstverständlich sein, daß Sie dieses Ausdauertraining bevorzugt an der frischen Luft und nicht in der Nähe von Industriegebieten oder belebten Straßen absolvieren. Zum Zweck der Aufwärmung vor und zur Lockerung nach dem Gerätetraining ist das Traben auf dem Laufband anzuraten; besonders dann, wenn sich kein geeignetes Freigelände in der Nähe befindet.

Hauptwirkung: Vergrößerung des Herzens bis zum sog. Sport- oder Leistungsherz und dadurch Zunahme des maximalen Schlagvolumens und Abnahme der Ruhepulsfrequenz; Steigerung des maximalen Sauerstoffaufnahmevermögens; Verbesserung der Muskeldurchblutung durch verbesserte Kapillarisierung (Bildung feiner Blutgefäße); Zunahme des Blutvolumens; Entlastung des (venösen) Gefäßsystems durch Aktivierung der «Muskelpumpe» (Dauerlauf ist ein Mittel gegen Krampfadern!). Alle diese Punkte bewirken auch eine allgemeine Verbesserung der gesamten Stoffwechselsituation (Zufuhr von Nähr- und Aufbaustoffen, Schlackenabtransport) und der Energiebereitstellung.
Nebenwirkung: Straffung der Muskulatur und Abbau von Fettdepots.
Ein nennenswerter Muskel- oder Kraftzuwachs ist bei diesem allgemeinen Ausdauertraining nicht zu erwarten.

Übungsgeräte: Laufband (wenn kein Freigelände in der Nähe ist). Laufen auf der Stelle kann als Notbehelf in den eigenen vier Wänden dienen.

Variationen: Wenn sie *Anfänger* sind, trainieren Sie nach der Formel: *Belastungspuls = 160 minus Lebensalter*. Wenn Sie dennoch außer Atem kommen, legen Sie Gehpausen ein. Werden Sie in dieser Phase nicht ungeduldig und übertreiben Sie nicht. Sie werden bei regelmäßigem Training schnelle Fortschritte machen. Nach etwa drei Monaten der Anpassung sollten Sie in der Lage sein, den Belastungspuls problemlos auf den für *Fitnesssportler* empfohlenen Wert von *180 minus Lebensalter* zu steigern.
Wenn Sie sich an die Ausdauerbelastung gewöhnt haben, können Sie gelegentliche Tempowechsel vornehmen, kurze Zwischenstrecken im langen Sprunglaufschritt zurücklegen, Bergauf- und Bergabläufe einbeziehen u. ä. mehr. Laufen Sie so lange, wie Sie sich dabei wohlfühlen. Brechen Sie als Anfänger notfalls schon nach fünf Minuten ab und wiederholen Sie das Pensum einige Tage später. Sie sollten allerdings nach etwa zwei Monaten imstande sein, 10 bis 20 Min. mit der empfohlenen Pulsfrequenz locker zu

traben. Anpassungsreaktionen des Körpers finden schon bei zwei- bis dreimaligem 10minütigem Lauftraining pro Woche statt. Deutliche Fortschritte sind allerdings erst ab einer Dauer von 20 Min. zu erwarten. Es ist allerdings besser, zweimal pro Woche 20 Min. zu laufen, als einmal 40 Min. Machen Sie es sich zur Angewohnheit, vor oder nach jedem Muskeltraining mindestens 10 bis 15 Min. locker mit der empfohlenen Pulsfrequenz zu laufen, um das Herz- und Kreislauf-System parallel zu trainieren.

Hinweise: Der empfohlene Belastungspuls soll gewährleisten, daß Sie während des Laufens ständig *im Sauerstoffgleichgewicht* (*aerobe Ausdauerbelastung*) bleiben! Die von der Muskulatur benötigte Energiemenge wird hierbei praktisch ausschließlich durch den Sauerstoff, den der Körper über die Atmung aufnimmt, mobilisiert. Sauerstoffzufuhr und Sauerstoffverbrauch halten sich also die Waage. Die nötige Energie für die Muskelkontraktionen wird nach einigen Minuten des «Warmlaufens» hauptsächlich durch Verbrennung (Oxydation) von Zucker (durch Mobilisation des Glykogenvorrats) und (teilweise) von Fettsäuren (aus den Fettdepots) bereitgestellt. Der für diese biologische Oxydation benötigte Sauerstoff wird aus der Atemluft über die roten Blutkörperchen in die beanspruchte Muskulatur transportiert, wo die Verbrennung unter Freisetzung von Energie stattfindet. Die «Abfallprodukte» Kohlendioxyd und Wasser werden ausgeatmet bzw. ausgeschwitzt.
Bei zu schnellem Laufen ist das Sauerstoffgleichgewicht nicht mehr gewährleistet! Es entsteht ein erhöhter Energiebedarf, der durch die Oxydation nicht mehr gedeckt werden kann, da er die maximale Sauerstoffaufnahmefähigkeit des Organismus übersteigt. Die Folge ist eine *Sauerstoffschuld* (*anaerobe Ausdauerbelastung*) mit einem entsprechenden Energiedefizit, welches durch Zuckerzerlegung (Glykolyse) gedeckt wird. Die Glykolyse setzt Energie frei, indem sie Zucker bis zur Milchsäure (Laktat) abbaut. Das saure Stoffwechselprodukt Milchsäure übersäuert den Organismus, senkt den pH-Wert (Säure) des Blutes, hemmt in zunehmendem Maße die Energiegewinnung durch Glykolyse und begrenzt somit die Energiebereit-

stellung für die Muskelkontraktion. Die Milchsäure wirkt also extrem leistungsmindernd! Wenn diese Übersäuerung nicht durch ausreichende Zufuhr von Sauerstoff kompensiert wird, zwingt sie nach relativ kurzer Zeit zum Abbruch der körperlichen Aktivität (der Läufer ist «sauer»).

Die Anpassung des Körpers an diese Übersäuerungsbedingungen kann zwar trainiert werden; *die Anpassungsreaktionen des Organismus auf diese anaeroben Reize haben allerdings keinen besonderen gesundheitlichen Wert*, da sie im Vergleich zur anaeroben Energiegewinnung nur geringe Auswirkungen auf das Herz-Kreislauf-System haben, übertriebener Ehrgeiz auf diesem Gebiet kann sogar – besonders bei Untrainierten – gesundheitliche Schäden nach sich ziehen.

Da Sie als Fitness-Fan wahrscheinlich mehr Wert auf eine gut entwickelte, funktionelle Muskulatur und auf ein stabiles Herz-Kreislauf-System legen als auf den Landesrekord über 800 m, können Sie, besonders wenn Sie nicht mehr der/die Jüngste sind, das anaerobe Ausdauertraining getrost vergessen. Diese intensive Trainingsform ist für hochtrainierte Mittelstreckler, die sich in mehreren Jahren die konditionellen Grundlagen hierfür geschaffen haben, ein absolutes Muß; der Fitness- und Breitensportler jedoch sollte sein Augenmerk hauptsächlich auf die Entwicklung und Erhaltung einer gesundheitsfördernden, organkräftigenden aeroben Grundlagenausdauer legen. Laufen Sie im Sauerstoffgleichgewicht und vermeiden Sie stärkere Übersäuerung. Setzen Sie allenfalls durch kurze Tempoverschärfung ein paar anaerobe Spitzen wie oben beschrieben, um den «Motor» gelegentlich auch einmal etwas hochzudrehen; schalten Sie anschließend aber wieder einen Gang zurück!

Um mit jedem Atemzug möglichst viel Luft in die Lungen gelangen zu lassen, ist die *Atmung durch Mund und Nase* auch beim langsamen Laufen zweckmäßig, wobei vor allem auf eine bewußte *tiefe Ausatmung* zu achten ist. Je tiefer Sie ausatmen, um so weniger Luft verbleibt ungenutzt als Totvolumen in der Lunge und in den Atemwegen; um so tiefer können Sie also auch einatmen.

Da es in der Tat für den Anfänger sehr schwer ist, das richtige Lauftempo zu finden, sollten Sie sich Folgendes einprägen:

- Sie können nicht unter-, sondern nur übertreiben!
- Wenn Sie während des Laufens nicht mehr ungezwungen sprechen können, sind Sie schon zu schnell!
- Laufen macht Spaß; aber nur, wenn es spielerisch leichtfällt!
- Sie können viel schneller laufen – Sie sind aber klug genug, es nicht zu tun!

Anfänger, die noch nicht das richtige Tempogefühl besitzen, sollten regelmäßig den Belastungspuls unmittelbar nach dem Lauf prüfen; Fortgeschrittene sollten dies zumindest gelegentlich tun, um Abweichungen von der optimalen Trainingsintensität zu erkennen. Tasten Sie den Puls mit dem

Zeige- oder Mittelfinger am Hals oder am Handgelenk. Da die Herzfrequenz nach der Belastung sehr schnell abfällt, soll nicht länger als 10 Sek gemessen werden, um möglichst genaue Werte zu erhalten. Multiplizieren Sie den ermittelten Wert mit sechs, und vergleichen Sie dieses Resultat mit dem vorgegebenen Sollwert des Belastungspulses. Im Idealfall sind beide Werte gleich, was die Gewähr für optimale Belastung darstellt. Bei positiver Abweichung muß die Geschwindigkeit beim nächsten Lauf verringert werden; bei negativer Abweichung (was bezeichnenderweise kaum vorkommt) kann der nächste Lauf etwas schneller ausfallen.

Zur Verdeutlichung ein Beispiel:

Alter:	42 Jahre (kein Anfänger)
Belastungspuls (Sollwert):	180–42 = 138 pro Min.
10-Sek.-Meßwert	24
Belastungspuls (Istwert):	24 × 6 = 144 pro Min
Abweichung:	144 – 138 = +6
Information:	Lauftempo war zu hoch.
Konsequenz:	Tempo reduzieren

Der nächste Lauf sollte also noch langsamer absolviert werden, um optimale Bedingungen für ein wirksames Herz-Kreislauf-Training zu gewährleisten!

Mit dem Istwert des Belastungspulses kann zwar die Intensität des Lauftrainings gesteuert werden; es fehlt jedoch immer noch eine entsprechende Information zur Bewertung des Trainingszustandes des Herz-Kreislauf-Systems. Um diese aufschlußreiche Information zu erhalten, sollten Sie drei Minuten nach der Messung des Belastungspulses die 10-Sek.-Messung wiederholen. Dieser «Erholungspuls» wird vom vorherigen Istwert des Belastungspulses abgezogen und ergibt den «Erholungswert». Dieser Wert ist ein Maß für die Erholungsfähigkeit des Herz-Kreislauf-Systems und ermöglicht somit eine Beurteilung des Trainingszustandes.

Zur Erklärung wird obiges Beispiel fortgesetzt:

10-Sek.-Meßwert (nach 3 Min.:)	16
Erholungspuls:	16 × 6 = 96 pro Min.
Erholungswert:	144 – 96 = 48

Die Herzfrequenz hat sich also nach drei Minuten um 48 Schläge pro Min. verringert. Wenn Sie diesen Wert nach Ihrem nächsten Waldlauf erreichen, können Sie sich auf die Schulter klopfen; Ihr Trainingszustand ist gut. Das Ziel sollte dennoch sein, mit der Zeit auf einen Erholungswert von etwa 60 zu kommen (siehe auch «Gerätegymnastik»: Fitnesswert, S. 46).

Zur Beurteilung soll folgende Tabelle dienen:

Erholungswert	*Trainingszustand*
30–40	mittelmäßig
40–60	gut
über 60	sehr gut

Diese Messungen zur Pulskontrolle sind nicht nach jedem Lauf nötig. Sie sollten jedoch in regelmäßigen Abständen vorgenommen werden, um notfalls regulierend eingreifen zu können.
Berücksichtigen Sie diese Prinzipien bei der Planung und Durchführung Ihres Lauftrainings, richten Sie sich auch beim Laufen nach Ihrem Körpergefühl, und beherzigen Sie die Schlagworte: «Laufen ohne zu schnaufen» und «Sauerstoff ist Leben». Sie werden in jeder Beziehung davon profitieren.
Zu guter Letzt soll an dieser Stelle noch die Frage nach dem *Fettabbau* durch Dauerlauf erörtert werden: Eine Verbrennung von Fett findet beim aeroben Ausdauertraining zwar statt, sie setzt jedoch (wirksam) erst relativ spät ein, da der Körper bevorzugt die Kohlenhydratspeicher (Glykogen) zur Energiegewinnung heranzieht. Dies heißt konkret, daß erst nach einer Belastungsdauer von etwa 30 Min. die Fettdepots verstärkt angegriffen werden. Einen deutlich sichtbaren Fettabbau können Sie erst erwarten, wenn Sie regelmäßig mindestens zweimal pro Woche 30 Min. mit dem empfohlenen Belastungspuls laufen. Erfolgversprechender ist in diesem Fall eine Kombination von Waldlauf und Ganzkörpermuskeltraining in Verbindung mit einer Überprüfung und Korrektur der Eßgewohnheiten.

Übung 60
Radfahren

Das Radfahren ermöglicht wie der Dauerlauf ein optimales Training für die Herz-, Kreislauf- und Lungenfunktion. Man sollte allerdings belebte Straßen wegen der schlechten Luft und nicht zuletzt wegen der Unfallgefahr meiden und bevorzugt auf verkehrsarmen Landstraßen und Feldwegen radeln.
Das Radfahren auf dem *Standfahrrad* hat den Vorteil, daß Sie das Training, entsprechend Ihren konditionellen Voraussetzungen, genau dosieren und ständig überwachen können. Setzen Sie sich zumindest gelegentlich auf diesen «Prüfstand», auch wenn Sie ein Straßenfahrer sind, um mit Hilfe der elektronischen Anzeigen Ihren Trainingszustand zu überprüfen und, wenn nötig, Belastungskorrekturen vorzunehmen.

Hauptwirkung: Die Anpassungsreaktionen des Körpers an diese Ausdauerbelastung sind im Abschnitt «Dauerlauf» (Übung 59, S. 192ff) dargestellt.
Nebenwirkung: Oberkörper und Arme werden aufgrund ihrer Stützfunktion vorwiegend statisch beansprucht.

Übungsgeräte: Fahrrad; Standfahrrad (vorzugsweise mit elektronischer Pulsüberwachung).

Variationen: Hier gelten übertragen die im Abschnitt «Dauerlauf» dargestellten Zusammenhänge (S. 192 ff). Speziell für das Standfahrrad mit elektronischer Pulsüberwachung noch einige zusätzliche Hinweise: Planen Sie für die Aufwärmphase etwa 6 Min. ein und beginnen Sie mit einer Belastung von 50 Watt, die Sie nach jeder Minute um 25 Watt steigern, bis Sie die empfohlene Obergrenze des Belastungspulses erreicht haben (180 minus Lebensalter bzw. bei Untrainierten 160 minus Lebensalter). Diese Pulsobergrenze sollten Sie nach 4–6 Min. erreicht haben. Wenn Sie ihre Ausdauerbelastbarkeit so verbessert haben, daß Sie den Belastungspuls nach 6 Min. noch nicht erreichen, erhöhen Sie nochmals um 25 Watt und behalten diese Belastung unter Beachtung der errechneten Pulsobergrenze wenn möglich während der ganzen Trainingsdauer bei. Da Sie am Hometrainer Ihre aerobe Ausdauer und nicht Ihr Sprintvermögen trainieren sollen, halten Sie sich an die von Ärzten empfohlene Anzahl von 50–60 Pedalumdrehungen pro Minute.

Hinweise: Statistische Auswertungen von Daten über Sportverletzungen und -schäden haben ergeben, daß das Risiko von Gelenkschädigungen beim Radfahren deutlich geringer ist als beim Laufen. Dies ist sehr einleuchtend, wenn man bedenkt, daß Stöße, die sich beim Aufsetzen des Fußes, vor allem beim Laufen auf harten Böden, bis in die Wirbelsäule übertragen, beim Radfahren vermieden werden.
Nicht zuletzt aus diesem Grund ist diese Art von Hometrainer für ein schonendes Ausdauertraining besonders für ältere Leute, Rehabilitanden u. ä. hervorragend geeignet.

Übung 61
Rudern

Beim Rudern an der Rudermaschine wird gleichzeitig mit dem Herz-Kreislauf-Training der ganze Körper aktiv muskulär beansprucht; während beim Laufen oder Radfahren der Oberkörper und die Arme nur eine Schwung- bzw. Stützfunktion ausüben. Da an den meisten dieser Rudergeräte gegen einen hydraulischen Widerstand gearbeitet wird, werden sowohl die Strecker als auch die Beuger des ganzen Körpers in die Bewegung einbezogen.

Hauptwirkung: Bei geringem Widerstand und entsprechend langer Trainingsdauer (mindestens 10 Min.) finden Anpassungsreaktionen, wie sie im Abschnitt «Dauerlauf» (Übung 59, S. 192ff) dargestellt sind, statt.
Nebenwirkung: Straffung der gesamten Körpermuskulatur, Gewichtsreduktion, Fettabbau.

Wenn Sie mit höherem Widerstand und geringer Wiederholungszahl trainieren, tritt die Kreislaufkomponente in den Hintergrund und Sie erzielen einen Kraft- und Muskelzuwachs am ganzen Körper.

Übungsgerät: Rudermaschine.

Variationen: Da die Rudermaschine ein gezieltes Kraft- und Muskeltraining nicht ersetzen kann, sollten Sie sie hauptsächlich für die Entwicklung und Erhaltung der aeroben Ausdauer benützen. Bezüglich der Belastungsvariationen gelten für diesen Fall sinngemäß die im Abschnitt «Dauerlauf» dargestellten Zusammenhänge (S. 192ff).

Hinweise: Der hydraulische Widerstand der Rudermaschine erfordert sowohl in der Zug- als auch in der Druckphase eine aktive Muskeltätigkeit, da in beiden Phasen gegen Widerstand gearbeitet wird. Es werden abwechselnd die Beuge- und Streckmuskeln des Körpers beansprucht. Aufgrund dieser muskulären Dauerbeanspruchung und der dadurch bedingten fehlenden Entspannungsphase sollte das aerobe Ausdauertraining an dieser Maschine nur mit geringem Widerstand durchgeführt werden, um das Sauerstoffgleichgewicht zu gewährleisten und die Muskulatur nicht zu übersäuern. Der Belastungspuls von 180 minus Lebensalter sollte auch bei dieser Trainingsform nicht überschritten werden!

Trainingsprogramme

Trainingsplanung

Jede Trainingsplanung muß sich an den individuellen Voraussetzungen orientieren, um die gesteckten Ziele möglichst ohne Umwege und Rückschläge zu erreichen.

Trainingsmethoden, Trainingsumfang und Trainingsintensität müssen insbesondere auf folgende Faktoren optimal abgestimmt werden:

- *Angestrebte Trainingsziele:* Im Fitnessbereich dominieren folgende Ziele: Gewichtsabnahme, Fettreduktion, Körperstraffung, Herz-Kreislauf-Training, lokaler Muskelzuwachs und Gewichtszunahme.
- *Körperliche Voraussetzungen:* Die realistische Einschätzung der körperlichen Leistungsfähigkeit ist von besonderer Bedeutung für einen optimalen Trainingserfolg. Erfahrungsgemäß neigen besonders Anfänger zu einer Überschätzung ihrer Belastbarkeit, was sehr schnell zu Überforderungen und nicht selten zu Resignation und Abbruch der sportlichen Aktivitäten führt. Um dieser Gefahr vorzubeugen, sollte das Anfängertraining mit geringer Belastung ‹spielerisch› durchgeführt werden, bis sich nach einiger Zeit ein ‹Körpergefühl› einstellt, welches die optimale Dosierung des Trainings erleichtert. In diesem Zusammenhang ist auch zu beachten, daß man nicht jeden Tag in gleicher körperlicher und seelischer Verfassung ist und daß die Trainingsbelastung diesen periodischen Schwankungen anzupassen ist.
- *Einschränkungen der körperlichen Belastbarkeit:* Vor der Aufnahme des Trainings sollte besonders in fortgeschrittenem Alter eine sportärztliche Untersuchung zur Klärung dieser Frage durchgeführt werden. Evtl. vorhandene Beschwerden (z. B. Bluthochdruck, Wirbelsäulenbeschwerden,

Abnutzungserscheinungen an Gelenken u. a.) müssen bei der Trainingsplanung berücksichtigt werden mit dem Ziel, diese Beschwerden zu lindern bzw. zum Verschwinden zu bringen.

- *Alltägliche und berufliche Beanspruchung:* Es liegt auf der Hand, daß auch die körperliche Beanspruchung im Alltag und im Beruf das Fitnesstraining beeinflußt. Es sollte angestrebt werden, eine einseitige körperliche Belastung des beruflichen Alltags im Training mit geeigneten Methoden zu kompensieren bzw. eine allgemeine körperliche Unterbeanspruchung durch ein gemischtes Herz-Kreislauf- und Muskeltraining zu verhindern.
- *Zeitlicher Aufwand für das Training:* Um die Gesetze der Superkompensation (vgl. S. 13ff) auszunutzen, soll das Training auf möglichst viele Einheiten aufgeteilt werden. Viermal 20 Min. pro Woche sind effektiver als einmal 80 Min. Ein dreimaliges wöchentliches Training von 45–90 Min. stellt einen gesunden Kompromiß dar, weshalb dieser Zeitaufwand langfristig eingeplant werden sollte.

Jede *Trainingseinheit* muß, um Verletzungen und Überbeanspruchungen vorzubeugen, folgendem Schema entsprechen:
(1) Einleitung:
Dieser Abschnitt dient der Aufwärmung, wodurch der Organismus auf die folgende Belastung vorbereitet wird. Zum Aufwärmen siehe Seite 55ff.
(2) Hauptteil:
Das Trainingsprogramm wird in diesem längsten Abschnitt der Trainingseinheit (30–90 Min.; je nach Intensität und Leistungsvermögen) absolviert. Die Trainingsreize treffen auf einen durch die Aufwärmung optimal vorbereiteten Organismus, wodurch die Effektivität des Trainings erhöht wird.
(3) Ausklang:
Während dieser Phase der *Entmüdung* – auch «Cool-Down» (Abkühlung) genannt – werden durch ausklingende Belastungen mit geringer Intensität Ermüdungsstoffe (z. B. Milchsäure) abgebaut, und somit wird die Erholungsfähigkeit des Organismus verbessert. Gymnastische Lockerungsübungen und kompensierendes Aushängen (Übungen 57 und 58, S. 187ff) dienen ferner der ganzkörperlichen Entspannung und der unmittelbar an das Training anschließenden Regeneration. Zur Gestaltung der Entmüdung siehe Seite 57.

Eine spezielle *Periodisierung* des Trainings ist im Fitnessbereich nicht nötig, da keine terminierten Leistungshöhepunkte angestrebt werden müssen; das Ziel ist vielmehr ein überdurchschnittliches konditionelles Leistungsniveau, welches langfristig gesteigert bzw. konstant beibehalten wird. Es ist allerdings sinnvoll, einmal im Jahr eine *aktive Erholungspause* von etwa vier Wochen Dauer einzulegen. Während dieser Zeit sollte das

gewohnte Training durch spielerische Aktivitäten auf anderen sportlichen Gebieten (z. B. Schwimmen, Radfahren, Sportspiele u. ä.) ersetzt werden, was eine physische und psychische Regeneration zur Folge hat. Ferner ist es zweckmäßig, in regelmäßigen Abständen sowohl die Übungen als auch die Belastungsintensität innerhalb der vorgegebenen Grenzen zu variieren, um langfristig zu einseitige Trainingsbelastungen zu vermeiden. Bei Übertrainingszuständen sind Trainingsumfang und Trainingsintensität zu reduzieren; die körperliche Regeneration ist vor allem durch die richtig dosierte Dauerleistungsmethode gewährleistet.
Wenn all diese Gesichtspunkte bei der Trainingsplanung berücksichtigt werden und wenn das Fitnesstraining langfristig und konsequent durchgeführt wird, ist ein optimaler Trainingserfolg mit dauerhaften positiven Auswirkungen auf Gesundheit und Wohlbefinden zu erwarten.

Programme

Allgemeines Grundlagentraining für Anfänger

Beim Anfängertraining dominieren einfache Übungen, geringer Trainingsumfang und geringe Intensität.
Trainingsziel: Herz-Kreislauf-Stabilisation; Körperstraffung; Gewichts- und Fettreduktion ohne Muskelzuwachs.
Zielgruppe: Fitness- und Gesundheitssportler(innen).
Konditionelle Voraussetzungen: Untrainiertes Anfängerniveau.
Trainingshäufigkeit: 2mal pro Woche (Mo. und Fr.)
Trainingsmethode: Dauerleistungsmethode.
Trainingsinhalt: Laufen und Gerätegymnastik.

Montag

Waldlauf Belastungspuls 160 minus Lebensalter; Trab- und Gehpausen nach Bedarf. Die anfängliche Belastungsdauer von 10 Min. wird wöchentlich um 2–3 Min. verlängert, die Pausen werden kontinuierlich verringert, bis 30 Min. ununterbrochenes Laufen möglich ist.

Freitag

Gerätegymnastik:
Reizintensität: 25 bis 35 % der Bestleistung. Der Belastungspuls soll 150 Schläge pro Minute nicht überschreiten.

Reizdauer: 12 bis 30 Min.; wöchentliche Steigerung um 2 Min.
Reizdichte: Keine Pausen.
Reizumfang: 6 Übungen pro Kreisdurchgang; 5 Wiederholungen pro Übung und Durchgang.
Organisationsform: Kreistraining.

- *Übungen:*

- Armbeugen (Scott-Curls) – Übung 28, S. 139ff.
- Beinstrecken im Sitz (Beinextension) – Übung 54, S. 182f.
- Hüftstrecken in Bauchlage – Übung 44 (ohne Zusatzbelastung), S. 166f.
- Bankdrücken waagerecht – Übung 20, S. 125f.
- Beinbeugen in Bauchlage (Beincurls) – Übung 53, S. 180f.
- Beinheben im Ellbogenstütz – Übung 34 (ohne Zusatzbelastung), S. 149f.

Der Übergang zum Fortgeschrittenen-Training erfolgt, wenn sowohl beim Laufen als auch beim Gerätetraining eine ununterbrochene Trainingsdauer von 30 Min. erreicht ist.

Allgemeines Fitnesstraining für Fortgeschrittene

Trainingsziel: Herz-Kreislauf-Stabilisation; Körperstraffung; Gewichts- und Fettreduktion ohne Muskelzuwachs.
Zielgruppe: Fitness- und Gesundheitssportler(innen).
Konditionelle Voraussetzungen: Fortgeschrittener Trainingszustand nach absolviertem Grundlagentraining.
Trainingshäufigkeit: 3mal pro Woche (Mo., Mi. und Fr.).
Trainingsmethode: Dauerleistungsmethode.
Trainingsinhalt: Laufen oder Radfahren und Gerätegymnastik.

Montag

Gerätegymnastik:
Reizintensität: 30 bis 50 % der Bestleistung. Der Belastungspuls darf 160 Schläge pro Minute nicht überschreiten.
Reizdauer: 30 bis 60 Min.
Reizdichte: Keine Pausen.
Reizumfang: 8 Übungen pro Durchgang; 6–10 Wiederholungen pro Übung und Durchgang.
Organisationsform: Kreistraining.

- *Übungen:*

- Ziehen von oben – Übung 13, S. 113f.

- Hüftbeugen negativ in Rückenlage mit Seitdrehung – Übung 33 (ohne Zusatzbelastung), S. 147ff.
- Fußstrecken im Sitzen (Wadentraining) – Übung 55, S. 183ff.
- Bankdrücken waagerecht – Übung 20, S. 125f.
- Hüftstrecken in Bauchlage mit Oberkörperrotation – Übung 44 (ohne Zusatzbelastung), S. 166f.
- Beinbeugen in Bauchlage (Beincurls) – Übung 53, S. 180f.
- Arme zusammenführen im Sitzen (Butterfly) – Übung 7, S. 102f.
- Beinstrecken waagerecht im Sitz – Übung 41, S. 161f.

Mittwoch

30 bis 60 Min. Waldlauf oder Radfahren mit Belastungspuls 180 minus Lebensalter. Im Abstand von 5 bis 15 Min. kann durch eine leichte Temposteigerung von etwa 20 bis 30 Sek. Dauer die Intensität kurzfristig erhöht werden. Die Pulsfrequenz soll hierbei den Wert von 160–180 Schlägen pro Min. nicht überschreiten (die Obergrenze von 180 gilt nur für jüngere Sportler und Sportlerinnen!).

Freitag

Gerätegymnastik: Wie Montag.

Dieses Trainingsprogramm kann langfristig als *Formerhaltungstraining* durchgeführt werden, wenn ein erreichtes konditionelles Leistungsniveau dauerhaft stabilisiert werden soll. Zum Zweck der Belastungsvariation sollten allerdings die Übungen etwa alle drei Monate jeweils zum Teil ausgetauscht werden.

Ausdauer- und Ausdauerkrafttraining für Fortgeschrittene

Trainingsziel: Herz-Kreislauf-Stabilisation; Körperstraffung; Gewichts- und Fettreduktion; Steigerung der Ausdauerkraft ohne Muskelzuwachs.

Zielgruppe: Fitness- und Gesundheitssportler(innen).

Konditionelle Voraussetzungen: Fortgeschrittener Trainingszustand nach absolviertem Grundlagentraining.

Trainingshäufigkeit: 3 mal pro Woche (Mo., Mi. und Fr.).

Trainingsmethode: Extensive Intervallmethode; Dauerleistungsmethode.

Trainingsinhalt: Kraftübungen an Geräten mit Zusatzbelastung, Gerätegymnastik (ersatzweise laufen oder radfahren).

Montag

Kraftübungen an Geräten (extensive Intervallmethode).
Reizintensität: 30 bis 40 % der Bestleistung; Pulsfrequenz max. 160.
Reizdauer: 15 bis 20 Wiederholungen pro Übung und Durchgang.
Reizdichte: 45 bis 60 Sek. Pause zwischen den Sätzen. Der Puls soll in der Pause nicht unter 110 absinken.
Reizumfang: 3 bis 5 Durchgänge mit je 8 Übungen.
Organisationsform: Kreistraining.

● *Übungen:*
- Armstrecken nach oben im Sitz – Übung 18, S. 122f.
- Hüftbeugen negativ in Rückenlage mit Seitdrehung – Übung 33 (mit Zusatzbelastung), S. 147ff.
- Beinbeugen in Bauchlage (Beincurls) – Übung 53, S. 180f.
- Ziehen von oben – Übung 13, S. 113f.
- Hüftstrecken in Bauchlage mit Oberkörperrotation – Übung 44 (mit Zusatzbelastung), S. 166f.
- Beinstrecken waagerecht im Sitz – Übung 41, S. 161f.
- Schulterziehen nach hinten – Übung 24, S. 132f.
- Beinanziehen sitzend – Übung 51, S. 176f.

Mittwoch

Gerätegymnastik oder Waldlauf/Radfahren.
Gerätegymnastik:
Reizintensität: 30 bis 50 % der Bestleistung. Der Belastungspuls darf 160 Schläge pro Min. nicht überschreiten.
Reizdauer: 30 bis 60 Min.
Reizdichte: Keine Pausen.
Reizumfang: 8 Übungen pro Durchgang; 6–10 Wiederholungen pro Übung und Durchgang.
Organisationsform: Kreistraining.

● *Übungen:*
- Ziehen von oben – Übung 13, S. 113f.
- Hüftbeugen negativ in Rückenlage mit Seitdrehung – Übung 33 (ohne Zusatzbelastung), S. 147ff.
- Fußstrecken im Sitzen (Wadentraining) – Übung 55, S. 183ff.
- Bankdrücken waagerecht – Übung 20, S. 125f.
- Hüftstrecken in Bauchlage mit Oberkörperrotation – Übung 44 (ohne Zusatzbelastung), S. 166f.
- Beinbeugen in Bauchlage (Beincurls) – Übung 53, S. 180f.
- Arme zusammenführen im Sitzen (Butterfly) – Übung 7, S. 102f.
- Beinstrecken waagerecht im Sitz – Übung 41, S. 161f.

(Die Kraftübungen [Mo. und Fr.] und die Übungen der Gerätegymnastik [Mi.] sind austauschbar.)

Laufen/Radfahren:
30 bis 60 Min. Waldlauf oder Radfahren mit Belastungspuls 180 minus Lebensalter. Im Abstand von 5 bis 15 Min. kann durch eine leichte Temposchärfung von etwa 20 bis 30 Sek. Dauer die Intensität kurzfristig erhöht werden. Die Pulsfrequenz soll hierbei den Wert von 160–180 Schlägen pro Min. nicht überschreiten (die Obergrenze von 180 gilt nur für jüngere Sportler und Sportlerinnen!).

Freitag:
Kraftübungen an Geräten (extensive Intervallmethode):
Wie Montag.

Dieses Trainingsprogramm kann ebenfalls langfristig als *Formerhaltungstraining* durchgeführt werden, wenn ein erreichtes konditionelles Leistungsniveau dauerhaft stabilisiert werden soll. Zum Zweck der Belastungsvariation sollten allerdings die Übungen etwa alle drei Monate jeweils zum Teil ausgetauscht werden.

Muskelkraft- und Ausdauertraining für Fortgeschrittene

Trainingsziel: Kraft- und Muskelzuwachs; entsprechende Herz-Kreislauf-Anpassung; Fettreduktion.
Zielgruppe: Breitensportler(innen); Leistungssportler(innen) in der Vorbereitungsperiode (zusätzlich zum speziellen Training).
Konditionelle Voraussetzungen: Absolviertes Grundlagentraining; gut entwickelte Ausdauer.
Trainingshäufigkeit: 3 mal pro Woche (Mo., Mi. und Fr.).
Trainingsmethode: Intensive Intervallmethode; Dauerleistungsmethode.
Trainingsinhalt: Kraftübungen an Geräten mit Zusatzbelastung; Gerätegymnastik (ersatzweise laufen oder radfahren).

Montag:
Kraftübungen an Geräten (intensive Intervallmethode):
Reizintensität: 50 bis 70 % der Bestleistung.
Reizdauer: 8 bis 12 Wiederholungen pro Satz.
Reizdichte: 2 bis 4 Min. Pause zwischen den Sätzen.
Reizumfang: 4 Übungen; 3 Sätze pro Übung
Pyramidentraining: 12mal 50 %, 10mal 60 %, 8mal 70 %).
Organisationsform: Stationstraining.

- *Übungen:*
- Kniebeugen an der Hackenschmidt-Maschine – Übung 40, S. 159f.
- Bankdrücken waagerecht – Übung 20, S. 125f.
- Beinbeugen in Bauchlage (Beincurls) – Übung 53, S. 180f.
- Ziehen von oben – Übung 13, S. 113f.

Mittwoch:

Gerätegymnastik oder Waldlauf/Radfahren.

Gerätegymnastik:

Reizintensität: 30 bis 50 % der Bestleistung. Der Belastungspuls darf 160 Schläge pro Min. nicht überschreiten.

Reizdauer: 30 bis 60 Min.

Reizdichte: Keine Pausen.

Reizumfang: 8 Übungen pro Durchgang; 6–10 Wiederholungen pro Übung und Durchgang.

Organisationsform: Kreistraining.

- *Übungen:*
- Ziehen von oben – Übung 13, S. 113f.
- Hüftbeugen negativ in Rückenlage mit Seitdrehung – Übung 33 (ohne Zusatzbelastung), S. 147ff.
- Fußstrecken im Sitzen (Wadentraining) – Übung 55, S. 183ff.
- Bankdrücken waagerecht – Übung 20, S. 125f.
- Hüftstrecken in Bauchlage mit Oberkörperrotation – Übung 44 (ohne Zusatzbelastung), S. 166f.
- Beinbeugen in Bauchlage (Beincurls) – Übung 53, S. 180f.
- Arme zusammenführen im Sitzen (Butterfly) – Übung 7, S. 102f.
- Beinstrecken waagerecht im Sitz – Übung 41, S. 161f.

Laufen/Radfahren:

30 bis 60 Min. Waldlauf oder Radfahren mit Belastungspuls 180 minus Lebensalter. Im Abstand von 5 bis 15 Min. kann durch eine leichte Temposchärfung von etwa 20 bis 30 Sek. Dauer die Intensität kurzfristig erhöht werden. Die Pulsfrequenz soll 160–180 Schläge pro Min. nicht überschreiten (die Obergrenze von 180 gilt nur für jüngere Sportler!).

Freitag

Kraftübungen an Geräten (intensive Intervallmethode):
Wie Montag.

Dieses Trainingsprogramm kann, evtl. reduziert, auch langfristig als *Formerhaltungstraining* durchgeführt werden, wenn ein erreichtes konditionelles Kraft- und Ausdauerniveau dauerhaft stabilisiert werden soll. Zum Zweck der Belastungsvariation sollten allerdings die Übungen etwa alle drei Monate verändert oder ausgetauscht werden.

Spezielles Muskelzuwachstraining für den Oberkörper und allgemeines Fettreduktionstraining

Trainingsziel: Kraft- und Muskelzuwachs am Oberkörper; Körperstraffung; Fettreduktion; adäquate Herz-Kreislauf-Anpassung.
Zielgruppe: Breitensportler(innen) mit muskulärem Defizit am Oberkörper.
Konditionelle Voraussetzungen: Absolviertes Grundlagentraining, gut entwickelte Ausdauer.
Trainingshäufigkeit: 4mal pro Woche (Mo., Di., Do. und Fr.).
Trainingsmethode: Intensive Intervallmethode; Dauerleistungsmethode.
Trainingsinhalt: Kraftübungen an Geräten mit Zusatzbelastung für Oberkörper und Arme; Gerätegymnastik (ersatzweise laufen der radfahren).

Montag:

Kraftübungen an Geräten für Oberkörper und Arme (intensive Intervallmethode):
Reizintensität: 50 bis 70 % der Bestleistung.
Reizdauer: 8 bis 12 Wiederholungen pro Satz.
Reizdichte: 2 bis 4 Min. Pause zwischen den Sätzen.
Reizumfang: 4 Übungen; 3 Sätze pro Übung (Pyramidentraining: 12mal 50 %, 10mal 60 %, 8mal 70 %).
Organisationsform: Stationstraining.

● *Übungen:*
- Bankdrücken waagerecht – Übung 20, S. 125f.
- Ziehen von oben – Übung 13, S. 113f.
- Armstrecken nach oben im Sitz – Übung 18, S. 122f.
- Arme anziehen im Langsitz – Übung 16, S. 119f.

Dienstag:

Gerätegymnastik oder Waldlauf/Radfahren:
Gerätegymnastik:
Reizintensität: 30 bis 50 % der Bestleistung. Der Belastungspuls darf 160 Schläge pro Min. nicht überschreiten.
Reizdauer: 30 bis 60 Min.
Reizdichte: Keine Pausen.
Reizumfang: 8 Übungen pro Durchgang; 6–10 Wiederholungen pro Übung und Durchgang.
Organisationsform: Kreistraining.

- *Übungen:*
- Ziehen von oben – Übung 13, S. 113f.
- Hüftbeugen negativ in Rückenlage mit Seitdrehung – Übung 33 (ohne Zusatzbelastung), S. 147ff.
- Fußstrecken im Sitzen (Wadentraining) – Übung 55, S. 183ff.
- Bankdrücken waagerecht – Übung 20, S. 125f.
- Hüftstrecken in Bauchlage mit Oberkörperrotation – Übung 44 (ohne Zusatzbelastung), S. 166f.
- Beinbeugen in Bauchlage (Beincurls) – Übung 53, S. 180f.
- Arme zusammenführen im Sitzen (Butterfly) – Übung 7, S. 102f.
- Beinstrecken waagerecht im Sitz – Übung 41, S. 161f.

Laufen/Radfahren:
30 bis 60 Min. Waldlauf oder Radfahren mit Belastungspuls 180 minus Lebensalter. Im Abstand von 5 bis 15 Min. kann durch eine leichte Temposchärfung von etwa 20 bis 30 Sek. Dauer die Intensität kurzfristig erhöht werden. Die Pulsfrequenz soll 160–180 Schläge pro Min. nicht überschreiten (die Obergrenze von 180 gilt nur für jüngere Sportler!).

Donnerstag:
Kraftübungen an Geräten für Oberkörper und Arme (intensive Intervallmethode): Wie Montag.

Freitag:
Gerätegymnastik oder Waldlauf/Radfahren: Wie Dienstag.

Bei allen Trainingseinheiten, deren Hauptteil dem Muskelzuwachs dient, sollten zum Zweck der *Aufwärmung* und der *Entmüdung* vor und nach der intensiven Belastung jeweils 12 bis 15 Min. Gerätegymnastik durchgeführt werden (siehe S. 55ff).

Muskelmassetraining

Trainingsziel: Muskelzuwachs; Zunahme der Maximalkraft; zusätzliche Herz-Kreislauf-Anpassung.
Zielgruppe: Bodybuilder.
Konditionelle Voraussetzungen: Gut entwickelte Ausdauer- und Kraftausdauerfähigkeiten.
Trainingshäufigkeit: 5mal pro Woche (Mo., Di., Do., Fr.und Sa.).
Trainingsmethode: Wiederholungsmethode; Dauerleistungsmethode.
Trainingsinhalt: Kraftübungen an Geräten mit Zusatzbelastung; Gerätegymnastik (ersatzweise laufen oder radfahren).

Montag:

Kraftübungen an Geräten für Oberkörper und Arme (Wiederholungsmethode):

Reizintensität: 70 bis 80 % der Bestleistung.
Reizdauer: 10 bis 12 Wiederholungen pro Satz.
Reizdichte: 2 Min. Pause zwischen den Sätzen
Reizumfang: 5 Übungen; 5 Sätze pro Übung.
Organisationsform: Stationstraining.

- *Übungen:*
- Arme anziehen im Langsitz – Übung 16, S. 119f.
- Ziehen von oben – Übung 13, S. 113f.
- Bankdrücken waagerecht – Übung 20, S. 125f.
- Armstrecken mit abgestützten Oberarmen – Übung 32, S. 145f.
- Hüftstrecken in Bauchlage mit Oberkörperrotation – Übung 44 (mit Zusatzbelastung), S. 166f.

Dienstag:

Kraftübungen an Geräten für Unterkörper und Beine (Wiederholungsmethode):

Belastungsgrößen wie Montag.

- *Übungen:*
- Beinstrecken schräg in Rückenlage – Übung 42, S. 162ff.
- Beinanziehen sitzend – Übung 51, S. 176f.
- Fußstrecken im Sitzen – Übung 55, S. 183ff.
- Hüftbeugen negativ in Rückenlage mit Seitdrehung – Übung 33 (mit Zusatzbelastung), S. 147ff.
- Beinbeugen in Bauchlage (Beincurls) – Übung 53, S. 180ff.

Donnerstag:

Kraftübungen an Geräten für Oberkörper und Arme (Wiederholungsmethode): Wie Montag.

Freitag:

Kraftübungen an Geräten für Unterkörper und Beine (Wiederholungsmethode): Wie Dienstag.

Samstag:

Gerätegymnastik oder Waldlauf/Radfahren:

Gerätegymnastik

Reizintensität: 30 bis 50 % der Bestleistung. Der Belastungspuls darf 160 Schläge pro Min. nicht überschreiten.
Reizdauer: 30 bis 60 Min.
Reizdichte: Keine Pausen.

Reizumfang: 8 Übungen pro Durchgang; 6–10 Wiederholungen pro Übung und Durchgang.
Organisationsform: Kreistraining.

- *Übungen:*
- Ziehen von oben – Übung 13, S. 113f
- Hüftbeugen negativ in Rückenlage mit Seitdrehung – Übung 33 (ohne Zusatzbelastung), S. 147ff.
- Fußstrecken im Sitzen (Wadentraining) – Übung 55, S. 183ff.
- Bankdrücken waagerecht – Übung 20, S. 125f.
- Hüftstrecken in Bauchlage mit Oberkörperrotation – Übung 44 (ohne Zusatzbelastung), S. 166f.
- Beinbeugen in Bauchlage (Beincurls) – Übung 53, S. 180f.
- Arme zusammenführen im Sitzen (Butterfly) – Übung 7, S. 102f.
- Beinstrecken waagerecht im Sitz – Übung 41, S. 161f.

Laufen/Radfahren:
30 bis 60 Min. Waldlauf oder Radfahren in gleichmäßigem Tempo mit Belastungspuls 180 minus Lebensalter.

Bei allen Trainingseinheiten, deren Hauptteil dem Muskelzuwachs dient, sollten zum Zweck der *Aufwärmung* und der *Entmüdung* vor und nach der intensiven Belastung jeweils 12 bis 15 Min. Gerätegymnastik durchgeführt werden (siehe S. 55ff).

Muskelmassetraining nach Materia

Trainingsziel: Muskelzuwachs; Zunahme der Maximalkraft; zusätzliche Herz-Kreislauf-Anpassung.
Zielgruppe: Bodybuilder.
Konditionelle Voraussetzungen: Gut entwickelte Ausdauer- und Kraftausdauerfähigkeiten.
Trainingshäufigkeit: 5mal pro Woche (Mo., Di., Do., Fr. und Sa.).
Trainingsmethode: Methode der zweimaligen maximalen Erschöpfung: Dauerleistungsmethode.
Trainingsinhalt: Kraftübungen an Geräten mit Zusatzbelastung; Gerätegymnastik (ersatzweise laufen oder radfahren).

Montag:

Kraftübungen an Geräten für Oberkörper und Arme (maximale Erschöpfung):
Reizintensität: 70 bis 80 % der Bestleistung.
Reizdauer: Maximale Wiederholungszahl bis zu den letzten möglichen

Muskelzuckungen bei jedem Satz.
Reizdichte: 1 Min. Pause zwischen den beiden Sätzen einer Übung.
Reizumfang: 6 Übungen, 2 Sätze pro Übung.
Organisationsform: Stationstraining.

- *Übungen:*
- Bankdrücken waagerecht – Übung 20, S. 125 f.
- Arme anziehen im Langsitz – Übung 16, S. 119 f.
- Armstrecken nach oben im Sitz – Übung 18, S. 122 f.
- Ziehen von oben – Übung 13, S. 113 f.
- Schulterheben im Stand – Übung 25, S. 134 f.
- Armbeugen (Scott-Curls) – Übung 28, S. 139 ff.

Dienstag:

Kraftübungen an Geräten für Unterkörper und Beine (maximale Erschöpfung):
Belastungsgrößen wie Montag.

- *Übungen:*
- Beinstrecken schräg in Rückenlage – Übung 42, S. 162 ff.
- Beinbeugen in Bauchlage (Beincurls) – Übung 53, S. 180 f.
- Beinstrecken im Sitz (Beinextension) – Übung 54, S. 182 f.
- Beinheben in Rückenlage – Übung 35, S. 150 ff.
- Fußstrecken im Sitzen – Übung 55, S. 183 ff.
- Beinanziehen sitzend – Übung 51, S. 176 f.

Donnerstag:

Kraftübungen an Geräten für Oberkörper und Arme (maximale Erschöpfung):
Wie Montag.

Freitag:

Kraftübungen an Geräten für Unterkörper und Beine (maximale Erschöpfung):
Wie Dienstag.

Samstag:

Gerätegymnastik oder Waldlauf/Radfahren:
Gerätegymnastik:
Reizintensität: 30 bis 50 % der Bestleistung. Der Belastungspuls darf 160 Schläge pro Min. nicht überschreiten.
Reizdauer: 30 bis 60 Min.
Reizdichte: Keine Pausen.
Reizumfang: 8 Übungen pro Durchgang; 6–10 Wiederholungen pro Übung und Durchgang.

Organisationsform: Kreistraining.

- *Übungen:*
- Ziehen von oben – Übung 13, S. 113ff.
- Hüftbeugen negativ in Rückenlage mit Seitdrehung – Übung 33 (ohne Zusatzbelastung), S. 147ff.
- Armstrecken nach oben im Sitz – Übung 18, S. 122f.
- Beinbeugen in Bauchlage (Beincurls) – Übung 53, S. 180f.
- Flugbewegungen in Bauchlage – Übung 41, S. 161f.
- Beinheben nach vorn, stehend – Übung 36, S. 153f.
- Arme zusammenführen im Sitzen (Butterfly) – Übung 7, S. 102f.
- Hüftstrecken in Bauchlage mit Oberkörperrotation – Übung 44 (ohne Zusatzbelastung), S. 166f.

Laufen/Radfahren:

30 bis 60 Min. Waldlauf oder Radfahren in gleichmäßigem Tempo mit Belastungspuls 180 minus Lebensalter.

Diese beiden Trainingsprogramme für Muskelzuwachs sind auch für Frauen, die sich dem Bodybuilding verschrieben haben, geeignet. Über den Sinn und die Hintergründe des Muskelmassetrainings – sowohl bei Männern als auch bei Frauen – soll hier nicht diskutiert werden. Da u. a. das Verhältnis der aktiven Muskelmasse zum Ballastgewicht (Fettgewebe) bei Frauen ungünstiger ist als bei Männern und da das männliche Sexualhormon Testosteron eine bedeutende Rolle beim Muskelzuwachs spielt, sind allein schon aus diesen Gründen die diesbezüglichen Trainingsresultate bei Frauen, selbst bei gleichem Trainingsumfang und gleicher Intensität, nicht mit denen der Männer zu vergleichen.
Die ausgleichende aerobe Ausdauerbelastung ist bei allen Trainingsprogrammen für Kraft- und Muskelzuwachs von großer Wichtigkeit, um einem Defizit der Herz-Kreislauf-Funktion und der Muskeldurchblutung durch zu geringe Kapillarisierung vorzubeugen. In diesem Zusammenhang wird auf die einleitende und ausklingende Phase der Trainingseinheit verwiesen (vgl. S. 55ff): Zum Zweck der *Aufwärmung* und *Entmüdung* sollten vor und nach der intensiven Belastung jeweils 12 bis 15 Min. Gerätegymnastik durchgeführt werden. Auch Materia betont die Bedeutung dieser Aufwärm- und Entmüdungsphase in Kombination mit dem Kraft-Masse-Training, wobei er allerdings nur fünf Wiederholungen bei der Gerätegymnastik empfiehlt.

Progamme für Jugendliche

Ein richtig dosiertes Krafttraining ist im jugendlichen Alter besonders wichtig, da es durch die Entwicklung eines stabilen Muskelkorsetts den passiven Bewegungsapparat entlastet und Haltungsschäden vorbeugt bzw. rückgängig macht. Da allerdings die Verknöcherung des Skeletts erst zwischen dem 17. und 20. Lebensjahr abgeschlossen ist, ist der passive Bewegungsapparat Jugendlicher weniger belastbar als bei Erwachsenen. Dies spricht jedoch nicht gegen, sondern für ein altersgemäßes Krafttraining, da hierdurch wirksame biologische Reize für die Wachstums- und Entwicklungsphase auf den Organismus ausgeübt werden. Eine ganzheitliche Entwicklung des jugendlichen Organismus bei gleichzeitiger Vermeidung von Sportschäden ist bei richtiger Auswahl der Trainingsmethoden und bei angepaßter Belastungsdosierung gewährleistet.

Folgende *Prinzipien*, die beim sportlichen Training generell gelten, sind beim Training mit Jugendlichen besonders zu beachten:

- *Vom Einfachen zum Schwierigen:* Am Anfang stehen einfache Kraftübungen, die nur geringe Ansprüche an die koordinativen Fähigkeiten stellen. Nur wenn die Kraftübungen technisch beherrscht werden, ist ein Training ohne Verletzungsgefahr möglich. So sollten z. B. Kniebeugen im Anfängerstadium vermieden werden, indem sie etwa durch Übung 42 (Beinstrecken schräg in Rückenlage) an der schrägen Beinpresse oder durch getrennte Hüft- und Kniestreckübungen ersetzt werden.
- *Vom Wenigen zum Vielen:* Das Trainingspensum ist anfänglich gering und wird allmählich durch zunehmende Satz- und Wiederholungszahlen gesteigert.
- *Vom Leichten zum Schweren:* Die anfangs niedrige oder fehlende Zusatzbelastung wird dem Trainingszustand entsprechend allmählich erhöht. Übung 33 (Hüftbeugen negativ in Rückenlage) wird beispielsweise zuerst nur mit geringer Neigung und ohne Zusatzbelastung trainiert.
- *Vom Allgemeinen zum Speziellen:* Dem (speziellen) Muskeltraining geht ein allgemeines konditionelles Grundlagentraining nach der Dauerleistungsmethode mit einfachen Kraftübungen voraus, um den Organismus muskulär und organisch auf die intensiven Belastungen des Krafttrainings vorzubereiten.

Bei der *Auswahl der Kraftübungen* für Jugendliche muß besonders im Anfangsstadium darauf geachtet werden, daß die Wirbelsäule möglichst wenig auf Druck und Biegung belastet wird. Die sogenannte «Über-Kopf-Arbeit» (z. B. Übung 18: Armstrecken nach oben im Sitz u. ä.) darf erst durchgeführt werden, wenn durch einfache Übungen – bevorzugt im Hang, im Stütz und im Liegen – ein wirbelsäulenstabilisierendes Bauch- und Rükkenmuskelkorsett entwickelt wurde.

Im Unterschied zum Leistungssport, wo z. B. Gewichtheber schon mit 13 Jahren ein spezielles Hanteltraining mit 70 % der Maximallast absolvieren, sollte im Fitness- und Breitensport ein gezieltes Kraft- bzw. Kraftausdauertraining für Mädchen und Jungen erst ab einem Alter von etwa 16 Jahren – frühestens nach Abschluß der Pubertät – begonnen werden. Wie beim Anfängertraining wird auch hier zuerst die Dauerleistungsmethode angewandt, die allmählich durch die extensive und eventuell durch die intensive Intervallmethode ergänzt bzw. ersetzt wird.
Da im Anfängerstadium schon Reize mit geringer Intensität zu breiten Anpassungserscheinungen führen, sollte sich das Muskeltraining bei Jugendlichen an folgenden Werten orientieren:

Trainingsjahr	Alter	Spielraum der Reizstärke in % der Maximalleistung
1	15	20– 50 %
2	16	30– 60 %
3	17	40– 70 %
4	18	50– 80 %
5	19	60– 90 %
6	20	70–100 %

Tab. 5: Zusatzlasten im Maximalkrafttraining von Jugendlichen (nach HARRE 1978)

Da sich die Werte von Tab. 5 auf das Maximalkrafttraining, welches geringeren Muskelzuwachs erzeugt, beziehen, ist beim Training für Muskelzuwachs mit 70–80 % der angegebenen Werte zu trainieren. Die entsprechend modifizierten Werte sind in Tab. 6 dargestellt.

Tab. 6: Zusatzlasten beim Training für Muskelzuwachs von Jugendlichen (modifiziert nach HARRE 1978)

Trainingsjahr	Alter	Spielraum der Reizstärke für Muskelzuwachs in % der Maximalleistung
1	15	15–40 %
2	16	20–50 %
3	17	30–60 %
4	18	35–65 %
5	19	40–70 %
6	20	50–80 %

Um einem Defizit der aeroben Ausdauer vorzubeugen, muß allerdings die Methode der Dauerleistung in jeder Trainingsphase entsprechend berücksichtigt werden. Wenn auf Muskelzuwachs verzichtet wird, bleibt die Dauerleistungsmethode (evtl. ergänzt durch die extensive Intervallmethode) der einzige Trainingsinhalt.
Eine sportärztliche Untersuchung vor der Aufnahme des Trainings ist ebenso obligatorisch wie die jährliche Kontrolluntersuchung, um Schäden am passiven Bewegungsapparat der Jugendlichen zu vermeiden.

Allgemeines Grundlagentraining für Anfänger

Trainingsziel: Herz-Kreislauf-Stabilisation; allgemeine Kräftigung; Körperstraffung; Gewichts- und Fettreduktion.
Zielgruppe: Jugendliche Fitness- und Breitensportler(innen) nach der Pubertät.
Konditionelle Voraussetzungen: Körperliche Gesundheit; untrainiertes Anfängerniveau.
Trainingshäufigkeit: 2mal pro Woche (Mo. und Fr.).
Trainingsmethode: Dauerleistungsmethode.
Trainingsinhalt: Laufen und Gerätegymnastik.

Montag:
Lockerer Waldlauf mit Belastungspuls 130 bis 150; Trab- und Gehpausen nach Bedarf. Die anfängliche Belastungsdauer von 10 Min. wird wöchentlich um 2–3 Min. verlängert, die Pausen werden kontinuierlich verringert, bis 30 Min. ununterbrochenes Laufen möglich ist.

Freitag:
Gerätegymnastik:
Reizintensität: 10 bis 30 % der Bestleistung (altersabhängig). Der Belastungspuls soll 150 Schläge pro Minute nicht überschreiten.
Reizdauer: 10 bis 30 Min., wöchentliche Steigerung um 2 Min.
Reizdichte: Keine Pausen (schneller Übergang zur nächsten Übung).
Reizumfang: 6 Übungen pro Durchgang; 5 Wiederholungen pro Übung und Durchgang.
Organisationsform: Kreistraining.
- *Übungen:*
– Armstrecken mit abgestützten Oberarmen – Übung 32, S. 145f.
– Beinstrecken im Sitz (Beinextension) – Übung 54, S. 182f.

- Hüftstrecken in Bauchlage – Übung 44 (ohne Zusatzbelastung), S. 166f.
- Ziehen von oben – Übung 13, S. 113f.
- Beinbeugen in Bauchlage (Beincurls) – Übung 53, S. 180f.
- Beinheben im Ellbogenstütz – Übung 34 (ohne Zusatzbelastung), S. 149f.

Der Übergang zum Fortgeschrittenen-Training erfolgt, wenn sowohl beim Laufen als auch beim Gerätetraining eine ununterbrochene Trainingsdauer von 30 Min. erreicht ist.

Allgemeines Fitnesstraining für Fortgeschrittene

Trainingsziel: Herz-Kreislauf-Stabilisation; allgemeine Kräftigung, Körperstraffung; Fettreduktion.
Zielgruppe: Jugendliche Fitness- und Breitensportler(innen) von 16 bis 20 Jahren.
Konditionelle Voraussetzungen: Fortgeschrittener Trainingszustand nach absolviertem Grundlagentraining.
Trainingshäufigkeit: 3mal pro Woche (Mo., Mi. und Fr.)
Trainingsmethode: Dauerleistungsmethode.
Trainingsinhalt: Laufen oder Radfahren und Gerätegymnastik.

Montag:

Gerätegymnastik:

Reizintensität: 20 bis 50 % der Bestleistung (altersabhängig). Der Belastungspuls darf 160 Schläge pro Min. nicht überschreiten.
Reizdauer: 30 bis 45 Min.
Reizdichte: Keine Pausen (schnelle Übergänge zu den nächsten Übungen).
Reizumfang: 8 Übungen pro Durchgang; 6–10 Wiederholungen pro Übung und Durchgang.
Organisationsform: Kreistraining.

● *Übungen:*
- Ziehen von oben – Übung 13, S. 113f.
- Hüftbeugen negativ in Rückenlage mit Seitdrehung – Übung 33 (ohne Zusatzbelastung), S. 147ff.
- Fußstrecken im Sitzen (Wadentraining) – Übung 55, S. 183ff.
- Armstrecken mit abgestützten Oberarmen – Übung 32, S. 145f.
- Hüftstrecken in Bauchlage mit Oberkörperrotation – Übung 44 (ohne Zusatzbelastung), S. 166f.

- Beinbeugen in Bauchlage (Beincurls) – Übung 53, S. 180f.
- Arme anziehen im Langsitz – Übung 16, S. 119f.
- Beinstrecken waagerecht im Sitz – Übung 41, S. 161f.

Mittwoch:

30 bis 45 Min. Waldlauf oder Radfahren mit Belastungspuls unter 160. Im Abstand von 5 bis 15 Min. kann durch eine leichte Temposverschärfung von etwa 10 bis 30 Sek. Dauer die Intensität kurzfristig erhöht werden. Die Pulsfrequenz soll hierbei den Wert von 180 Schlägen pro Min. nicht überschreiten.

Freitag:

Gerätegymnastik: Wie Montag.

Ausdauer- und Kraftausdauertraining für Fortgeschrittene

Trainingsziel: Herz-Kreislauf-Stabilisation; Steigerung der allgemeinen Kraft und der Kraftausdauer mit geringem Muskelzuwachs; Körperstraffung; Fettreduktion.

Zielgruppe: Jugendliche Fitness- und Breitensportler(innen) von 16 bis 20 Jahren.

Konditionelle Voraussetzungen: Fortgeschrittener Trainingszustand nach absolviertem Grundlagentraining.

Trainingshäufigkeit: 3mal pro Woche (Mo., Mi. und Fr.).

Trainingsmethode: Extensive Intervallmethode; Dauerleistungsmethode.

Trainingsinhalt: Kraftübungen an Geräten mit Zusatzbelastung; Gerätegymnastik (ersatzweise Laufen oder Radfahren).

Montag

Kraftübungen an Geräten (extensive Intervallmethode).

Reizintensität: 15 bis 50% der Bestleistung (altersabhängig); Pulsfrequenz maximal 160.

Reizdauer: 10 bis 20 Wiederholungen pro Übung und Durchgang.

Reizdichte: 45 bis 90 Sek. Pause zwischen den Sätzen. Der Puls soll in der Pause nicht unter 110 absinken.

Reizumfang: 2 bis 4 Durchgänge mit je 8 Übungen.

Organisationsumfang: Kreistraining.

- *Übungen:*
- Armstrecken mit abgestützten Oberarmen – Übung 32, S. 145f.

- Hüftbeugen negativ in Rückenlage mit Seitdrehung – Übung 33 mit Zusatzbelastung), S. 147 ff.
- Beinbeugen in Bauchlage (Beincurls) – Übung 53, S. 180 f.
- Ziehen von oben – Übung 13, S. 113 f.
- Hüftstrecken in Bauchlage mit Oberkörperrotation – Übung 44 (mit Zusatzbelastung), S. 166 f.
- Beinstrecken schräg, in Rückenlage – Übung 42, S. 162 ff.
- Schulterziehen nach hinten – Übung 24, S. 132 f.
- Beinanziehen sitzend – Übung 51, S. 176 f.

Mittwoch

Gerätegymnastik oder Waldlauf / Radfahren:

Gerätegymnastik:

Reizintensität: 20 bis 50 % der Bestleistung (altersabhängig). Der Belastungspuls darf 160 Schläge pro Minute nicht überschreiten.

Reizdauer: 30 bis 45 Min.

Reizdichte: Keine Pausen (direkter Übergang zur nächsten Übung).

Reizumfang: 8 Übungen pro Durchgang; 6–10 Wiederholungen pro Übung und Durchgang.

Organisationsform: Kreistraining.

● *Übungen:*
- Ziehen von oben – Übung 13, S. 113 f.
- Hüftbeugen negativ in Rückenlage mit Seitdrehung – Übung 33 (ohne Zusatzbelastung), S. 147 ff.
- Fußstrecken im Sitzen (Wadentraining) – Übung 55, S. 183 ff.
- Bankdrücken waagerecht – Übung 20, S. 125 f.
- Hüftstrecken in Bauchlage mit Oberkörperrotation – Übung 44 (ohne Zusatzbelastung), S. 166 f.
- Beinbeugen in Bauchlage (Beincurls) – Übung 53, S. 180 f.
- Armrückführen seitlich (Butterfly rückwärts) – Übung 12, S. 112.
- Beinstrecken waagerecht im Sitz – Übung 41, S. 161 f.

Die Kraftübungen (Mo. und Fr.) und die Übungen der Gerätegymnastik (Mi.) sind austauschbar.

Laufen / Radfahren:

30 bis 45 Min. Waldlauf oder Radfahren mit Belastungspuls unter 160. Im Abstand von 5 bis 15 Min. kann durch eine leichte Tempoverschärfung von etwa 10 bis 30 Sek. Dauer die Intensität kurzfristig erhöht werden. Die Pulsfrequenz soll hierbei den Wert von 180 Schlägen pro Min. nicht überschreiten.

Freitag

Kraftübungen an Geräten (extensive Intervallmethode):

Wie Montag.

Im Jugendbereich ist wegen der breiten Anpassungserscheinungen auch mit extensivem Intervalltraining ein belastungsabhängiger Muskelzuwachs möglich. Mit zunehmendem Alter und steigendem Leistungsniveau muß jedoch die intensive Intervallmethode in das Training einbezogen werden, wenn weiterer Muskelzuwachs angestrebt wird (siehe Tab. 5 und 6, S. 214).

Kraft- und Ausdauertraining

Trainingsziel: Kraft- und Muskelzuwachs; entsprechende Herz-Kreislauf-Anpassung; Fettreduktion.
Zielgruppe: Jugendliche Fitnesssportler(innen) von 18 bis 20 Jahren.
Konditionelle Voraussetzungen: Absolviertes Grundlagentraining; gut entwickelte Ausdauer.
Trainingshäufigkeit: 3mal pro Woche (Mo., Mi. und Fr.).
Trainingsmethode: Intensive Intervallmethode; Dauerleistungsmethode.
Trainingsinhalt: Kraftübungen an Geräten mit Zusatzbelastung; Gerätegymnastik (ersatzweise Laufen oder Radfahren).

Montag

Kraftübungen an Geräten (intensive Intervallmethode).
Reizintensität: 35 bis 75 % der Bestleistung (alters- und leistungsabhängig).
Reizdauer: 8 bis 12 Wiederholungen pro Satz.
Reizdichte: 3 bis 4 Min. Pause zwischen den Sätzen.
Reizumfang: 4 Übungen; 3 Sätze pro Übung.
Organisationsform: Stationstraining.

- *Übungen:*
- Kniebeugen an der Hackenschmidt-Maschine – Übung 40, S. 159f.
- Bankdrücken positiv – Übung 21, S. 127f
- Ziehen von oben – Übung 13, S. 113f.
- Beinbeugen in Bauchlage (Beincurls) – Übung 53, S. 180f.

Mittwoch

Gerätegymnastik oder Waldlauf/Radfahren:
Gerätegymnastik:
Reizintensität: 20 bis 50 % der Bestleistung (alters- und leistungsabhängig). Der Belastungspuls darf 160 Schläge pro Minute nicht überschreiten.
Reizdauer: 30 bis 45 Min.
Reizdichte: Keine Pausen.

Reizumfang: 8 Übungen pro Durchgang; 6–10 Wiederholungen pro Übung und Durchgang.
Organisationsform: Kreistraining.
- *Übungen:*
- Ziehen von oben – Übung 13, S. 113f.
- Hüftbeugen negativ in Rückenlage mit Seitdrehung – Übung 33 (ohne Zusatzbelastung), S. 147ff.
- Fußstrecken im Sitzen (Wadentraining) – Übung 55, S. 183ff.
- Arme anziehen im Langsitz – Übung 16, S. 119f.
- Hüftstrecken in Bauchlage mit Oberkörperrotation – Übung 44 (ohne Zusatzbelastung), S. 166f.
- Beinbeugen in Bauchlage (Beincurls) – Übung 53, S. 180f.
- Armstrecken nach oben im Sitz – Übung 18, S. 122f.
- Beinstrecken waagerecht im Sitz – Übung 41, S. 161f.

Laufen/Radfahren:
30 bis 45 Min. Waldlauf oder Radfahren mit Belastungspuls unter 160. Im Abstand von 5 bis 15 Min. kann durch eine leichte Tempoverschärfung von etwa 10 bis 30 Sek. Dauer die Intensität kurzfristig erhöht werden. Die Pulsfrequenz soll hierbei den Wert von 180 Schlägen pro Min. nicht überschreiten.

Freitag

Kraftübungen an Geräten (intensive Intervallmethode):
Wie Montag.

Um die muskuläre Beanspruchung zu variieren, sollten die Kraftübungen der Gerätegymnastik und des Krafttrainings etwa alle drei Monate verändert oder ausgetauscht werden.
Mit dem Erreichen des 20. Lebensjahres sind die Belastungsgrößen des Trainings für Erwachsene erreicht.

Was noch dazu gehört

Der Erfolg des sportlichen Trainings hängt nicht nur von der (richtigen) Trainingsmethodik ab; er kann durch ein intaktes Umfeld gesteigert oder durch ungünstige Bedingungen geschmälert werden. In diesem Zusammenhang ist die richtige Ernährung von besonderer Wichtigkeit. Ausreichende Erholung, evtl. unterstützt durch physiotherapeutische Maßnahmen, weitgehende Vermeidung von gesundheitlichen Risiken sowie die Berücksichtigung der beruflichen und alltäglichen Belastung bei der Trainingsgestaltung sind ferner nötig, um die angestrebten Trainingsziele ohne Rückschläge zu erreichen und zu festigen.

Ernährung

Eine in allen Teilen ausreichende und vollwertige Ernährung muß folgenden Ansprüchen genügen:

- Der Energiebedarf für den Betriebsstoffwechsel muß durch ausreichende Zufuhr von Kohlenhydraten und Fetten, welche die Hauptenergielieferanten darstellen, gedeckt werden.
- Für den Aufbau, den Erhalt und die Reparation der Zellen (Baustoffwechsel) müssen die nötigen Stoffe in ausreichender Menge zugeführt werden. Da Eiweiße wichtige Zellbausteine darstellen, ist die Deckung des Eiweißbedarfs besonders wichtig.
- Die ausreichende Zufuhr von Vitaminen, Mineralien, Spurenelementen und anderen lebenswichtigen Substanzen, die der Körper nicht selbst herstellen kann, muß gewährleistet sein.
- Die Zubereitung soll ohne Einschränkung des Nährwertes erfolgen.

Die Nährstoffe

Der Mensch kann sowohl Nahrungsmittel *pflanzlicher* Herkunft (Getreideprodukte, Gemüse, Obst) und Nahrungsmittel *tierischer* Herkunft (Milchprodukte, Eier, Fleischprodukte) zu sich nehmen.

Die in den Nahrungsmitteln enthaltenen Nährstoffe sind

- Kohlenhydrate
- Fette
- Eiweiße.

Zur Deckung des Energiebedarfes ist es wichtig zu wissen, welche Nährstoffe in welcher Menge benötigt werden und mit welchen Nahrungsmitteln dieser Bedarf am besten gedeckt werden kann.

Die Nährstoffe aus den Nahrungsmitteln werden im Magen-Darm-Trakt freigesetzt und in ihre Bestandteile zerlegt: Die Kohlenhydrate werden in Glukose (Traubenzucker) und Fruktose (Fruchtzucker), die Eiweiße in Aminosäuren (bestimmte Eiweißkörperbausteine) und die Fette in Glyzerin und freie Fettsäuren gespalten. Diese Bestandteile werden resorbiert, im Organismus in körpereigene Substanzen umgebaut und im Stoffwechsel entweder in Energie (mechanische Energie oder Wärme) umgewandelt oder in Form von Glykogen (Stärke), Fett und Körpersubstanz gespeichert.

Der nachfolgend angegebene *physiologische Brennwert* der Nährstoffe bezeichnet die Energiemenge in kJ (Kilojoule) bzw. kcal (Kilokalorien), die bei der «Verbrennung» von einem Gramm des betreffenden Stoffes im Organismus freigesetzt wird:

Kohlenhydrate:	17,2 kJ/g	– 4,1 kcal/g
Eiweiße:	17,2 kJ/g	– 4,1 kcal/g
Fette:	38,9 kJ/g	– 9,3 kcal/g

(Umrechnungsfaktor: 1 kcal = 4,1868 kJ)

Wenn die Energiezufuhr gegenüber der Energieabgabe überwiegt, kommt es zu einem Anstieg des Körpergewichtes durch Zunahme des Fettgewebes.

Eine Abnahme des Körpergewichtes erfolgt, wenn die Energieabgabe größer ist als die Energiezufuhr. Dieser Zustand wird vom Organismus nur über eine begrenzte Zeit toleriert; es entstehen Hungergefühle, und die Leistungsfähigkeit geht zurück.

Die zugeführte Energie dient zum Aufbau körpereigener Substanzen und für die äußere Arbeit, wobei der Wirkungsgrad sehr gering ist: 80–90 % der Energie aus den Nährstoffen geht als Wärme verloren.

Um eine einseitige Ernährung zu vermeiden, muß bei der *Zusammensetzung der Nahrung* darauf geachtet werden, daß zur vollen Leistungsfähigkeit alle drei Nährstoffe in möglichst optimalem Verhältnis zueinander in der Nahrung enthalten sein müssen. Bei einem Mitteleuropäer wird der Energiebedarf im Mittel folgendermaßen gedeckt (DE MARÉES 1981):

Kohlenhydrate: 60 %; Fette: 20–30 %; Eiweiß: 15 %. Bei schwerer körperlicher Arbeit (höherer Gesamtumsatz) verschiebt sich diese Zusammensetzung zugunsten eines höheren Fettanteiles. So ergaben z. B. schwedische Untersuchungen an Sportlern verschiedener Sportarten im Mittel folgende Werte: 48 % Kohlenhydrate, 40 % Fette und 12 % Eiweiß.

- Der *Kohlenhydratanteil* kann nur bis auf etwa 120 g Glukose pro Tag reduziert werden. Bei stärkerer Verringerung treten Stoffwechselstörungen auf.
- Der *Fettanteil* ist nur dann nicht nötig, wenn die lebenswichtigen essentiellen Fettsäuren, die vom Körper nicht gebildet werden können, in ausreichender Menge zugeführt werden. Der Bedarf an essentiellen Fettsäuren beträgt etwa 5 g pro Tag.
- Der *Eiweißanteil* der Nahrung darf ein bestimmtes Minimum pro Tag nicht unterschreiten. Eine stetige Eiweiß- oder Aminosäurezufuhr ist für die Erhaltung des Körpereiweißes, welches durch Abbauvorgänge reduziert wird, unverzichtbar. Erst bei einer täglichen Eiweißzufuhr von etwa 1,2 g pro kg Körpergewicht (Eiweißoptimum) unter sonst kalorisch ausreichender Kost wird die maximale körperliche Leistungsfähigkeit erreicht.

Neben der Zufuhr der Nährstoffe muß eine vollwertige Ernährung zusätzlich den Bedarf des Körpers an Vitaminen, Mineralien und Wasser zur Erhaltung bzw. Steigerung der Leistungsfähigkeit decken.

Die Vitamine

Vitamine sind fett- oder wasserlösliche chemische Verbindungen, die nur in geringer Menge täglich benötigt werden und die der Körper nicht oder nicht ausreichend aufbauen kann. Sie sind für den geordneten Funktionsablauf erforderlich und entfalten in kleinen Mengen diesbezüglich große Wirkungen; im Energiehaushalt spielen sie jedoch keine Rolle.

Vitaminmangelkrankheiten (Hypovitaminosen) sind meist Folgen einseitiger Ernährung; sie treten unter normalen Ernährungsbedingungen jedoch kaum auf. Unter Umständen können jedoch relative Vitamin-Mangelzustände ohne ausgeprägte Krankheitszustände entstehen (z. B. ein Mangel der Vitamin-B-Gruppe bei regelmäßiger hoher körperlicher Aktivität). Ein Überangebot an Vitaminen (Hypervitaminose) ist zu vermeiden, da zu massive Dosierungen (vor allem der Vitamine A und D) zu Erkrankungen führen können.

Vitamine sind vor allem in der frischen Pflanzenkost vorhanden; sie können jedoch auch durch vorherige Speicherung in der Fleischkost zu finden sein. Es ist besonders zu beachten, daß die Vitamine bei der Zubereitung der Nahrung, insbesondere durch Kochen und durch chemische Konservierung, zum Teil sehr leicht zerstört werden.

Die Mineralien

Die Mineralstoffe sind nicht nur für den Aufbau spezieller Gewebe (Knochen, Knorpel, Zähne usw.) wichtig, sondern sie sind auch für die Leistungsfähigkeit des Organismus von großer Bedeutung. Als Energieüberträger bei der Muskelkontraktion, bei der Erregung der Nerven, beim Sauerstofftransport usw. spielen sie eine wichtige Rolle.
Es werden vor allem folgende Mineralien benötigt: Anionen$^-$: Phosphat, Chlorid, Jodid, Fluorid. Kationen$^+$: Natrium, Kalium, Calcium, Magnesium, Eisen, Zink, Kupfer, Mangan und Kobalt.
Die Mineralien werden in zwei Gruppen unterteilt:

- Mineralien mit relativ hoher Konzentration im Organismus, die für die Regulation des Wasser- und Salzhaushaltes bedeutungsvoll sind. Hierzu gehören die Anionen Chlorid und Phosphat und die Kationen Natrium, Kalium, Calcium und Magnesium.
- Mineralien mit sehr geringer Konzentration im Organismus – die Spurenelemente. Hierzu zählen hauptsächlich die Anionen Jodid und Fluorid und die Kationen Eisen, Zink, Kupfer und Mangan.

Da jede normale (pflanzliche und tierische) Kost ausreichend Mineralien enthält, sind diesbezüglich Mangelzustände sehr selten. Auch das Trinken von kochsalzhaltiger Flüssigkeit ist in unseren Breiten nur in Ausnahmefällen nötig, da eine energetisch ausreichende Nahrung fast immer genügend Kochsalz enthält, um auch große Verluste (hohe Außentemperatur, Schwitzen) zu ersetzen. Eine zusätzliche Eisenzufuhr in Tablettenform ist allerdings bei Frauen, die bei der Menstruation 10–20 mg Eisen verlieren, sinnvoll.

Der Flüssigkeitsbedarf

Der optimale Ablauf aller Stoffwechselabläufe ist an ein bestimmtes Milieu gebunden, wobei der normale Wassergehalt einen der wichtigsten Faktoren darstellt. Der Körper besteht fast zu 70% aus Wasser; die Muskulatur weist sogar einen Wassergehalt von 77% auf. Das Wasser spielt eine wichtige Rolle bei den chemischen Reaktionen für die Muskelkontraktion und ermöglicht durch die hohe Verdampfungswärme (Schweiß) eine wirksame Wärmeregulation durch Verdunstung, wodurch der Organismus vor Überwärmung bei großen Belastungen geschützt wird. Die Aufnahme von Wasser ist dementsprechend vom Bedarf abhängig, wobei der erwachsene Mensch unter ausgeglichenen Bedingungen täglich etwa 2–3 l Wasser benötigt. Etwa 1,0–2,0 l dieses Bedarfes werden als Flüssigkeit, und etwa 1 l mit den festen Nahrungsmitteln zugeführt.

Die wesentlichen Nahrungsbestandteile seien hier noch einmal zusammengefaßt:

- Nährstoffe
  (Kohlenhydrate, Fette, Eiweiße)
- Vitamine
- Mineralien
- Wasser

Ernährung bei gesteigerter körperlicher Aktivität

An die Nahrung der körperlich Aktiven (im Sport und im Beruf) sind folgende Forderungen zu stellen (DE MARÉES 1981):

- Ausreichende Zufuhr der Brennstoffe Kohlenhydrate und Fett für den Betriebsstoffwechsel zur Deckung des hohen Energiebedarfes.
- Kohlenhydratreiche Kost besonders bei Dauerleistungen.
- Erhöhter Fettanteil nur bei extrem hohem Energiebedarf pro Tag.
- Ausreichende Eiweißzufuhr mit hoher biologischer Wertigkeit für den Baustoffwechsel bei Kraft- und Schnellkraftbelastungen.
- Zusätzliche Zufuhr der Vitamine B_1 und B_2 für den Kohlenhydratabbau und die aerobe Energiebereitstellung.
- Zusätzliche Eisenzufuhr bei Frauen.
- Deckung der gesteigerten Salz- und Wasserverluste bei lang andauernder körperlicher Aktivität.

Deckung des erhöhten Energiebedarfs

Der tägliche Energiebedarf, der bei Körperruhe etwa zwischen 1700 und 2200 kcal (7100–9200 kJ) liegt (bezogen auf ein Körpergewicht von 70 kg), steigt bei körperlicher Arbeit an und kann sich bei starker Beanspruchung (bei Schwerarbeit oder im Leistungssport) auf Werte von 3000 (Kurzstreckenlauf) bis 9000 kcal (Radsport: 6-Tage-Fahren), entsprechend 12600 bis 37700 kJ, pro Tag erhöhen.
Dieser erhöhte Energiebedarf ist durch zusätzliche Nährstoffzufuhr mit unterschiedlicher, der Art der Beanspruchung entsprechender Gewichtung zu decken.

Folgende Energiebedarfswerte pro Tag werden von FINDEISEN, LINKE und PICKENHAIN für den Leistungssport empfohlen:

Ausdauersportarten
(Mittel- und Langstreckenlauf, Skilanglauf, Schwimmen von 200–1500 m): 75 kcal bzw. 314 kJ pro kg Körpergewicht.
Kohlenhydrate (KH): 60 %; Fett: 25 %; Eiweiß: 15 %.

Spielsportarten
(Basketball, Fußball, Handball, Hockey, Tennis):
70 kcal bzw. 293 kJ pro kg Körpergewicht.
Kohlenhydrate: 54 %; Fett: 28 %; Eiweiß: 18 %.

Kraftsportarten
(Bodybuilding, Gewichtheben, Wurf- und Stoßdisziplinen):
76 kcal bzw. 318 kJ pro kg Körpergewicht.
Kohlenhydrate: 42 %; Fett: 36 %, Eiweiß: 22 %.

Schnellkraftsportarten
(Sprint, leichtathletischer Mehrkampf, alpiner Skisport, Fechten):
64 kcal bzw. 276 kJ pro kg Körpergewicht.
Kohlenhydrate: 52 %; Fett: 30 %; Eiweiß: 18 %.
(Zum Vergleich: Der Energiebedarf bei Körperruhe beträgt etwa 24–32 kcal/kg bzw. 101–132 kJ/kg)

Der Tagesenergiebedarf ergibt sich aus der Multiplikation des Tafelwertes mit dem Körpergewicht in kg und einem Zuschlag von 10 % für den Ausgleich der Ausnutzungsverluste der Nährstoffe im Organismus.

Beispiel: Langstreckenläufer (Leistungssportler); 65 kg; Gruppe 1:

$$\frac{75\ \text{kcal} \times 65\ \text{kg}}{\text{kg} \times \text{Tag}} = 4875\ \text{kcal/Tag}\ (20410\ \text{kJ/Tag})$$

$$+10\ \% = 488\ \text{kcal/Tag}\ (2041\ \text{kJ/Tag})$$

$$\text{Tagesenergiebedarf} = 5363\ \text{kcal/Tag}\ (22451\ \text{kJ/Tag})$$

Der errechnete Wert ist bei Sportlerinnen um etwa 10 % zu verringern. Fitness- und Freizeitsportler sind, je nach Trainingsziel (Muskelzuwachs, aerobe Ausdauer) den entsprechenden Gruppen zuzuordnen, wobei der Energiebedarf, dem Trainingsumfang und der Trainingsintensität entsprechend, niedriger angesetzt werden muß als bei Leistungssportlern, um eine Gewichtszunahme zu vermeiden. Regelmäßige Gewichtskontrollen sind hierbei sehr hilfreich, um ein dauerhaftes Gleichgewicht zwischen Energiezufuhr und Energieabgabe herzustellen.

Kohlenhydratreiche Kost bei Dauerleistungen
Die Kohlenhydrate stellen die in der Muskulatur am leichtesten verbrennbare und am ökonomischsten verwertbare Energiequelle dar.
Da die Dauerleistungsfähigkeit in starkem Maße vom Glykogenvorrat in der Muskelzelle abhängig ist und da das Glykogen (Stärke) aus den Kohlen-

hydraten im Organismus gebildet wird, bedingen Ausdauersportarten eine Erhöhung des Kohlenhydratanteiles in der Nahrung auf Kosten der Fette und Eiweiße. Durch eine Ernährung, die diese Zusammenhänge berücksichtigt, läßt sich, mit entsprechender Vorbereitung, eine sicher nachweisbare Steigerung der Dauerleistungsfähigkeit erreichen (vgl. Tab. 7, Nöcker 1974).

Kohlenhydrate – am besten in Form von Oligosacchariden (spez. Mehrfachzucker), die eine halbe bis eine Stunde vor Dauerleistungen von mehr als 30 Min. zugeführt werden, wirken leistungssteigernd, da sie die weniger rationelle Verbrennung von Fettsäuren für die aerobe Energiegewinnung reduzieren und die Glykogendepots schonen.
Eine Kohlenhydratzufuhr während der Belastung ist bei guter Ernährungsvorbereitung (kohlenhydratreiche Kost in den letzten drei Tagen) und bei erfolgter Kohlenhydratzufuhr eine Stunde vor der Belastung nur bei einer

Tab. 7: Die kohlenhydratreichen Nahrungsmittel, berechnet auf 100 g (Nöcker 1974); 1 kcal = 4,1868 kJ.

Pflanzliche Nahrungsmittel	Kohlenhydrate	Eiweiß	Fett	kcal
Roggenbrot	52	6,5	1,0	250
Weizenbrot	48	8,2	1,2	243
Weizenbrötchen	57	6,8	0,5	270
Pumpernickel	51	8,1	0,9	251
Knäckebrot	68	11,4	2,0	345
Zwieback	75,5	9,9	2,6	374
Makkaroni, Nudeln	75	10,0	1,0	360
Rübenzucker	99,8	–	–	408
Traubenzucker	99,0	–	–	406
Honig	81,0	0,4	–	334
Schokolade	63	6,0	27,0	540
Grieß	76	9,4	–	350
Kuchen (mit normalem Fett- und Zuckergehalt)	50,0	10,0	17,0	402
Erbsen	52,7	23,4	1,9	330
Bohnen	47,3	25,7	1,9	315
Kartoffeln	20,0	2,0	–	90
Äpfel und Birnen, getrocknet	58,0	2,0	–	260

Belastungsdauer von mehr als 60 Min. erforderlich. Hierfür sind Oligosaccharide in einer Menge von ¼ g pro kg Körpergewicht besonders geeignet. Nach weiteren 45 Min. kann diese Gabe wiederholt werden.

Die *Ballaststoffe* gehören zu den Kohlenhydraten und bilden das Gerüst der pflanzlichen Zellwände. Der Mensch kann diese Stoffe nicht verdauen, da die entsprechenden Enzyme fehlen; sie sind dennoch kein nutzloser Ballast, denn sie regen als Füllstoffe die Darmtätigkeit an und sorgen so für einen regelmäßigen Stuhlgang und einen gesunden Darm. In Getreideprodukten (Vollkornbrot), Hülsenfrüchten, Gemüse, Obst und Nüssen sind Ballaststoffe in reichlichen Mengen vorhanden.
Obwohl über die täglich nötige Menge an Ballaststoffen noch keine wissenschaftlich gesicherten Erkenntnisse vorliegen, kann man davon ausgehen, daß eine gesund erhaltende Ernährung etwa 50 g Ballaststoffe pro Tag enthalten soll.
Vor und während langdauernden sportlichen Beanspruchungen (z. B. Langstreckenlauf) sollte die Kohlenhydratzufuhr allerdings ballaststoffarm sein, um das aufgenommene Nahrungsvolumen möglichst klein zu halten und um eine möglichst schnelle Resorption der Nährstoffe zu gewährleisten.

Fettreiche Kost bei extrem hohem Energiebedarf
Trotz der Nachteile der fettreichen Kost (verringerte Dauerleistungsfähigkeit, lange Verweildauer im Magen-Darm-Trakt, geringere aerobe Energieausbeute) soll die Nahrung mit Fett angereichert werden, wenn ein extrem hoher Energiebedarf von mehr als 4000 kcal pro Tag (17000 kJ pro Tag) besteht. Das Gesamtvolumen der Nahrung würde in diesem Fall ohne einen erhöhten Fettanteil zu groß werden. Es wird durch das geringe Nahrungsvolumen des Fettes begrenzt, welches auf dem hohen Energiegehalt der Gewichtseinheit Fett beruht (Brennwert Fett: 38,9 kJ / g bzw. 9,3 kcal / g; Brennwert Kohlenhydrate: 17,2 kJ / g bzw. 4,1 kcal / g).

Der Fettanteil an der Gesamtenergiezufuhr sollte im allgemeinen nicht mehr als 25 % betragen; er ist bei erhöhtem Energiebedarf nach Kraut folgendermaßen zu steigern:
Bis 3000 kcal / Tag (12560 kJ / Tag): Bis zu 25 % Fettkalorien.
Bis 3600 kcal / Tag (15070 kJ / Tag): Bis zu 30 % Fettkalorien.
Mehr als 3600 kcal / Tag (15070 kJ / Tag): Bis zu 35 % Fettkalorien.

Ganz allgemein kann festgestellt werden, daß der Fettverbrauch sowohl der Normalbevölkerung als auch der Sportler zu hoch liegt. Um diesen entschieden zu hohen Fettverbrauch – er ist höher als die empfohlene Dosis eines Schwerstarbeiters oder eines Weltklassegewichthebers im Superschwergewicht – zu reduzieren, muß auf die «versteckten Fette» besonders in den fetten Käse- und Wurstsorten geachtet werden. Ferner sollte den übrigen Nahrungsmitteln (Gemüse, Bratkartoffeln usw.) nur wenig Fett zugegeben werden. Da mit zunehmendem Fettkonsum auch das Risiko der Arteriosklerose (degenerative Erkrankung der Arterien – Folge: Durchblutungsstörungen, Gefäßrisse usw.) ansteigt, sollte der Fettanteil an der Nahrung die empfohlenen Werte nicht überschreiten (vgl. Tab. 8).

Tab. 8: Die fettreichen Nahrungsmittel, berechnet auf 100 g (Nöcker 1974); 1 kcal = 4,1868 kJ

Tierische Nahrungsmittel	Fett	Eiweiß	Kohlenhydrate	kcal
Rindfleisch (fett)	31	15	0,5	345
Schweinefleisch (fett)	32	14	–	350
Ente	28	16	–	321
Hammelfleisch	28	17	–	335
Leberwurst	17	7	–	200
Sülzwurst	22	22	–	300
Würstchen	13,6	12,4	–	177
Blutwurst	43,6	13,9	–	463
Salami	47,4	27,2	–	552
Aal	27,5	12,2	–	306
Schlagsahne	30,0	2,7	3,0	302
Butter	80,0	–	–	750
Vollfettkäse	28,3	27,5	2,2	384
Hühnerei	12,3	14,1	–	175
Schweineschmalz	99	–	–	923
Rindstalg	98	–	–	915
Margarine	80	5,0	–	748
Pflanzliche Nahrungsmittel				
Olivenöl	99,4	–	–	925
Schokolade	27	6,0	63	540
Kuchen (mit normalem Fett- und Zuckergehalt)	17	10,0	50	402
Haselnuß	62,6	17,4	7,2	682
Erdnuß	44,5	27,5	15,7	591
Walnuß	58,5	16,7	13,0	666

In diesem Zusammenhang ist darauf hinzuweisen, daß es lebensnotwendige (essentielle) Fettsäuren – dies sind die *mehrfach ungesättigten Fettsäuren* – gibt, die der Organismus nicht selbst aufbauen kann und die ihm deshalb mit der Nahrung zugeführt werden müssen. Da diese ungesättigten Fettsäuren jedoch im allgemeinen in der Nahrung in ausreichendem Umfang vorhanden sind, ist ein Mangel nicht zu befürchten. In Lebertran, Mohnöl, Leinöl, Sonnenblumenöl und Weizenkeimöl sowie in den guten Margarinesorten sind diese ungesättigten Fettsäuren besonders reichlich vorhanden.

Der Eiweißbedarf des Sportlers

Das Eiweiß dient im Organismus
- zum Aufbau von Struktur, von Material zur Erhaltung der Struktur der Zellen und zum Neuaufbau von Gewebe;
- zum Aufbau von Enzymsystemen, die praktisch ausschließlich aus Eiweiß bestehen.

Da der Anteil des Eiweißes an der Energiebereitstellung nur etwa 1–2% beträgt, kann es als Energiequelle der Muskelarbeit weitgehend ausgeschlossen werden.
Umfangreiche Untersuchungen (Keys, Hellweg-Larsen u. a.) haben ergeben, daß Eiweißmangel in der Ernährung sowohl zu körperlicher als auch zu geistiger Leistungsminderung führt. Auch bei Hungerkuren zur Gewichtsreduktion können infolge von Eiweißmangel Symptome wie Antriebslosigkeit, Intoleranz, Leistungsminderung, Kopfschmerzen usw. beobachtet werden; wenn auch in abgeschwächter Form.
Wie schon erwähnt, beträgt das Eiweißoptimum (die optimale tägliche Eiweißzufuhr) etwa 1,2 g pro kg Körpergewicht. 70–90 g Eiweiß sind beispielsweise enthalten in:
350 g Fleisch oder 2 l Milch oder 250 g Käse.
In Zeiten des verstärkten Gewebsaufbaues (Wachstum, Rekonvaleszenz, Krafttraining usw.) ist der Eiweißbedarf z. T. beträchtlich erhöht.
So ist der Körper beispielsweise während der Wachstumsphase auf folgende tägliche Eiweißzufuhr angewiesen: 2,5 g pro kg Körpergewicht vom 5. bis zum 15. Lebensjahr und 2,0 g pro kg Körpergewicht vom 15. bis zum 18. Lebensjahr (Biener 1976).

Die zugeführte Eiweißmenge (Quantität) sollte wegen der höheren biologischen Wertigkeit (Qualität) zu mindestens 60% aus tierischem Eiweiß stammen. Die *biologische Wertigkeit* des Eiweißes drückt aus, welche Menge an menschlichem Eiweiß durch 100 g des betreffenden Nahrungseiweißes ersetzt werden kann. Dieser erheblich schwankende Ausnutzungsgrad ist in Tab. 10, Seite 232, für einige Eiweiße dargestellt.

Tierische Nahrungsmittel	Eiweiß	Fett	Kohlenhydrate	kcal
Fleisch ohne Knochen				
Rindfleisch (mager)	20	4	0,5	123
Kalbfleisch (mager)	21	4	0,5	120
Schweinefleisch (mager)	20	7	0,4	145
Schaffleisch (mager)	19	7	0,4	143
Hammelfleisch (mager)	17	28	0,3	335
Pferdefleisch (mager)	21,5	2,5	0,9	115
Kaninchen (mager)	21	1,5	0,7	103
Schinken	24	35,0	–	428
Sülzwurst	22	22,0	–	300
Würstchen	12,4	13,6	–	177
Blutwurst	13,9	43,6	0,2	463
Salami	27,2	47,4	–	552
Huhn	22	1,6	0,4	110
Hase	19,6	1,1	0,4	92
Flunder	16,0	0,7	–	66
Hering	17,9	7,6	–	144
Schellfisch	18,4	0,4	–	79
Flußaal	12,2	27,5	–	306
Karpfen	19,8	1,9	–	99
Kuhmilch	3,4	3,6	4,8	67
Magermilch	3,6	0,8	4,6	41
Vollfettkäse	27,5	28,3	2,2	384
Magerkäse	39,0	2,7	4,0	201
Quark	17,2	1,2	4,0	98
Hühnerei	14,1	12,3	0,6	175
Pflanzliche Nahrungsmittel				
Roggenbrot	6,5	1,0	52	250
Weizenbrot	8,2	1,2	48	243
Weizenbrötchen	6,8	0,5	57	270
Pumpernickel	8,1	0,9	51	251
Knäckebrot	11,4	2,0	68	345
Zwieback	9,9	2,6	75,5	374
Makkaroni, Nudeln	10,0	1,0	75	360
Schokolade	6,0	27	63	540
Grieß	9,4	–	76	350
Kuchen (mit normalem Fett- und Zuckergehalt)	10,0	17,0	50,0	402
Erbsen	23,4	1,9	52,7	330
Bohnen	25,7	1,9	47,3	315
Haselnuß	17,4	62,6	7,2	682
Erdnuß	27,5	44,5	15,7	591
Walnuß	16,7	58,5	13,0	666

Tab. 9: Die eiweißreichen Nahrungsmittel, berechnet auf 100 g (Nöcker 1974); 1 kcal = 4,1868 kJ

Eiweiß	Mensch
Milch	100
Ei	94
Haferflocken	89
Rindfleisch	80
Kartoffeln	71
Kasein	70
Reis	68
Mais	54

Tab. 10: Biologische Wertigkeit einiger Eiweiße (DE MARÉES 1981)

Die unterschiedliche biologische Wertigkeit ergibt sich aus der Tatsache, daß der Organismus des Menschen nicht alle Aminosäuren selbst aufbauen kann. Einige unentbehrliche essentielle Aminosäuren müssen deshalb mit der Nahrung zugeführt werden. Während im tierischen Eiweiß praktisch alle essentiellen Aminosäuren enthalten sind, sind einige davon im pflanzlichen Eiweiß nicht oder nur in geringer Konzentration vorhanden.

Beim Training auf Kraftzuwachs und besonders beim Training auf Muskelzuwachs muß die Eiweißzufuhr erhöht werden, um genügend Ausgangssubstanz für den Muskelzuwachs bereitstellen zu können (der Muskel besteht zum großen Teil aus Eiweiß). Im allgemeinen sind hierfür pro Tag etwa 2 g pro kg Körpergewicht zu veranschlagen. Bei ‹reinen› Kraftsportlern und bei Leistungsbodybuildern ist diese Dosis jedoch auf bis zu 3 g/kg zu erhöhen, um die Hypertrophie optimal zu begünstigen.
Versuche von LEHMANN / MICHAELIS und NÖCKER zeigten, daß verminderte Eiweißzufuhr mit überwiegend pflanzlichem Eiweiß zu einer Verminderung der Leistungsfähigkeit am Fahrradergometer führt. Das bestätigt die Forderung, daß auch Ausdauersportler die tägliche Zufuhr von 1,2 g Eiweiß pro kg Körpergewicht nicht unterschreiten sollten.

Das Eiweiß und die anderen Nährstoffe müssen nach dem Training möglichst schnell aufgenommen werden, um die entleerten Energiespeicher über das vorhandene Maß hinaus (Mehrausgleich) wieder aufzufüllen und um während der Phase des erhöhten Eiweißanbaues, die unmittelbar nach dem Training beginnt, genügend Eiweiß für die Muskulatur bereitzustellen.
In diesem Zusammenhang spricht man von einer *schnellen Restitutionsphase* von etwa 10 Stunden Dauer und von einer langsamen Restitutionsphase, die bis zu zwei Tage überspannt.

Die Vitaminzufuhr bei körperlicher Aktivität

Der erhöhte Vitaminbedarf des Sportlers wird durch die gesteigerte Nahrungsaufnahme weitgehend gedeckt, so daß erhöhte Vitamingaben meist ohne Effekt bleiben. Eine Ausnahme können die Vitamine der B-Gruppe bilden – besonders B_1 und B_2, die für den Kohlenhydrat-Abbau und die aerobe Energiebereitstellung wichtig sind. Die mit der Nahrung zugeführte Menge der Vitamine B_1 und B_2 kann u. U. an der unteren Grenze des Tagesbedarfs liegen. Wenn überhaupt, so ist hier eine zusätzliche Verabreichung angebracht. Hefe, Getreide, Muskeleiweiß, Leber und Milch sind Lieferanten der Vitamine der B-Gruppe. Wenn diese Nahrungsmittel ausreichend zugeführt werden, kann auf eine Substitution verzichtet werden.

Tab. 11: Täglicher Vitaminbedarf bei verschiedenen Sportarten (Nöcker 1974)

Vitamin	Tagesbedarf des Nichtsportlers mg	Bedarf bei Kraft- und Schnellkraftübungen mg	Bedarf bei Dauerleistungen mg
A	1,5 (5000 i. E.)	2 (6500 i. E.)	2 (6500 i. E.)
B_1	1,5	4–6	6–10
B_2	2,0	3,0	4,0
PP	20,0	25	25–30
C	75	100–200	100–300
D	2 (400 i. E.)	2 (400 i. E.)	2 (400 i. E.)
E	5	7	10

Tab. 12: Gehalt an Vitamin B_1 in den verschiedenen Nahrungsmitteln, berechnet auf 100 g (Nöcker 1974)

	mg Vitamin B_1
Leber	0,35
Schweinefleisch	1,4
unpolierter Reis	0,2
Bohnen	0,1
Linsen	0,5
Kartoffeln roh	0,05
Kartoffeln gekocht	0,01
Tomaten	0,07
Roggenvollkornbrot	0,2
Weizenvollkornbrot	0,3
Erbsen	0,9
Brauereitrockenhefe	6–10

Leistungssteigerungen durch erhöhte Vitaminzufuhr sind nicht erwiesen (Placebo-Effekt). Eine körperliche Leistungssteigerung auf eine Überdosis von Vitaminen ist nur dann zu erwarten, wenn vorher ein Mangel bestand; sie wird auch nur so lange anhalten, bis das Defizit gedeckt ist.

Vitaminpräparate werden oft in großen Mengen kritiklos eingenommen mit dem Resultat, daß sich die wasserlöslichen Vitamine, die größtenteils vom Körper nicht gespeichert werden können, im Urin wiederfinden. In diesem Zusammenhang sei hier noch einmal erwähnt, daß chronische Überdosierungen, besonders der Vitamine A und D, zu krankhaften Erscheinungen (Hypervitaminosen) führen können.

Zusätzliche Eisenzufuhr

Bei Sporttreibenden liegt neben einem hohen Kochsalz- ($Na^+ Cl^-$) und Kaliumbedarf auch ein erhöhter Bedarf an Eisen (Fe^{++}) vor. Dies ist bedingt durch:

- Eisenverluste von 1–2 mg/Tag durch die Schweißabsonderung.
- Die größere Gesamtblutmenge (mehr Eisen im Gesamtblut) vor allem der Ausdauersportler erhöht den Eisenumsatz durch die ständig nötige Neubildung von Hämoglobin infolge des kontinuierlichen Abbaus alter Erythrozyten (roter Blutkörperchen). Der zusätzliche Eisenbedarf hierfür liegt unter 1 mg/Tag.
- Die roten Blutkörperchen sollen durch Laufen auf harter Unterlage in den Kapillaren des Fußsohlenbereiches mechanisch geschädigt werden. Die erfordert eine verstärkte Neubildung der Erythrozyten.
- Bei Sportlerinnen kommen noch die Eisenverluste durch die Menstruation hinzu (10–20 mg pro Menstruation).

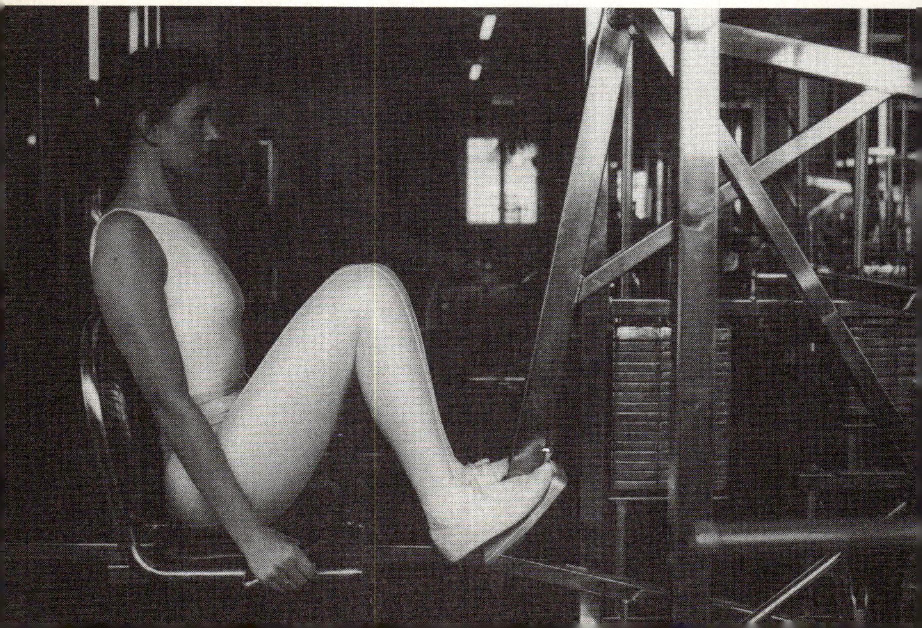

Der Tagesbedarf an Eisen erhöht sich hiermit nach DE MARÉES beim Mann um 2 mg von 10 auf 12 mg pro Tag, bei der Frau um 3 mg von 18 auf 21 mg pro Tag. Diese Eisenmenge wird beim Mann – ohne Eisenzusatz – durch eine Nahrungsmenge von etwa 9500 kJ/Tag (2270 kcal/Tag) gedeckt. Da die Frau zur Deckung ihres Eisenbedarfs beinahe die doppelte Nahrungsmenge aufnehmen müßte, empfehlen sich hier zusätzliche Eisengaben unter regelmäßiger ärztlicher Kontrolle des Hämoglobingehaltes des Blutes.

Der Salz- und Wasserbedarf des Sportlers

Marathonläufer verlieren während eines Laufes selbst bei niedrigen Umgebungstemperaturen von unter 20 °C zwischen 2 und 4 Liter Schweiß. Dies entspricht einem Kochsalzverlust von 6–12 g, da pro Liter Schweiß etwa 3 g Kochsalz (Na^+Cl^-) verloren werden. Dies illustriert die Belastung, die der Wasser- und Elektrolythaushalt bei Ausdauerbeanspruchung erfährt. Die wichtigsten Elektrolyte außerhalb der Zelle sind Natrium (Na^+) und Chlorid (Cl^-) und innerhalb der Zelle Kalium (K^+). Die Elektrolytverluste des Alltags sind im allgemeinen durch die Normalkost, die in Mitteleuropa meist zuviel Kochsalz und ausreichend Kalium enthält, gedeckt.

Da ein ausgeglichener Flüssigkeitshaushalt die Voraussetzung für eine intakte Schweißproduktion und somit für die Wärmeregulation bei hoher körperlicher Leistung ist, muß sowohl das Flüssigkeits- als auch das Elektrolytdefizit bei sportlichen Dauerleistungen durch zusätzliche Wasser- und Kochsalzzufuhr ausgeglichen werden. Hierbei ist zu beachten, daß der Körper einen Wasserverlust von 1–2 Liter ohne ausgeprägtes Durstempfinden toleriert, daß sich aber dieses Wasser- und Elektrolytdefizit bereits leistungsmindernd auswirken kann. Das Durstempfinden als Regulationsmechanismus reicht also nicht aus, um die Leistungsfähigkeit aufrechtzuerhalten. Um eine Abnahme des Körpergewichts durch Wasserverluste zu verhindern, ist eine regelmäßige Kontrolle und ein täglicher Ausgleich des Defizites durch Vergrößerung der Trinkmenge nötig. Um den Elektrolytbedarf zu decken, ist die Trinkmenge mit 3 g Kochsalz/l anzureichern; zusätzlich ist es zweckmäßig, noch 50–100 g Glukose (Traubenzukker) pro Liter zur Deckung des erhöhten Energiebedarfes zuzusetzen (DE MARÉES 1981).

Dieses Getränk ist auch bei Ausdauerbelastungen von mehr als 30 Min. Dauer während der Belastung zuzuführen. Verteilt auf 3–4 Einzelportionen soll die Trinkmenge hierbei etwa ein Liter pro Stunde betragen.

Der Ausgleich des Wasser- und Elektrolytdefizites kann nach längerdauernden körperlichen Belastungen Stunden bis Tage betragen, wobei dieser Zeitraum auch zur Auffüllung der Glykogenspeicher in der Muskulatur benötigt wird.

Sauna und Dampfbad

Seit 1930 kennt man in Deutschland die «finnische Sauna», die ihre Verbreitung den finnischen Sportlern verdankt, deren große sportliche Leistungen bei den Olympischen Spielen 1936 in Berlin auf hartes Training und regelmäßigen Saunabesuch zurückgeführt wurden. Das Saunabaden eroberte sich von diesem Zeitpunkt an langsam, aber stetig die Gunst der deutschen Sportler und zunehmend auch der Bevölkerung.

In der finnischen Sauna setzt sich der Mensch heißer und trockener Luft aus, während beim sog. «russisch-römischen Bad» – dem Dampfbad – warme, mit Wasserdampf gesättigte Luft auf den Ruhenden einwirkt.

Die *finnische Sauna* entspricht im Prinzip einem Heißluftbad. Durch die hohe Umgebungstemperatur von 80–120 °C – bei einer niedrigen relativen Luftfeuchtigkeit von 1–8 % – wird den saunierenden Menschen Wärme zugeführt und gleichzeitig die Abgabe der im Körper gebildeten Wärmemenge verschlechtert. Es kommt zu starker Schweißproduktion, wobei etwa 75 % der Schweißmenge auf der Haut verdunsten und der Hautoberfläche Wärme entziehen. Die Körpertemperatur steigt jedoch an, da trotz der Verdunstung die Wärmezufuhr die Wärmeabgabe des Organismus übertrifft. Beim «Dampf-Aufguß» steigt die Luftfeuchtigkeit an und es entstehen Bedingungen, die im Prinzip dem Dampfbad entsprechen.

Das *römisch-russische Dampfbad* stellt eine stärkere Belastung für den Organismus dar, da hier trotz der niedrigeren Lufttemperatur (40–50 °C) der Schweiß durch die nahezu 100 %ige Wasserdampfsättigung der Luft nicht mehr verdunsten kann. Hier kann die Körperwärme von der Haut nicht mehr an die Umgebung abgegeben werden; es kommt zu starker Erwärmung des Körpers, welche bei längerem Aufenthalt im Dampfbad zu Kreislaufversagen führen kann. Vor dem Dampfbadbesuch ist deshalb eine ärztliche Überprüfung der Herz-Kreislauf-Funktion dringend zu empfehlen.

Wirkungen des Saunabades (de Marées 1981, Deuser 1968):

- Ausscheidung von Ermüdungsstoffen, Stoffwechselschlacken und Giftstoffen (Entschlackung des Organismus) und Reinigung der Haut durch Schweißabsonderung.
- Anregung des Stoffwechsels und Kräftigung der Blutgefäße (stark gesteigerte Durchblutung).
- Entspannung der Muskulatur.
- Erhöhte Widerstandskraft gegen Infektionen (Erkältungen) durch Abhärtung.
- Raschere Wiederherstellung nach Frakturen und Operationen am Gelenk-Band-Apparat.

- Positive Auswirkungen auf rheumatische Erkrankungen, chronische Atemwegserkrankungen und chronische Hautleiden (Absprache mit dem Arzt).
- Steigerung von Wohlbefinden und Vitalität – Positiver Einfluß auf die Psyche.
- Positiver Einfluß auf Schlafstörungen.

Beim Vorliegen folgender *Erkrankungen* ist die Sauna-Anwendung zu unterlassen:
- akute fieberhafte Infektionskrankheiten,
- Bluthochdruckerkrankungen,
- Herzmuskelerkrankungen,
- ausgeprägte periphere (die Gliedmaßen betreffende) Durchblutungsstörungen.

Fehler beim Saunabaden
- Unterlassenes Abtrocknen vor dem Betreten des Saunaraumes.
- Zu hohe Luftfeuchtigkeit im Saunaraum (Aufgüsse).
- Zu rascher Lagewechsel im Saunaraum (vom Liegen zum Sitzen oder Aufstehen) und zu langes Aufrechtsitzen. In den weitgestellten Hautgefäßen der Beine können große Blutmengen versacken (Blutdruckabfall – Kollapsgefahr). Deshalb soll man nur in den letzten beiden Minuten sitzen und sich vor dem Verlassen des Saunaraumes langsam aufrichten.
- Zu rasche Abkühlung (vor allem im Tauchbecken).
- Saunabesuch unmittelbar nach üppigen Mahlzeiten.
- Zu viele Saunagänge bei jedem Saunabesuch. Empfohlen werden 1–2 Saunabesuche pro Woche mit je 1–3 Saunagängen.

Aus dem Sport ist die Sauna heute nicht mehr wegzudenken. Nach intensiven Trainings- oder Wettkampfbeanspruchungen dient das Saunabad vor allem der raschen *Entmüdung*. Die gesteigerte periphere Durchblutung beschleunigt den Abtransport der Ermüdungsstoffe und verkürzt somit die Erholungszeit. Durch die muskelentspannende Wirkung des Heißluftbades werden auch leistungsmindernde Muskelverspannungen (Myogelosen) positiv beeinflußt. Ferner wird die Sauna zur Nachbehandlung von *Sportverletzungen* und zum rascheren Abklingen von muskelkaterähnlichen Erscheinungen sowie von *Übertrainings-* und lokalen *Überlastungszuständen* mit großem Erfolg eingesetzt. Gleichzeitig werden Abwehrkräfte, z. B. gegen Erkältungskrankheiten, welche den regelmäßigen Trainingsablauf behindern, gebildet.
Es muß aber auch deutlich gesagt werden, daß der in der Sauna erzielte Gewichtsverlust nur ein Wasserverlust ist, der zu keiner bleibenden Gewichtsreduktion führt, und daß die Sauna sportliche Aktivitäten wie die

aktive Aufwärmarbeit oder das aerobe Ausdauertraining nicht ersetzen kann, da die rhythmische Muskeltätigkeit fehlt und der erhöhte Puls beim Saunabaden noch unter der trainingswirksamen Reizschwelle liegt. Ferner muß vor Überdosierungen gewarnt werden, wobei das Wohlbefinden nach der Sauna den besten Gradmesser für Verträglichkeit und richtige individuelle Dosierung darstellt. Vor Wettkämpfen oder vor großen Trainingsbelastungen sollte die Sauna gemieden werden, bzw. der letzte Saunagang sollte nicht später als ein bis zwei Tage vor diesem Termin liegen.

Massage

Die Massage – die sachgerechte mechanische Bearbeitung der Körperoberfläche des Menschen – dient als *Sportmassage* der Beseitigung leistungsmindernder Faktoren. Unter den Massageformen stellt die *Trockenmassage* die klassische Massageform dar. Bei der *Bindegewebsmassage* (einer Sonderform der Streichmassage) werden mit den Fingerkuppen langsame, ziehende Bewegungen ausgeführt, die zu Bindegewebsverschiebungen führen. Sie ist ebenfalls geeignet zur Behandlung von Muskelverspannungen, zur Auflockerung von Narbengewebe und zur *Reflexzonenmassage*. Diese Massageform dient der Beseitigung von Krampfzuständen der glatten Muskulatur der Körperorgane, die reflexartig von der Haut und vom Bindegewebe ausgehend angesprochen wird. Auf die gleiche Art können auch Spannungszustände der Skelettmuskulatur beseitigt werden. Die Bindegewebsmassage sollte nur von erfahrenen Masseuren durchgeführt werden, da sie eine besonders exakte Technik und entsprechende Praxis voraussetzt.
Bei der *Unterwassermassage* wird der Körper im erwärmten Wasser mit dem Wasserstrahl oder mit den Händen massiert. Der Wasserstrahl wirkt aus etwa 20 cm Abstand schräg oder senkrecht auf die Haut ein, wodurch es zu flächigen Hautverschiebungen und bei senkrechtem Strahl zu einer intensiven Tiefenwirkung kommt, die durch den geringen Tonus (Muskelspannung) der Muskulatur im warmen Wasser noch verstärkt wird.
Die Trockenmassage kann auch als *Selbstmassage* durchgeführt werden. Voraussetzung hierfür sind allerdings anatomische und physiologische Grundkenntnisse sowie entsprechende Übungspraxis. Interessierten wird die Teilnahme an Massagekursen empfohlen, um die richtigen Techniken zu erlernen und diese bei der Massage sachgemäß anwenden zu können (siehe SCHWOPE 1987).

Ergänzend zu den Wirkungen der Massage seien hier noch die Rückwirkungen auf das zentrale Nervensystem und die positiven Auswirkungen auf die Psyche angeführt: Die körperliche und psychische Entspannung wird aus der vertieften und verlangsamten Atmung und aus der Abnahme der Herzfrequenz deutlich. Auch das Bewußtsein, mit der Massage etwas für den Körper und die sportliche Leistung getan zu haben, und das gesteigerte subjektive Wohlbefinden nach der Massage führt zu einem gesteigerten Selbstvertrauen und zu einer erhöhten Leistungsbereitschaft.
Ein Muskel- und Kraftzuwachs bei der Massage ist unbestritten – beim Masseur! Dessen häufig mit einem großen Einsatz an Kraft und Kraftausdauer verbundene Tätigkeit führt zu einem muskulär gut entwickelten Oberkörper und zu kräftigen Armen. Der zu Massierende erfährt diesbezüglich nicht die geringsten Auswirkungen.

Die *Sportmassage*, bei der die verschiedenen Massagetechniken und -formen den individuellen Voraussetzungen entsprechend angewandt werden, verfolgt im wesentlichen folgende Ziele (DE MARÉES 1981):

- Verkürzung der Erholungsphase nach Training und Wettkampf.
- Erhöhung der Leistungsfähigkeit vor dem Start durch Kombination von aktivem Aufwärmen mit zweckdienlicher Massage.
- Beschleunigte Rehabilitation nach Sportverletzungen.
- Psychisch leistungsfördernde Beeinflussung des (der) Sportlers(-in). Den individuellen Voraussetzungen entsprechend kommen hier Techniken mit beruhigendem oder anregendem Charakter zur Anwendung.

Die *Trainingsmassage* wird im Anschluß an die Trainingseinheit durchgeführt und dient dem Schlackenabtransport, der Muskelentspannung und der vegetativen Umschaltung im Sinne einer allgemeinen Entspannung.
Die *Vorbereitungs-* oder *Wettkampfmassage* kommt etwa 20 Min. vor dem Wettkampf zur Anwendung. Sie unterstützt durch die Durchblutungssteigerung die aktive Aufwärmarbeit, lockert die Muskulatur und trägt zur positiven psychischen Beeinflussung des Sportlers bei. Die Vorbereitungsmassage kann jedoch die aktive Aufwärmarbeit nicht ersetzen!
Die *Massage zwischen den Wettkampfabschnitten* (z. B. in der Pause eines Sportspieles) dient der Lockerung der Muskulatur und der erneuten Aufwärmung; sie hat auch bereits einen entmüdenden Effekt.
Die *Wiederherstellungsmassage* soll nach größeren Anstrengungen in Training oder Wettkampf durch den beschleunigten Abtransport der Ermüdungsstoffe (Milchsäure u. a.) wieder zum Ausgangszustand der Leistungsfähigkeit der Muskulatur zurückführen. Im weiteren Sinne dient sie der Rehabilitation nach überstandenen Sportverletzungen, wobei die Massagetechniken zielgerichtet und speziell eingesetzt werden müssen. Warme Bäder und Saunabesuche werden zur Verstärkung der Massagewirkung empfohlen.

Da Massageanwendungen unter Umständen auch Gefahren auslösen können, sind folgende *Massageverbote* zu beachten:
- Bei allen Infektionskrankheiten und bei fieberhaften Erkrankungen (z. B. Angina und Grippe).
- Bei allen Entzündungen, die oft durch Hitze, Rötung, Anschwellung und Schmerz erkennbar sind.
- Bei allen Entzündungen innerer Organe (Lungenentzündung, Blinddarmentzündung u. ä.).
- Bei Blutungen und Blutungsbereitschaft.
- Bei Hauterkrankungen.
- Bei Venenentzündungen und Thrombosen sowie bei starken und empfindlichen Krampfadern. Hier besteht die Gefahr, daß Blutgerinnsel in die Blutbahn gelangen und lebensbedrohende Zustände erzeugen können.
- Bei offenen Wunden und bei frischen Verletzungen. Die Erstbehandlung von Verletzungen besteht in der Ruhigstellung; Massagen können die Verletzung verschlimmern und die Heilung verzögern. Frühestens nach 2–3 Wochen sollte die Massage nach Anweisung des Sportarztes durchgeführt werden.

Sonnenbad und Solarium

Das richtig dosierte Sonnenbad hat einen starken positiven Einfluß auf Körper und Seele. So werden z. B. die inaktiven Provitamine des Vitamin D durch den ultravioletten Anteil des Sonnenlichts aktiviert; ferner schreibt man der UV-Strahlung eine positive Wirkung auf die Trainierbarkeit der Kraft zu. Unbestritten ist jedoch die Tatsache, daß gerade auf diesem Gebiet häufig maßlos übertrieben wird. Es ist zu beachten, daß die Sonnenstrahlung stets auf die Haut wirkt, wenn man sich außerhalb geschützter Räume befindet; auch Glas – ebenso wie die Kleidung – schirmt den Körper nicht vollständig vor dem Sonnenlicht ab. Ein Defizit an Sonnenstrahlung ist also, besonders bei regelmäßigem Aufenthalt an frischer Luft, nicht zu befürchten.
Viel realistischer ist in diesem Zusammenhang die Gefahr der Überdosierung. Langdauernde Versuche haben gezeigt, daß die Menge an Sonnenenergie für den menschlichen Organismus am vorteilhaftesten ist, die eine gerade wahrnehmbare Rötung der Haut erzeugt. Jede stärkere Rötung deutet auf einen Sonnenbrand hin, der, bei entsprechend häufiger Wiederholung, irreparable Schäden zur Folge hat. Sichtbare Zeichen dieser Schäden sind die Verbrennungen des schweren Sonnenbrandes, die vorzeitige

Hautalterung und letztlich der Hautkrebs. Die knackige Bräune verwandelt sich nicht selten schon im mittleren Alter in eine lederartige «Backpflaumenhaut». Das im Urlaub und am Wochenende am See übliche Braten in der Sonne ist also entschieden abzulehnen. Ein Aufenthalt im Schatten mit viel Bewegung erzeugt zwar keine schnelle jedoch eine verträgliche und anhaltende Bräunung und läßt dem Organismus die nötige Zeit, durch verstärkte Pigmentproduktion und durch Verdickung der Hornhautschicht einen körpereigenen Schutzfaktor zu bilden.
Diese Prinzipien sind auch bei künstlicher Bestrahlung (Solarium u. ä.) zu beachten; zusätzlich gilt hier, daß man sich der künstlichen Strahlung nur aussetzen soll, wenn sie der Sonnenstrahlung möglichst ähnlich ist. Da der Organismus mit Strahlungsquellen, die nur einen bestimmten Bereich des natürlichen Sonnenlichtes umfassen, normalerweise nicht in Berührung kommt, sind diese künstlichen Strahlen in bezug auf ihre Wirkung auf den Organismus nicht abzuschätzen; eine Gesundheitsgefährdung kann zumindest nicht ausgeschlossen werden. Wer seine Fitness unbedingt mit gebräunter Haut dokumentieren will, tut also gut daran, sich diese langsam an frischer Luft (möglichst im Schatten) oder vorsichtig dosiert (anfangs nur ein paar Minuten) unter möglichst ‹natürlichen› Strahlungsquellen in Fitness- und Bräunungsstudios anzueignen. Man kann davon ausgehen, daß Schäden, die bei maßvoller Dosierung auftreten, nur gering sind und von einem gesunden Organismus problemlos repariert werden können.

Risikofaktoren

Neben dem Bewegungsmangel und der falschen Ernährung (meist zu fettreich und zu üppig) zählen die Genußgifte (Alkohol, Koffein, Nikotin) zu den sog. Risikofaktoren unserer modernen und technisierten Zeit, welche das Entstehen von Herz-Kreislauf-Erkrankungen, der Todesursache Nr. 1 in den zivilisierten Ländern, begünstigen. Seit einigen Jahren macht sich hier allerdings ein Umdenkprozeß immer stärker bemerkbar. Die Zunahme der sportlichen Aktivitäten in breiten Bevölkerungsschichten (sogar Muskeltraining ist gesellschaftsfähig geworden), Antiraucherkampagnen, biologische Ernährung u. ä. sprechen hierfür eine beredte Sprache.
Wer sich für aktive Sportausübung entschieden hat, wird meist auch seine Eßgewohnheiten überprüfen und notfalls ändern; dieser Schritt beinhaltet immerhin schon die Ausschaltung oder zumindest die Reduzierung der beiden ersten Risikofaktoren. Was bleibt, sind die Genußgifte: Alkohol, Koffein und Nikotin gehören heute beinahe schon wie selbstverständlich zum

Leben. Die tägliche Tasse Bohnenkaffee und das Glas Wein oder Bier zum Essen oder beim geselligen Zusammensein sollten auch niemandem verwehrt werden; sie haben bei kontrolliertem Konsum keine negativen Auswirkungen auf die Gesundheit und werden nicht selten sogar ärztlich angeraten.
Ganz anders sieht es allerdings bei der Zigarette aus: Alle Ergebnisse von Untersuchungen und alle Auswertungen von Statistiken sprechen gegen das Rauchen. Der Widerspruch zwischen Rauchen und Sport ist offenkundig: Auf der einen Seite werden alle körperlichen Fähigkeiten durch aktive sportliche Betätigung verbessert; andererseits werden sie durch die negativen Folgen des Rauchens geschmälert, wobei gerade die für die organische Gesundheit besonders wichtige Dauerleistungsfähigkeit extrem beeinträchtigt wird. In dieser Konsequenz liegt nichts näher, als den Kampf gegen den Glimmstengel zeitgleich mit dem Beginn des sportlichen Trainings aufzunehmen, zumal die positiven Rückwirkungen des Gefühls der gesteigerten körperlichen Leistungsfähigkeit dieses Unterfangen wesentlich unterstützen können. Die in diesem Zusammenhang häufig geäußerte Absicht, den Zigarettenkonsum auf ein «vernünftiges» Maß einzuschränken, bleibt meist eine sehr stumpfe Waffe. Aktive Sportausübung hat zwar nichts mit Askese zu tun; in dieser Beziehung ist allerdings eine gewisse Härte gegen sich selbst und gegen seine Gewohnheiten sehr wertvoll.
Das *Doping*, der Versuch, die Leistungsfähigkeit auf medikamentösem Weg zu steigern, ist, auch wenn es heute ausschließlich mit dem Leistungssport in Verbindung gebracht wird, nicht auf dieses Gebiet begrenzt. Der zunehmende Medikamentenmißbrauch (angefangen bei der ‹harmlosen› Kopfschmerztablette bis zu den Weckaminen und Psychopharmaka) breiter Bevölkerungsschichten gehört im weiteren Sinne zu dieser Kategorie von Risikofaktoren. Es ist letzten Endes egal, ob die Gesundheitsschädigung zum Zweck der sportlichen oder der beruflichen bzw. alltäglichen Leistungssteigerung in Kauf genommen wird. Beides ist strikt abzulehnen. Die Liste der Nebenwirkungen auf den Beipackzetteln der verschiedenen Medikamente wird immer länger – ohne Anspruch auf Vollständigkeit. Die Nebenwirkungen – vor allem die Langzeitwirkungen – sind auch von der pharmakologischen Forschung nur sehr unvollkommen abzuschätzen.
Sport ist kein Allheilmittel; in diesem Fall hat er jedoch eine sehr positive Wirkung: Der durch das vernünftige sportliche Training gestärkte Körper weist eine höhere allgemeine Leistungsfähigkeit auf, ist weniger anfällig und setzt den Erkrankungen verschiedenster Art einen erhöhten Widerstand entgegen bzw. vermindert den Schweregrad des Krankheitsverlaufes.
Aktive sportliche Betätigung in Verbindung mit dem daraus resultierenden gesteigerten Selbstwertgefühl führt zwangsläufig zu einer natürlichen Lebensweise, die den Medikamentenbedarf auf ein Minimum reduziert und auch die anderen Risikofaktoren äußerst günstig beeinflußt.

Anhang

Literaturhinweise

ADAM, K. / WERSCHOSHANSKIJ, J.-V.: Modernes Krafttraining im Sport. Aus: Trainerbibliothek, Deutscher Sportbund – Bundesausschuß zur Förderung des Leistungssports. Band 4. Berlin/München/Frankfurt 1975.

BAHR, F.-R. (Hg.): Gesünder leben – natürlich heilen. Stuttgart/Zürich/Wien 1985.

BÖNING, D.: Was ist eigentlich Muskelkater? In: Herz, Sport & Gesundheit, 3/1986.

BREHM, W.: Skigymnastik. Reinbek bei Hamburg 1977/1986[6].

CARL, G.: Gewichtheben. Berlin (DDR) 1967.

CARL, G.: Kraftübungen mit Geräten. Berlin (DDR) 1979.

DE MARÉES, H.: Sportphysiologie. Aus: Medizin von heute. Band 10. Köln-Mühlheim 1981.

DEUSER, E.: Schnell wieder fit. Offenbach am Main 1968.

FALLER, A.: Der Körper des Menschen. Stuttgart 1974.

FENEIS, H.: Anatomisches Bildwörterbuch. Stuttgart 1974.

FINDEISEN, D. / LINKE, P. / PICKENHAIN, L. (Hg.): Grundlagen der Sportmedizin. Leipzig 1980.

GROSSER, M. / STARISCHKA, S. / ZIMMERMANN, E.: Konditionstraining. München/Wien/Zürich 1981.

HARRE, D. (Hg.): Trainingslehre. Berlin (DDR) 1977.

HINRICHS, H.-U.: Sportverletzungen. Erkennen, Helfen, Vorbeugen. Reinbek bei Hamburg 1986.

JONATH, U. (Hg.): Praxis der Leichtathletik – Eine Enzyklopädie. Berlin/München/Frankfurt/M. 1973.

JONATH, U.: Circuittraining. Reinbek bei Hamburg 1985/1988[2].

JONATH, U. (Hg.): Lexikon Trainingslehre. Reinbek bei Hamburg 1988.

JONATH, U. / HAAG, E. / KREMPEL, R.: Leichtathletik 1: Laufen und Springen. Reinbek bei Hamburg 1977/1987[10].

JONATH, U. / HAAG, E. / KREMPEL, R.: Leichtathletik 2: Werfen und Mehrkampf. Reinbek bei Hamburg 1977/1986[8].

Jonath, U./Krempel, R.: Konditionstraining. Reinbek bei Hamburg 1981/1987[5].

Kahle, W./Leonhardt, H./Platzer, W.: Taschenatlas der Anatomie. Band 1: Bewegungsapparat. Stuttgart/New York 1986.

Kloss, H.-J.: Krafttraining und Sportverletzungen. In: Schwerathlet 9. Berlin (DDR) 1987.

Knebel, K.-P.: Funktionsgymnastik. Reinbek bei Hamburg 1985/1987[4].

Knebel, K.-P./Herbeck, B./Schaffner, S.: Tennis-Funktionsgymnastik. Reinbek bei Hamburg 1988.

Letzelter, H./Letzelter, M.: Krafttraining. Reinbek bei Hamburg 1986.

Letzelter, M.: Trainingsgrundlagen. Reinbek bei Hamburg 1978/1987[9].

Lullies, H.: Physiologie I – Vegetative Physiologie. Aus: Medizin von heute 1. Köln-Mühlheim 1963.

Lullies, H.: Physiologie II – Animalische Physiologie. Aus: Medizin von heute 2. Köln-Mühlheim 1966.

Markworth, P.: Sportmedizin 1. Physiologische Grundlagen. Reinbek bei Hamburg 1980/1988[4].

Materia, V.: Kraft – Masse – Aufbau mit dem Materia Trainingssystem. In: Vitasport 6. Hannover 1985.

Matwejew, L.-P.: Grundlagen des sportlichen Trainings. Berlin (DDR) 1981.

Mende, J.: Ganzkörpertraining kontra lokales Training. In: Vitasport 5. Hannover 1985.

Murray, A.: Modernes Krafttraining. Berlin 1977.

Nett, T.: Das Übungs- und Trainingsbuch der Leichtathletik. Band 6: Leichtathletisches Muskeltraining. Berlin 1967.

Nöcker, J.: Die Ernährung des Sportlers. Schorndorf bei Stuttgart 1974.

Reichel, H./Bleichert, A.: Leitfaden der Physiologie des Menschen. Stuttgart 1967.

Roman, R.-A.: Das Training des Gewichthebers. Moskau 1968.

Schmolinsky, G. (Hg.): Leichtathletik. Berlin (DDR) 1973.

Schoberth, H.: Sportmedizin. Frankfurt 1978.

Schumacher, G.-H.: Topographische Anatomie des Menschen. Leipzig 1985.

Schwope, F.: Sportmassage. Fit durch Selbst- und Partnermassage. Reinbek bei Hamburg 1987/1988.

Spitz, L./Schnell, J.: Muskeln Sie sich! Band 1: Anleitung und Programme zum Kraft- und Muskeltraining mit Hanteln und Synchron-Geräten. Marktheidenfeld 1983.

Stegemann, J.: Leistungsphysiologie. Stuttgart 1971.

Syer, I./Connolly, J.: Psychotraining für Sportler. Reinbek bei Hamburg 1987/1988[2].

Tutsch, D.: Lexikon der medizinischen Fachsprache. Erster Band: A–L. Reinbek bei Hamburg 1973.

Tutsch, D.: Lexikon der medizinischen Fachsprache. Zweiter Band: M–Z. Reinbek bei Hamburg 1973.

Tutsch, D.: Taschenlexikon der Medizin. Reinbek bei Hamburg 1981/1986[3].

Voss, H./Herrlinger, R.: Taschenbuch der Anatomie. Band 1: Einführung in die Anatomie – Bewegungsapparat. Stuttgart 1973.

Zaciorskij, V.-M.: Die körperlichen Eigenschaften des Sportlers. Aus: Trainerbibliothek. Deutscher Sportbund – Bundesausschuß zur Förderung des Leistungssports. Band 3. Berlin/München/Frankfurt 1972.

Der Autor

Johannes Mende, Jahrgang 1944, arbeitet freiberuflich im Bereich Studioplanung und Trainingsberatung. Nach dem Maschinenbaustudium in München folgte das Sportstudium an der Deutschen Sporthochschule Köln mit den Schwerpunkten Leichtathletik, Krafttraining und Gewichtheben. Danach tätig im Vertrieb von Fitnessgeräten und in der Trainingsberatung sowie redaktionelle Mitarbeit an einer Fachzeitschrift über Fitnesstraining.

Glossar

Abduktoren Beinabspreizmuskeln.

Adduktoren Beinanziehermuskeln.

Adenosintriphosphat ATP; energiereiches Phosphat, Energielieferant für die Muskelkontraktion.

aerobe Ausdauer Ausdauer bei aerober Energiegewinnung.

aerobe Energiegewinnung energieliefernde Stoffwechselvorgänge, die nur in Anwesenheit von Sauerstoff ablaufen.

Agonist Wirker; Muskel, der eine bestimmte, dem Antagonisten entgegengesetzte Bewegung ausführt.

Aktin kontraktiler Eiweißkörper der Muskelzelle.

Aktinfilament schichtförmig geordnete Aktine.

aktive Erholung reduzierte Trainingsbelastung mit geringer Intensität zum Zweck der Regeneration (besonders wichtig bei Übertrainingszuständen).

alternierende Bewegung abwechselnde Arm- oder Beinbewegungen (z. B. Radfahren, Kraulschwimmen).

Aminosäuren Bausteine der Eiweiße.

anaerobe Energiegewinnung energieliefernde Stoffwechselvorgänge, die ohne Sauerstoff ablaufen.

Ansatz körperferne Verbindung des Muskels mit dem Skelett.

Antagonist Gegenwirker; Muskel, der eine bestimmte, dem Agonisten entgegengesetzte Bewegung ausführt.

Anteversion Nach-vorn-Führen (z. B. des Armes).

Ästhetik Genießen des Schönen.

Atrophie Schrumpfung von Zellen bzw. Zellverbänden durch Abnahme der Zellmasse (Muskelatrophie).

Aufwärmen zweckmäßige Vorbereitung des Organismus auf die Belastung des Hauptteiles der Trainingseinheit bzw. auf die spezielle Belastung des folgenden Trainingsinhaltes.

Ausdauer Fähigkeit, eine statische oder dynamische Arbeit ohne Qualitätsverlust möglichst lange ausführen zu können.

Ausfallschritt nach vorne und hinten versetzte Fußposition.

azyklische Bewegung geschlossener Bewegungsablauf ohne Wiederholung von Teilphasen der Bewegung (z. B. Werfen, Stoßen, Heben).

Ballaststoffe für den menschlichen Organismus unverdauliche Stoffe, die das Gerüst der pflanzlichen Zellwände bilden.

Bandscheibe aus einem äußeren Faserring und einem gallertigen Kern bestehende Zwischenwirbelscheibe.

Belastungsdauer zeitlicher Umfang der Belastung.

Belastungsgrößen Kriterien für die Trainingsplanung: Reizintensität, Reizdauer, Reizdichte, Reizhäufigkeit, Reizumfang, Trainingshäufigkeit.

Belastungspulsfrequenz Anzahl der Herzschläge pro min während der Belastung.

Belastungssteigerung Maßnahme zur Anpassung der Trainingsbelastung an das gestiegene Leistungsvermögen, wobei die Intensität grundsätzlich erst nach der Zunahme des Trainingsumfanges erhöht wird.

Beweglichkeit Fähigkeit, die Bewegungsmöglichkeiten der Gelenke nach allen Richtungen möglichst voll auszunutzen (Gelenkigkeit, Geschmeidigkeit).

Bewegungsablauf objektiv bestimmbarer raum-zeitlicher Verlauf einer zeitlich geschlossenen Bewegung.

Bewegungsapparat Knochengerüst, Skelettmuskulatur, Nervensystem.

Bewegungsausschlag räumlicher Verlauf einer Bewegung (z. B. von maximaler Beugung bis maximaler Streckung).

Bewegungstempo vom jeweiligen Trainingsziel abhängige Geschwindigkeit der Bewegungsausführung.

Bindegewebe Füll- und Stützgewebe des Körpers.

biochemische Anpassung reizbedingte Veränderungen der chemischen Vorgänge im Organismus.

biologische Anpassung durch Trainingsreize bedingte Veränderungen des Organismus im Sinne von Leistungssteigerung.

biologische Oxydation aerobe Energiegewinnung durch Zerlegung (Verbrennung) von Zucker und Fettsäuren zu Kohlendioxyd und Wasser.

Bodybuilding Körperbildung durch gezieltes Muskeltraining.

Bremsbewegungen nachgebende (exzentrische) Bewegungen.

cool-down entmüden.

chronisch lange dauernd, sich langsam entwickelnd.

Dauerleistungsmethode Trainingsmethode zur Verbesserung der aeroben Ausdauer.

Diffusion chemisch: Ausgleich von Konzentrationsunterschieden durch gegenseitige Durchdringung.

Doping der Versuch, die Leistungsfähigkeit auf medikamentösem Weg zu steigern.

Drehmoment Produkt aus Kraft und Kraftarm: M = K × a (der Kraftarm a ist der senkrechte Abstand der Drehachse von der Kraftrichtung).

dunkle Muskelfasern langsam kontrahierende Muskelfasern (rote Fasern).

dynamische Muskelarbeit unter Veränderung der Muskellänge stattfindende Spannungsentwicklung.

eingelenkiger Muskel nur über ein Gelenk ziehender Muskel.

Eiweiße aus Aminosäuren aufgebaute, hochmolekulare Verbindungen; Grundbausteine der lebenden Substanz.

Elastizität Spannkraft, Geschmeidigkeit (des Körpers).

Elektrolyt Stoff, der für sich oder in gelöstem Zustand den elektrischen Strom leitet.

energieliefernde Substanzen energiereiche Phosphate (Adenosintriphosphat, Kreatinphosphat), Zucker (Glukose), Fettsäuren.

Enzyme Stoffe, die die chemischen Umsetzungen in den lebenden Zellen ermöglichen.

Erholungspulsfrequenz Anzahl der Herzschläge pro min nach der Erholungspause.

Erholungswert Differenz zwischen Belastungspuls und Erholungspuls als Maß für die Erholungsfähigkeit des Herz-Kreislauf-Systems.

Ermüdungsaufstockung zunehmende Ermüdung beim Intervalltraining durch Anhäufung von Milchsäure im Organismus.

Erythrozyten die reifen roten Blutkörperchen.

erzwungene Wiederholungen Übungswiederholungen, die infolge von Erschöpfung nur mit Partnerunterstützung absolviert werden können.

essentielle Aminosäuren unentbehrliche Aminosäuren, die vom menschlichen Körper nicht aufgebaut werden können.

essentielle Fettsäuren vom Körper dringend benötigte Fettsäuren, die der Organismus selbst nicht aufbauen kann

extensive Intervallmethode Intervall-Trainingsmethode, die in erster Linie der Entwicklung der aeroben Ausdauer dient.

Extensoren Gelenkstreckmuskeln.

Extremitäten Arme und Beine.

exzentrische Muskelarbeit unter Verlängerung des Muskels stattfindende Spannungsentwicklung (nachgebende Muskelarbeit).

Fette in Wasser unlösliche, in vielen organischen Lösungsmitteln lösliche Verbindungen des Glyzerins.

Fettsäuren aus Kohlen-, Sauer- und Wasserstoff bestehende organische Säuren.

Fitnesswert Differenz zwischen Belastungs- und Erholungspuls als Maß für die Erholungsfähigkeit des Herz-Kreislauf-Systems nach der aeroben Gerätegymnastik.

Fixierung Ruhigstellung der an der jeweiligen Übung unbeteiligten Körperpartien.

Flexoren Gelenkbeugemuskeln.

Flugbewegungen abwechselndes Vor- und Hinter-den-Körper-Führen der seitlich abgespreizten Arme (ähnlich dem Vogelflug).

Formerhaltungstraining Training zur Erhaltung der körperlichen Leistungsfähigkeit (der sportlichen Form) ohne Leistungszuwachs.

Fraktur Bruch, Knochenbruch.

Fruktose Fruchtzucker.

Ganzkörpertraining gleichmäßiges Training aller Muskelgruppen des Körpers und aller konditioneller Eigenschaften.

genetisch bedingt von der Vererbung abhängig.

Gerätegymnastik Trainingsform nach der Dauerleistungsmethode zur Verbesserung der Herz-Kreislauf-Funktion sowie für Muskel- und Gewebestraffung an den verschiedenen Fitnessgeräten.

glatte Muskulatur in den Hohlorganen und Gefäßen befindliche, dem Willen nicht unterworfene Muskulatur.

Glukose Traubenzucker; im Blut als Blutzucker bezeichnet.

Glykogen zuckerbildende Substanz (tierische Stärke).

Glykogendepot Energiespeicher (von tierischer Stärke).

Glykolyse anaerobe Energiegewinnung durch Abbau von Zucker (Glukose) aus den Glykogendepots zu Laktat.

Glyzerin ein dreiwertiger Alkohol.

Grätschstand Stand mit seitlich abgespreizten Beinen.

Gymnastik Körperschulung durch rhythmische Bewegungen.

Hämoglobin Farbstoff der roten Blutkörperchen.

helle Muskelfasern schnell kontrahierende Muskelfasern (weiße Fasern).

Hexenschuß Lumbago: Muskelschmerz im Lendenwirbelbereich; häufig als Folge eines Bandscheibenvorfalls.

Hohlkreuz übermäßige Verbiegung der Wirbelsäule nach vorne (Gegenteil von Rundrücken).

Hyperextension Überstreckung: starke Hohlkreuzbildung der Wirbelsäule.

Hypermobilität Überbeweglichkeit eines Gelenkes.

Hypertrophie Vergrößerung einzelner Zellen und Gewebsbestandteile ohne zahlenmäßige Zunahme (Muskelhypertrophie).

Hypervitaminose krankhafte Erscheinung durch chronische Vitaminüberdosierung.

Hypomobilität eingeschränkte Beweglichkeit eines Gelenkes.

Hypovitaminose Vitaminmangelkrankheit.

intensive Intervallmethode Intervall-Trainingsmethode zur Verbesserung der anaeroben Fähigkeiten.

Intermediärtyp der Muskelfaser Muskelfaser, die in ihren Eigenschaften zwischen den hellen und dunklen Muskelfasern liegt.

Intervalltraining Trainingsmethode mit periodischem Wechsel von Belastung und Erholung.

Ischiasnerv dickster Nerv des Körpers; verläßt das Rückenmark im Bereich der Lendenwirbelsäule und zieht an der Rückseite des Beines abwärts.

isolierte Übungen auf wenige oder einzelne Muskeln beschränkte Übungen (Teilkörperübungen).

isometrische Kontraktion Spannungsentwicklung des Muskels ohne sichtbare Verkürzung.

Kammgriff Griffart, bei der der Handrücken bei nach oben gestrecktem Arm nach vorne zeigt.

Kapillaren haarfeine Aufzweigungen des Gefäßsystems in den Organen.

Kapillarisierung Eröffnung vorhandener oder Neubildung von Kapillaren.

Kohlenhydrate organische Verbindungen, die außer Kohlenstoff noch Wasser und Sauerstoff im Verhältnis von 2:1 (wie im Wasser) enthalten. Hierzu gehören die Zuckerarten.

Kollaps plötzliches Versagen der Blutzirkulation.

Komplexübungen mehrere Muskelgruppen beanspruchende Übungen (Ganzkörperübungen).

Kondition Zustand der körperlichen Leistungsfähigkeit.

konstitutionell anlagebedingt.

kontrahieren anspannen, zusammenziehen.

Kontraktilität Fähigkeit der Muskelfasern, sich zusammenzuziehen.

konzentrische Muskelarbeit unter Verkürzung des Muskels stattfindende Spannungsentwicklung (überwindende Muskelarbeit).

Koordination Funktion von Zentralnervensystem und Skelettmuskulatur im Rahmen eines gezielten Bewegungsablaufes.

Körperdrehpunkt Drehpunkt (Gelenk) des jeweiligen Körperhebels (z. B. Kniegelenk bei der Beinbeugung).

Körpergefühl auf Erfahrung beruhendes Gefühl für die optimale Dosierung der Trainingsbelastung.

Körperhebel Körperteil, mit dem der Trainingshebel der Maschine bewegt wird (z. B. Unterschenkel bei der Beinbeugung).

Knorpelgewebe druck- und biegeelastisches, wasserreiches Stützgewebe (Gelenkknorpel, Bandscheiben).

Kraft physikalisch: Kraft = Masse × Beschleunigung (K = m × b). Kraft als muskuläre Eigenschaft ist die Fähigkeit des Muskels, sich gegen einen Widerstand zusammenzuziehen bzw. gegen den Widerstand das Ausmaß der gewollten Verkürzung zu halten (Hollmann).

Kraftausdauer Ermüdungswiderstandsfähigkeit des Organismus bei langandauernden Kraftleistungen (Harre).

Krampfadern krankhaft erweiterte Venen; besonders an den Beinen.

Kreatinphosphat KP; energiereiches Phosphat, Energielieferant für den ATP-Wiederaufbau.

Kreistraining Aneinanderreihung verschiedener Übungen zu Übungskreisen (Durchgängen).

kritische Reizschwelle für die biologische Anpassung nötige Mindestintensität und -dauer der sportlichen Übungen.

Laktat Milchsäure.

Leistungsstagnation ausbleibender Leistungszuwachs.

lohnende Pause relativ kurze Pause (etwa ⅓ der vollständigen Pause) zwischen den Übungen einer Trainingseinheit, sie führt zur Ermüdungsaufstockung (unvollständige Pause).

lokale Ausdauer Ausdauer einer genügend kleinen Muskelgruppe.

lokales Muskeltraining auf eine bestimmte Muskelpartie reduzierte Trainingsbelastung (widerspricht dem Prinzip des harmonischen Ganzkörpertrainings).

lokale Übersäuerung Übersäuerung einer bestimmten Muskelpartie.

Lymphe aus dem Blut stammende farblose Flüssigkeit; wichtig für den Stoffaustausch zwischen Blut und Gewebe.

Massage mechanische Bearbeitung der Körperoberfläche des Menschen.

Massetraining intensives Muskeltraining bis zur Erschöpfung, um an Muskelmasse zuzunehmen.

maximaler Belastungsbereich Winkelstellung der ausführenden Körperteile, die aufgrund der entsprechenden Hebelverhältnisse maximale Muskelspannung erfordert (z. B. rechter Winkel zwischen Ober- und Unterarm).

maximales Sauerstoffaufnahmevermögen größte Sauerstoffmenge, die pro min bei dynamischer Belastung aufgenommen werden kann.

mehrgelenkiger Muskel über mehr als ein Gelenk ziehender Muskel.

Menisken halbmondförmige Knorpelscheiben in den Kniegelenken.

Methode der zweimaligen maximalen Erschöpfung Durchführung einer Übung in zwei aufeinander folgenden Sätzen bis zu den jeweils letzten möglichen Muskelzuckungen.

Mikroverletzungen winzige, mikroskopisch kleine Verletzungen.

Milchsäure Stoffwechselendprodukt bei anaerober Energiegewinnung.

Mineralien stofflich einheitliche, natürliche Bestandteile der Erdkruste; wichtigste Bestandteile der Gesteine.

mogelnde Wiederholungen Übungswiederholungen, die infolge von Erschöpfung durch Einsatz zusätzlicher Muskelgruppen (unkorrekt) ermöglicht werden (Abfälschen).

morphologische Anpassung reizbedingte Veränderungen des Körpergewebes des Organismus (z. B. Muskelzuwachs durch intensives Krafttraining).

Motorik willkürliche, bewußte Muskelbewegungen.

Muskelfibrille kleinste nachweisbare Fadenstruktur des Muskels (Myofibrille).

Muskelkater Muskelschmerzen nach ungewohnter Belastung durch Mikroverletzungen innerhalb der Muskelfasern.

Muskelkette funktionell im Zusammenhang stehende Muskeln und Muskelgruppen (Muskelschlingen).

Muskelpumpe Unterstützung des venösen Rückstromes durch den Pumpeffekt der Muskelkontraktion.

Myogelose Muskelverspannung.

Myoglobin roter Farbstoff der Muskulatur, dem Hämoglobin ähnlich.

Myosin kontraktiler Eiweißkörper der Muskelzelle.

Myosinfilament schichtförmig angeordnete Myosine.

negative Wiederholungen nachgebende (exzentrische) Übungswiederholungen mit erhöhtem Gewicht.

Negativphase Übungsphase, in der das Gewicht durch nachgebende (exzentrische) Muskelarbeit abgesenkt wird.

nichtmaximaler Belastungsbereich Winkelstellungen der ausführenden Körperteile, die aufgrund der entsprechenden Hebelverhältnisse keine maximale Muskelspannung erfordern (z. B. spitzer oder stumpfer Winkel zwischen Ober- und Unterarm).

Parallelgriff Griffart, bei der der Handrücken bei nach oben gestrecktem Arm nach außen zeigt.

Peripherie vom Zentrum entfernte Körperregionen.

Pharmakologie Arzneimittellehre.

pH-Wert der negativ dekadische Logarithmus der Wasserstoffionenkonzentration: $pH = -\log [H^+]$; Maß für den Säuregrad einer wäßrigen Lösung.

Physiologie die Lehre von den normalen Lebensvorgängen und Funktionen des menschlichen Organismus.

physiologischer Brennwert diejenige Energiemenge, die bei der Verbrennung eines Grammes des jeweiligen Stoffes im Organismus freigesetzt wird.

Physiotherapie Beeinflussung erkrankter Organe durch physikalische Reize (z. B. Wasser- und Wärmeanwendungen, Massage).

Pigment Farbstoff im Gewebe von Organen.

Positivphase Übungsphase, in der das Gewicht durch überwindende (konzentrische) Muskelarbeit angehoben wird.

Prävention Vorbeugung, Verhütung.

Preßatmung fehlerhaftes Anhalten des Atems während der Kraftübungen.

Problemzonen unharmonische Körperpartien.

Provitamin Vorstufe eines Vitamins.

Psyche Geist, Seele.

Psychopharmaka Mittel zur medikamentösen Beeinflussung von Gemüts- und Geisteskrankheiten.

Pyramidentraining Belastungsvariation durch steigende (fallende) Intensität und dementsprechend abnehmende (zunehmende) Wiederholungszahl der aufeinanderfolgenden Sätze (Serien) einer Übung.

quergestreifte Herzmuskulatur dem Willen nicht unterworfene Muskulatur des Herzens.

quergestreifte Skelettmuskulatur dem Willen unterworfene Muskulatur des Bewegungsapparates.

Reduktion Verminderung (z. B. Gewichtsreduktion).

Reflex gesetzmäßig und unbewußt ablaufende Reaktion des lebenden Organismus auf spezifische Reize.

Reflexzonenmassage Massageform, bei der die Organe reflexartig angesprochen werden.

Regeneration Erholung.

Rehabilitation Wiederherstellung der körperlichen Funktionen.

Reizdauer Maß für die Zeitdauer der Übungen (Belastungsdauer).

Reizdichte zeitliches Verhältnis von Belastung und Erholung während der Trainingseinheit.

Reizhäufigkeit Anzahl der Trainingsreize einer Übungsserie oder einer Trainingseinheit.

Reizintensität Maß für die Intensität der Übungen (Belastungsintensität).

Reizumfang Summe aller Trainingsreize einer Trainingseinheit.

Rekonvaleszenz allmähliche Wiedergesundung nach überstandener schwerer Krankheit.

Resorption Aufnahme von Stoffen durch Zellen und Weiterleitung an den Blutkreislauf.

Restitution Wiederherstellung des normalen Zustandes.

Rheumatismus entzündliche und degenerative Erkrankungen der Gelenke und Weichteile.

Ristgriff Griffart, bei der der Handrükken bei nach oben gestrecktem Arm nach hinten zeigt.

Rollenpolster verschiebbares Polster am Trainingshebel der Maschine für die individuelle Einstellung der Hebellänge.

Rotatoren Gelenkdrehmuskeln.

Ruhepulsfrequenz Herzfrequenz bei Körperruhe.

Sarkoplasma aus Eiweiß-, Fett- und Kohlenhydratverbindungen bestehende Grundsubstanz im Zellinnern der Muskelfaser.

Satz Anzahl der unmittelbar aufeinander folgenden Wiederholungen einer Übung.

Satzpause Pause zwischen den Sätzen einer Übung.

Sauerstoffdefizit Differenz zwischen Sauerstoffbedarf und Sauerstoffaufnahme der Muskulatur bei (teilweise) anaerober Energiegewinnung.

Sauerstoffgleichgewicht Gleichgewicht zwischen Sauerstoffaufnahme und Sauerstoffverbrauch der Muskulatur bei aerober Energiegewinnung (steady state).

Sauna trockenes Heißluftbad.

Schlagvolumen pro Herzschlag gefördertes Blutvolumen.

Schnelligkeit (Geschwindigkeit) physikalisch Geschwindigkeit = zurückgelegter Weg pro Zeiteinheit (V = s / t); physiologisch: Fähigkeit, aufgrund der Beweglichkeit, der Prozesse des Nervensystems und des Muskelapparates Bewegungen in möglichst kurzer Zeit ausführen zu können.

Schwungunterstützung die Trainingswirksamkeit mindernde, mehr oder weniger schwunghafte Beteiligung von nicht ausreichend fixierten zusätzlichen Körperpartien an der Bewegung.

Serie Anzahl der Sätze einer Übung.

Serienpause (verlängerte) Pause nach der Durchführung einer Übungsserie.

Skoliose seitliche Verkrümmung der Wirbelsäule.

Spielbein den Trainingshebel bewegendes Bein.

splitting Belastung verschiedener Muskelgruppen während aufeinanderfolgender Trainingseinheiten.

Sportherz durch Ausdauertraining vergrößertes, leistungsfähigeres Herz (Leistungsherz).

Spurenelemente in sehr kleinen Mengen für die Organismen lebensnotwendige Mineralien.

Stationstraining Organisationsform, bei der jede Übung mit allen Wiederholungs- und Satzzahlen stationär durchgeführt wird. Nach dem letzten Satz folgt die nächste Übung.

statische Muskelarbeit unter gleichbleibender Muskellänge stattfindende Spannungsentwicklung.

Stehvermögen Fähigkeit des Organismus, trotz hoher Übersäuerung eine hohe Leistungsfähigkeit aufrechtzuerhalten (Schnelligkeitsausdauer z. B. beim 400-m-Lauf; anaerob).

Stoffwechsel die Gesamtheit der chemischen Umsetzungen in einer Zelle oder einem Organismus.

Superkompensation Auffüllung der Energiespeicher während der Erholungsphase auf ein höheres Niveau als vor der Trainingsbelastung (auch Überkompensation oder Mehrausgleich genannt).

Supersätze zwei nacheinander durchgeführte Sätze, die entweder zuerst den Agonisten und dann den Antagonisten, oder den gleichen Muskel mit zwei verschiedenen Bewegungsabläufen erschöpfen.

Symmetrie Gleich-, Ebenmaß.

symmetrisch spiegelbildlich.

Syndrom Krankheitsbild.

Synergisten gleichsinnig zusammenwirkende Organe und Muskeln.

Testosteron männliches Sexualhormon, welches den Muskelzuwachs begünstigt.

Totvolumen beim Ausatmen verbleibende Luft in der Lunge und in den Atemwegen.

Training gezieltes Üben des Körpers und/oder des Geistes; Durchführung eines Übungsprogrammes.

Trainingshäufigkeit Anzahl der wöchentlichen Trainingseinheiten.

Trainingshebel mit dem Gewichtswiderstand des Gerätes verbundener Hebel, der bei der Übungsausführung bewegt wird.

Trainingsreiz während des Trainings auf den Organismus ausgeübter Reiz, auf den der Organismus reagiert (z. B. Spannungsentwicklung und Kontraktion der Muskulatur beim Heben eines Gewichtes).

Twisten Ausführen von Drehbewegungen nach beiden Seiten um die Körperlängsachse im Bereich der Lendenwirbelsäule.

Übersäuerung Anhäufung von Milchsäure in der Muskulatur bei anaerober Energiegewinnung.

Übertraining zu intensives, das individuelle Leistungsvermögen übersteigendes Training (führt zu verminderter Leistungsfähigkeit infolge gesundheitsschädlicher Überforderung des Organismus).

ultraviolette Strahlen UV-Strahlen; unsichtbare, kurzwellige, biologisch wirksame Strahlen.

Umfangstraining Trainingsbelastung mit relativ hohem Reizumfang und relativ geringer Intensität (Grundlagentraining).

ungesättigte Fettsäuren weniger Wasserstoff enthaltende Fettsäuren; sie sind leichter verdaulich und belasten den Blutkreislauf weniger.

Ursprung körpernahe Verbindung des Muskels mit dem Skelett.

Variation Abwechslung, Abwandlung (z. B. Belastungsvariation).

Venen Gefäße, in denen das Blut von der Peripherie nach dem Herzen zu fließt (Blutadern).

Vitamine lebensnotwendige Stoffe, die in den höheren tierischen Organismen nicht aufgebaut werden können.

vollständige Pause relativ lange Pause zwischen den Übungen einer Trainingseinheit, die eine nahezu vollständige Erholung des Organismus ermöglicht.

Vordehnung passive Verlängerung des Muskels über seine Ruhelänge hinaus (Vergrößerung des Bewegungsausschlages).

Vorermüdung isolierte Beanspruchung einer Muskelgruppe mit dem Ziel, diese vor der eigentlichen Hauptübung zusätzlich zu belasten.

Weckamine Aufputschmittel, welche die Ermüdung unterdrücken.

Wiederholungsmethode anaerobe Trainingsmethode zur Entwicklung von Schnelligkeit, Kraft und Stehvermögen.

Yoga Verfahren der körperlichen Übung und der geistigen Konzentration basierend auf dem indischen philosophischen System der völligen Körperbeherrschung und der Befreiung des Geistes.

Z-Scheiben Verankerung der Aktinfilamente innerhalb der Muskelfibrille.

zyklische Bewegung geschlossener Bewegungsablauf mit Wiederholung von Teilphasen der Bewegung (z. B. Laufen, Schwimmen, Radfahren).

Sport · Fitness · Gesundheit

Ulrich Jonath
Circuittraining (7625)

Karl-Peter Knebel
Funktionsgymnastik (7628)

Ulrich Jonath/Rolf Krempel
Konditionstraining (7038)

Helga und Manfred Letzelter
Krafttraining (7621)

Friedrich Schwope
Sportmassage (8625)

Hans-Uwe Hinrichs
Sportverletzungen (8604)

Johannes Mende
Körpertraining (8612)

John Syer/Christopher Connolly
Psychotraining für Sportler (8614)

Jürgen Freiwald
Prävention und Rehabilitation im Sport (8626)

Jürgen Freiwald
Aufwärmen im Sport (8642)

Sabine Letuwnik/Jürgen Freiwald
Fitness für Frauen (8681)

Jürgen Freiwald
Fitness für Männer (8687)

Erika Groos/Dorothee Rothmaier
Ausdauergymnastik (8693)

SPORT rororo

C 2330/4

Bücher für Wintersportler

Walter Brehm
Skifahren (8602)
Skifahren für Kinder und Jugendliche (7026)
Skigymnastik (8649)

Manfred Vorderwülbecke
Skilanglauf (7002)

Hubertus Müller
Eltern-Skibuch (8638)

Gustav Harder
Bergwandern (8635)

Andreas Gams
Ski-Fitness (8633)

Walter Kuchler
Die neue Skitechnik (8680)

Walter Kuchler
Ski-Tricks (8666)

Günter Frey
Skitouren (8653)

Herbert Heckers
Mono-Ski (8665)

Pius Disler
Snowboard (8667)

Wolf Hellwing/Walter Kuchler
Skiwandern (8692)

SPORT rororo

C 2336/5